PENSER LA RADICALISATION DJIHADISTE :
ACTEURS, THÉORIES, MUTATIONS

QUESTIONS JUDICIAIRES

collection dirigée par Frédéric Debove

avec le concours scientifique
de l'Institut de criminologie,
de l'Institut d'études judiciaires
et de l'Institut de droit et d'économie
(Université Paris II - Panthéon-Assas)

PENSER LA RADICALISATION DJIHADISTE : ACTEURS, THÉORIES, MUTATIONS

ELYAMINE SETTOUL

Ouvrage publié avec le concours de
l'Institut des hautes études du ministère de l'Intérieur
(IHEMI)

puf

ISBN : 978-2-13-082896-9

Dépôt légal – 1re édition : 2022, octobre

170 bis, boulevard du Montparnasse, 75014 Paris

À Djamal, mon frère, mon double

Préface

Personne ne naît terroriste. Alors, comment le devient-on ? La réponse dépend bien sûr de ce que l'on entend par le mot terroriste, dont on a abusé au point d'y inclure tout dissident d'un régime autoritaire. Ceux que le gouvernement de Vichy appelait terroristes ne sont devenus des résistants qu'après la Libération. Récemment, la prise de conscience du fait que la plupart des attaques « terroristes » sont menées par des *homegrowns* a conduit certains à spéculer sur le fait qu'un mystérieux processus transformerait des citoyens normaux en violents opposants à leur nation. Ce processus, appelé « radicalisation », n'a pas de définition claire et il a surtout été appliqué à ce que j'appelle le néo-djihad mondial. Cette focalisation exclusive sur les néo-djihadistes a conduit à construire une équivalence erronée entre l'adoption d'une idéologie néo-djihadiste, étendue à tort au salafisme en général, et la volonté d'utiliser la violence au nom du néo-djihad mondialisé. Or, le salafisme, au contraire, évite massivement et intentionnellement l'activisme politique. Cette confusion sur la nature profonde de ce processus ne permet pas de mettre en lumière les modalités concrètes par lesquelles on devient un terroriste.

Le livre d'Elyamine Settoul propose une nouvelle manière d'aborder ce processus d'adoption de la violence comme mode d'action politique. Il suggère que ces dynamiques protéiformes doivent être avant tout éclairées par un décryptage poussé des modalités de l'engagement. Ce concept d'engagement a une histoire belle mais largement oubliée en France, lorsque des intellectuels engagés dans les années 1950 ont combattu avec succès la guerre d'Algérie avec des arguments rationnellement exposés dans des revues et des manifestations publiques. Quelques-uns ont même apporté un soutien matériel illégal aux combattants de la liberté algériens, qualifiés de terroristes à l'époque.

La notion d'engagement peut être analysée à plusieurs niveaux. À une échelle individuelle et psychologique (micro), on peut décomposer de manière heuristique l'engagement d'une personne selon des facteurs affectifs (choc moral, désillusion, favoritisme envers ses pairs...), comportementaux (protestations, soutien...) et cognitifs (idéologie, justifications, discours...). À un niveau supérieur (macro), des dimensions politique (rassemblement autour de forces partisanes...), sociale (protestations, participation...), culturelle (idéologie...) et économique (soutien financier...) peuvent également entrer en ligne de compte. Le niveau intermédiaire (méso) qui est très probablement le plus décisif pour saisir les velléités de passage à l'acte des acteurs, permet de comprendre le rapport d'allégeance totale que l'individu entretient avec son groupe direct (l'oumma, que les néo-djihadistes s'approprient pour désigner leur communauté musulmane légitime et exclusive) et avec la cause qu'il défend (*fisabilillah*, dans le chemin d'Allah).

L'une des caractéristiques majeures de la notion d'engagement est qu'elle constitue une variable dynamique, continue, interactive et non statique ou dichotomique. Son intensité varie selon les contextes, atteignant une plus grande force lors des périodes de tensions ou de conflits avec les ennemis identifiés du groupe. Cela implique pour les individus une dynamique fusionnelle avec l'endogroupe et sa cause.

Parmi les récurrences observables, on note assez souvent une politisation du groupe (souvent lorsque l'État intervient dans ce qui aurait pu être à l'origine un grief privé), une escalade du conflit entre le groupe et l'État (ou la société), une désillusion vis-à-vis des moyens pacifiques de résolution des conflits et un choc moral à l'égard des attaques jugées flagrantes contre le groupe. En réaction, les membres les plus engagés du collectif se portent volontaires pour devenir des soldats et défendre l'entité contre ses ennemis supposés. À ce stade, l'engagement du volontaire atteint son paroxysme. Il est prêt à tuer et mourir pour ses frères (*akhi*, en arabe) ainsi que pour la cause (*fisabilillah*). Ce type d'engagement est total et ne peut être réduit à une composante purement cognitive, culturelle ou idéologique, comme c'est si fréquent dans la littérature sur la radicalisation. Cette perception simplifiée ignore souvent les multiples stratifications qui participent de l'engagement. L'usage délibéré de la violence au terme du processus que nous venons de décrire redonne également aux individus leur volonté que la notion de radicalisation tend à reléguer.

À travers ce qu'il nomme le pentagone théorique de la djihadisation, l'auteur identifie une typologie à cinq entrées des processus conduisant les individus à faire usage de la violence. La première dimension de « dévotion » est essentiellement théologique et peut être comprise comme le concept d'engagement religieux. La seconde, associée à « l'émotion », renvoie à un vecteur d'engagement psychologique et affectif. L'auteur se concentre sur la haine du père comme moteur, mais aurait très bien pu aussi explorer l'amour du père lorsque par exemple une famille entière est mobilisée dans le combat (voir l'expérience des lionceaux du Califat). Il explore utilement le concept de choc moral, qui est souvent un point de bifurcation biographique vers le passage à la violence.

Sa troisième dimension tient à la politisation c'est-à-dire à tout ce qui a trait aux discriminations, aux griefs du passé, à l'impérialisme ou encore aux nombreuses blessures mal cicatrisées de l'histoire coloniale française. La spirale débouchant sur la violence a souvent comme point de départ un processus de politisation. Elyamine Settoul note à juste titre que l'une des caractéristiques fondamentales de l'État Islamique est qu'il représente un projet politique révolutionnaire qui fait écho aux aspirations profondes du groupe.

La quatrième dimension concerne les phénomènes de manipulation mentale portant vers l'engagement idéologique, presque exclusivement analysés dans la littérature sur la radicalisation.

Enfin, le dernier axe fait référence aux néo-djihadistes hybrides, c'est-à-dire aux individus dont les parcours mixent indistinctement criminalité et idéologie. Ces derniers représentent un phénomène principalement européen et plus précisément franco-belge (les néo-djihadistes anglo-américains ont rarement un casier judiciaire). Comme le souligne à juste titre Elyamine Settoul, l'engagement total pour une cause est plus probable lorsque les personnes sont biographiquement disponibles, c'est-à-dire lorsqu'elles ne sont pas engagées dans des carrières (professionnelles...) ou des relations (familiales...) susceptibles de restreindre leur investissement temporel dans ce projet.

Pour des raisons socioéconomiques, les délinquants ayant un héritage culturel musulman sont surreprésentés dans les prisons françaises et belges, ce qui tend à alimenter les discours anti-étatiques. De plus, dans la hiérarchie symbolique carcérale, être un néo-djihadiste est bien plus prestigieux et attrayant qu'être un simple petit délinquant. Le développement d'un engagement néo-djihadiste en prison a été un élément-clé de l'émergence de la violence chez certains terroristes français les plus en vue comme Khaled Kelkal, Mohammed Merah, Amedy Coulibaly et Ismaël Omar Mostefai, ainsi que chez des néo-djihadistes belges tels Abdelhamid Abaaoud, Salah Abdeslam, Mohamed Abrini et les frères Ibrahim et Khalid el Bakraoui, entre autres.

Le grand nombre d'hybrides en France et en Belgique est peut-être simplement dû à l'existence d'un réservoir proportionnellement plus important de jeunes hommes musulmans aliénés et désœuvrés au sein des prisons. Il n'est pas dû à une quelconque culture car les femmes néo-djihadistes françaises ou belges ayant évolué dans des milieux socioculturels similaires à leurs homologues masculins sont rarement passées par les prisons avant leur engagement et il y a très peu de profils hybrides parmi elles.

L'auteur démontre également que, contrairement à la notion de radicalisation, le concept d'engagement autorise des analyses comparatives fructueuses, comme l'illustre sa mise en parallèle contre-intuitive de l'engagement des jeunes issus de l'immigration dans les armées françaises et celui au sein du néo-djihad mondial. Cette approche facilite également les analogies avec d'autres formes de violence politique puisées à d'autres périodes, d'autres aires géographiques et d'autres territoires idéologiques.

Enfin, Elyamine Settoul documente les incidences qu'une définition imprécise de la radicalisation a pu avoir sur l'élaboration des politiques françaises au cours des sept dernières années. Les contours relativement flous du concept ont généré des confusions, tant dans les débats publics que pour les acteurs institutionnels de première ligne comme la Pénitentiaire. Le concept d'engagement apparaît bien plus fécond pour guider les politiques publiques dans leur objectif de neutralisation de la violence potentielle des néo-djihadistes.

L'auteur propose enfin des pistes explicatives sur ce qui facilite ou entrave l'engagement et sur les manières de mieux objectiver les indices de désengagement d'un individu vis-à-vis d'un groupe. Par la diversité des perspectives qu'il mobilise, le livre d'Elyamine Settoul ouvre donc la voie à de nouvelles recherches potentiellement fructueuses, et qui auraient des conséquences immédiates et significatives pour la sécurité de la société.

Marc Sageman

Psychiatre, sociologue, universitaire et chercheur indépendant, ancien agent de la CIA, expert en terrorisme devant les tribunaux et les commissions sur le 11-Septembre 2001 et Beslan (2004), auteur de cinq ouvrages sur le terrorisme.

CHAPITRE 1

Introduction et définitions

Un concept et un contexte

Le terme « radicalisation » fait depuis deux décennies l'objet d'une littérature exponentielle. Bien que sujet à de nombreuses controverses académiques, il s'est largement imposé tant dans les débats publics que dans l'arène médiatique. Hypermédiatisée depuis la massification des violences djihadistes post-2015, la notion de radicalisation est devenue en quelques années un objet d'étude central des recherches françaises en sciences sociales. Des variables d'engagement aux processus de désengagement en passant par les nouvelles stratégies du cyber-recrutement, le thème a été appréhendé sous tous les angles et par des disciplines aussi diverses que la sociologie, la science politique, la psychologie, la psychanalyse ou encore l'islamologie. Les préoccupations sécuritaires et la multiplication des opportunités de financement nationaux ou internationaux[1] ont largement encouragé cette

1. Notamment avec l'appel à projet lancé en 2014-2015 par l'Agence nationale de la recherche « Liberté et sécurité de l'Europe, de ses citoyens et de ses résidents » (défi n° 9) et qui incluait une sous-thématique « La radicalisation violente des individus ou groupes d'individus ». Le CNRS s'est également pleinement engagé dans la problématique par la voix de son directeur Alain Fuchs qui, cinq jours seulement après les attentats du 13 novembre 2015, enjoignit les chercheurs à lancer des projets scientifiques sur ces problématiques. Un état des lieux des travaux existants sur ces sujets avait été remis au gouvernement par le CNRS en 2016 : Rapport de l'Alliance Athéna, *Recherches sur les radicalisations. Les formes de violence qui en résultent et la manière dont les sociétés les*

dynamique et permis d'approfondir les connaissances. En France plus qu'ailleurs, la thématique de la radicalisation djihadiste a provoqué un sentiment de malaise particulièrement fort parmi la population. Cela s'explique naturellement par l'effet de sidération consécutif au niveau de violence atteint sur le territoire (255 morts pour la période 2014-2020), mais également par le fait qu'elle était directement reliée à un objet religieux qui, dans le contexte national, cristallise toujours des débats passionnés.

Comme le théorisait Durkheim il y a plus d'un siècle, les phénomènes sociaux font toujours l'objet d'interprétations spontanées au sein desquelles les idées reçues et les prénotions peuvent aisément tenir lieu de système explicatif. La rupture épistémologique, c'est-à-dire l'exercice intellectuel consistant à se défaire de toutes les images et perceptions immédiates auxquelles renvoie un fait social est donc impérative pour qui veut tenter de les examiner avec rigueur et objectivité. La radicalisation n'y échappe pas. Elle fait en effet partie de ces notions qui charrient lieux communs, stéréotypes et postulats implicites aux atours de scientificité. Ainsi, les préjugés selon lesquels les violences terroristes seraient le fait de personnes atteintes de troubles psychologiques ou le nouveau combat des sans-grade ou des « damnés de la terre » demeurent largement partagés dans les représentations collectives. La montée en puissance de mouvements identitaires et populistes en France et dans une large partie de l'Europe conjuguée à la surmédiatisation de controverses liées à l'islam ajoute un peu plus de trouble à l'analyse. Depuis l'affaire du voile à Creil en 1989 jusqu'au discours de

---

préviennent et s'en protègent. État des lieux, propositions, actions, Rapport remis à M. Thierry Mandon, Secrétaire d'État chargé de l'Enseignement supérieur et de la recherche, mars 2016. Citons également les allocations doctorales proposées par le Conseil Scientifique sur les processus de radicalisation (Cosprad) créé par décret le 3 mai 2017 et rattaché au Premier Ministre. À l'échelle internationale, les projets Horizon 2020 est le programme de financement de la recherche et de l'innovation de l'Union européenne pour la période 2014-2020. Il est doté de 79 milliards d'euros destinés à soutenir les travaux des acteurs de la recherche et de l'innovation (organismes, établissements d'enseignement supérieur et de recherche, entreprises...).

Macron sur le « séparatisme islamiste » prononcé aux Mureaux en 2020 en passant par les diverses polémiques survenues sous les présidences de Sarkozy et de Hollande (identité nationale, minaret, burqa...), le thème de l'Islam n'a eu de cesse d'être repris et débattu par les pouvoirs politiques successifs. Au milieu des années 2010, la conjonction de problématiques migratoires (crise des réfugiés syriens), sociales (quartiers sensibles) et sécuritaires (terrorisme islamiste) va accentuer cette tendance à la confusion. Les traitements médiatiques parfois sensationnalistes ont également participé à ce mouvement de réification des populations musulmanes cantonnant souvent ces dernières à une réalité sociologique homogène. Les mouvements nationaux-populistes prospèrent sur ce terreau de malaises mêlant pêle-mêle crainte de la « submersion » migratoire, paupérisation socioéconomique et défense d'une Europe au substrat culturel judéo-chrétien. Avant de passer à l'acte, les terroristes d'extrême droite Anders Breivik et Brenton Tarrant avaient précisément restitué leur angoisse du « Grand Remplacement[1] ». Le tueur de l'attaque survenue à Oslo le 22 juillet 2011 (77 morts, 151 blessés) avait rédigé son manifeste *2083. Une déclaration d'indépendance européenne*, réquisitoire de 1 500 pages synthétisant ses idées ultranationalistes, islamophobes, néosionistes et antiféministes. L'auteur australien du double attentat contre la mosquée et le Centre islamique de Christchurch en Nouvelle-Zélande, perpétré le 15 mars 2019 (51 morts, 49 blessés), avait déployé une logorrhée similaire sur le réseau social Twitter. Évoquant un véritable « génocide blanc » dont seraient victimes les peuples européens, le terroriste espérait par son action enclencher un cycle de violences

1. Le « Grand Remplacement » est une théorie complotiste d'extrême droite, raciste et xénophobe selon laquelle il existerait un processus délibéré de substitution de la population française et européenne par une population non européenne, originaire en premier lieu d'Afrique noire et du Maghreb. Popularisée par Renaud Camus, cette théorie conspirationniste avait été déjà mobilisée par les nationalistes français et allemands à l'endroit des Juifs et des Arméniens dès le début du XXe siècle. Sur les fantasmes autour du cas spécifique de l'islamisation, voir notamment Liogier Raphael, *Le Mythe de l'islamisation. Essai sur une obsession collective*, PARIS, Seuil, 2012.

entre populations musulmanes et non musulmanes[1], dessein qui, comme nous le verrons, fait largement écho aux stratégies de guerre élaborées par certains idéologues de l'État islamique. Ces registres d'action et de justification invitent à appréhender les phénomènes de radicalisation violente de manière comparée et dialectique. Car si les djihadistes accusent le plus souvent les sociétés occidentales de pratiquer une islamophobie structurelle, les militants d'extrême droite développent de leur côté une rhétorique tout aussi conspirationniste en agitant en miroir le spectre de « l'islamisation rampante », voire celui du « Grand Remplacement ».

Conçu dans un esprit pédagogique, cet ouvrage se propose précisément de revenir sur les phénomènes de radicalisation djihadiste à partir d'une double perspective théorique et empirique. Il vise à apporter des éléments de compréhension aux étudiants désireux de mieux comprendre ces processus, mais également aux praticiens directement ou indirectement confrontés à ce sujet et face auquel ils peuvent se sentir parfois démunis. Nos actions de formation au sein de sphères professionnelles très variées (secteur socioculturel, sécurité, pénitentiaire...) nous ont en effet permis de mesurer les difficultés protéiformes que ces derniers rencontraient lorsqu'ils avaient à traiter ce sujet rendu complexe du fait de son inscription au croisement d'enjeux géopolitiques, sociopolitiques, psychologiques ou encore religieux. Pris en étau entre la crainte de stigmatiser des publics sur la base de leur affiliation religieuse et une inertie potentiellement néfaste pour la poursuite de leurs missions, de nombreux professionnels se sentent livrés à eux-mêmes et expriment un malaise lorsqu'il s'agit d'aborder ce terrain jugé glissant. Ces thèmes associés à l'identité génèrent d'autant plus de malaises que la plupart des formations professionnalisantes actuelles ne laissent souvent que peu d'espace à la compréhension du fait religieux[2]. Ce travail

1. Rik Coolsaet, « Terrorismes et radicalisations à l'ère post-Daech », *Revue internationale de criminologie et de police technique et scientifique*, 3/19, 2019, p. 337.

2. En dépit d'une multiplication indéniable des diplômes universitairess (DU) relatifs à la laïcité et aux religions.

rappelle également que si la neutralisation militaire de l'État islamique a asséché la dynamique de l'enrôlement djihadiste, les ingrédients qui ont contribué à générer les terreaux social et cognitif du vivier des combattants occidentaux demeurent pour l'essentiel quasi intacts. Comme le rapporte Rik Coolsaet,

> Le plus grand défi reste la persistance de bon nombre des conditions locales qui avaient permis le succès de Daech dans des endroits très différents à travers le monde, y compris en Europe. Le sentiment tenace chez les jeunes nés et grandis en Europe d'être considérés comme des citoyens de seconde zone reste très présent à ce jour. « Nous resterons toujours la "troisième" ou la "quatrième" génération. Des Belgo-Marocains. Quand est-ce que ça s'arrête ? Serons-nous un jour simplement des Belges ? » Des signes de découragement persistent parmi certains jeunes et leurs familles quant à leur avenir ; le repli sur soi dans un environnement où ils se sentent en sécurité, existe et est fort compréhensible ; et des signes de comportements déviants chez certains très jeunes se perpétuent[1].

Si la neutralisation de la menace sécuritaire est un impératif, la gestion de la problématique ne saurait faire l'économie d'une réflexion plus approfondie sur les conditions du vivre-ensemble, les mises en périphérie protéiformes (politique, économique, symbolique...) de certains segments de nos sociétés et l'application des principes à la base de notre cohésion sociale. Ce constat d'une nécessaire réflexion sur la sociogenèse du « terreau des terros » vaut pour les contrées syro-irakiennes où la perpétuation des discriminations à l'égard de certaines communautés pourrait, à terme, se convertir en véritables bombes à retardement. En ce sens, pour être opérant, tout projet de lutte contre la radicalisation doit s'enchâsser dans une stratégie et une vision politique globale.

La finalité de cet ouvrage est d'offrir une vision synthétique des débats aussi bien scientifiques que profanes, relatifs à l'épineuse question de la radicalisation djihadiste aujourd'hui. La

1. Rik Coolsaet, « Terrorismes et radicalisations à l'ère post-Daech », art. cité, p. 334.

massification et la diversification sociologique des profils de djihadistes, favorisée notamment par le projet de califat de l'État islamique, nous impose d'élargir le champ de la réflexion et de rompre de manière définitive avec les approches théoriques monocausales qui ont par trop dominé le débat académique français depuis presque une décennie. L'un des enseignements majeurs de l'éclatement de ces formes d'engagement est plus que jamais le constat d'une dynamique d'autonomisation du djihadisme[1]. Pour élargir au maximum sa base combattante, l'Organisation État islamique a en effet mis sur pied une propagande et des stratégies de recrutement qui ne font plus de la socialisation salafiste ou de l'orthopraxie religieuse un marqueur structurant de l'engagement. En ce sens, si salafisme et djihadisme continuent de puiser dans un univers commun de références idéologiques, les spécialistes du recrutement de l'État islamique ont réussi à désarticuler à un niveau inédit les deux tendances. Cette stratégie destinée à massifier l'armée du califat s'est traduite par l'attraction de profils de musulmans extrêmement disparates en termes de parcours social et de religiosité. Elle a dans le même temps considérablement complexifié le travail des services de police et de renseignement.

L'architecture de l'ouvrage s'articule autour de six axes éclairant chacun une dimension théorique ou pratique de la thématique de la radicalisation djihadiste. Le premier axe propose un panorama théorique général de cette notion et restitue certaines des principales controverses académiques qui entourent l'usage (ou l'absence d'usage) du concept. Le deuxième axe replace le phénomène dans son contexte géopolitique en revenant sur certaines notions issues du champ islamologique. À partir d'une perspective sociohistorique, il propose un décryptage général de plusieurs courants religieux, tels que le salafisme, le wahhabisme et le djihadisme qui sont centraux pour la compréhension de

1. Mohamed-Ali Adraoui, « Salafism, Jihadism and Radicalisation : Between a Common Doctrinal Heritage and the Logics of Empowerment », dans Johan Leman, Serafettin Pektas (dir.), *Militant Jihadism : Today and Tomorrow*, Ithaca, Cornell University Press, 2019.

notre objet. La troisième partie dresse une sociologie du recrutement des combattants de l'État islamique. Elle déconstruit ce groupe en mettant en lumière la diversité des trajectoires sociales et la pluralité des motivations qui ont conduit des dizaines de milliers de personnes issues d'une centaine de nations à rejoindre les contrées syro-irakiennes. D'un territoire à l'autre, les dynamiques d'enrôlement varient de manière substantielle tant du point de vue qualitatif que quantitatif, constat reflétant une forme de glocalité[1] du phénomène. La quatrième partie établit une analyse critique de la littérature consacrée à l'engagement djihadiste. Elle propose une typologie à cinq entrées de ces logiques d'engagement. Au fil de cette synthèse définie comme le « pentagone théorique de la djihadisation », chaque paradigme propose un prisme spécifique qui enrichit la compréhension générale et donne à voir toute la complexité du phénomène. Ces différents pôles s'articulent autour de cinq vecteurs qui sont la dévotion, l'émotion, la politisation, la manipulation et enfin la pulsion. L'analyse met également en lumière les forces et les principaux angles morts des différentes théorisations. Le cinquième axe aborde les armées comme un laboratoire social révélateur des différentes dynamiques de radicalisation. Le décryptage des interactions entre le milieu militaire et les processus de radicalisation s'avère particulièrement pertinent pour illustrer les paradigmes théoriques identifiés à travers le « pentagone de la djihadisation ». Le dernier axe dresse un tableau de la réponse publique ainsi que celui du traitement judiciaire et carcéral des terroristes islamistes (TIS) ainsi que des détenus de droit commun susceptibles de radicalisation (DCSR). Fondé essentiellement sur des observations directes et des interviews réalisées avec des publics directement confrontés à cette problématique[2], cet axe propose un regard critique sur les diverses réponses et dispositifs apportés par l'État afin de contrer ce phénomène.

1. Terme qui rend compte des deux dimensions « global » par le nombre de nations concernées et « local » pour les spécificités qu'il recouvre d'un espace à l'autre.

2. Voir encadré en annexe page 245.

La radicalisation : aux origines d'un concept controversé

Du point de vue étymologique, la racine « radical » du mot radicalisation apparaît dès le XVe siècle et provient du terme latin médiéval *radicalis* et du latin classique *radix* qui signifie « revenir aux racines » ou « au fondement ». Le dictionnaire Larousse fournit plusieurs définitions renvoyant à ce « qui appartient à la nature profonde, à l'essence d'un être ou d'une chose » ou à ce « qui présente un caractère absolu, total ou définitif »[1]. Cette référence à une pureté originelle se décline à travers le champ scientifique de manière transdisciplinaire. Guy-Noël Pasquet précise ainsi qu'« en mathématique, le radical est synonyme de la racine carrée positive d'un nombre. Dans la pratique médicale, les radicaux libres sont ces molécules d'oxygènes qui attaquent nos cellules saines à la racine. Pour les botanistes, les radicaux sont ces éléments qui partent de la racine. Et pour les chimistes, le radical est un corps simple dans les acides ou les bases[2] ». Dans les sciences humaines, Karl Marx rappelle dans sa critique de la philosophie du droit de Hegel qu'« être radical, c'est prendre les choses par la racine[3] ». Ce retour aux racines peut emprunter des voies pacifiques ou celles de la violence. En France, l'adjectif « radical » a été mobilisé dans le champ politique dès le milieu du XIXe siècle notamment par le parti des Radicaux dont les sympathisants revendiquaient l'héritage des Lumières et de la Révolution afin de transformer en profondeur la société. Pour l'Académie française, le verbe « radicaliser », dérivé de « radical », désigne le fait de « pousser à l'extrême, raidir, durcir[4] » une idée ou un point de vue. Si l'on se focalise plus spécifiquement

1. Dictionnaire Larousse.
2. Guy-Noël Pasquet, « Radicalité », *Le Sociographe*, 54/2, 2016, p. 4-5.
3. Karl Marx, contribution à la critique de *La Philosophie du droit* de Hegel, Paris, Aubier-Montaigne, 1971.

Serge Berstein, « Les radicaux », dans Jean-Jacques Becker (dir.), *Histoire des gauches en France*, vol. 2, Paris, La Découverte, 2005, p. 7-26.

4. *Dictionnaire de l'Académie française.*

sur l'usage du terme « radicalisation », il est de facture récente puisqu'il apparaît dans le sillage des attentats du 11 septembre 2001 contre le World Trade Center. Marc Sedgwick remarque une montée en puissance de cette notion dans la littérature anglo-saxonne à partir des attaques qui ont frappé les villes de Madrid (11 mars 2004) et Londres[1] (7 juillet 2005). Neumann et Kleinmann objectivent cette évolution en soulignant que si seuls 3 % des travaux publiés relatifs au terrorisme employaient le terme « radicalisation » entre 1980 et 1999, le chiffre montait à 77 % pour les études parues entre 2006 et 2010[2]. Il fait alors surtout référence à l'émergence des figures de *homegrown terrorist*. Contrairement aux actions terroristes islamistes des décennies précédentes majoritairement réalisées par des groupuscules étrangers, les actes violents commis en Occident après 2001 ont été essentiellement préparés par des individus nés et socialisés dans ces pays. Si les attaques du 11 septembre 2001 avaient été le fait d'acteurs de nationalité majoritairement saoudienne, celles de Londres et de Madrid ont été commises par des ressortissants espagnols et britanniques. Depuis ces événements, la tendance est devenue structurelle et les vagues d'attentats survenues en Europe ont presque systématiquement été accomplies par des citoyens européens. Cette mutation sociologique a entraîné un changement de regard des spécialistes qui se focalisent désormais beaucoup moins sur le « pourquoi » du terrorisme et davantage sur le « comment » à l'origine de ces actes. En d'autres termes, les chercheurs vont de moins en moins s'attacher à identifier les motifs ou les justifications de l'engagement pour s'intéresser aux mécanismes et aux étapes biographiques amenant des individus à s'isoler dans un système de croyances radicales jusqu'à faire usage de violence. À travers cette perspective, les trajectoires des acteurs sont désormais placées au centre de l'analyse. Le regard n'est plus uniquement fixé sur le passage à l'acte, mais

1. Mark Sedgwick, « The Concept of Radicalization as a Source of Confusion », *Terrorism and Political Violence*, 22/4, p. 480.

2. Peter Neumann, Kleinmann Scott, « How Rigorous is Radicalization Research ? », *Democracy and Security*, 9/4, 2013.

sur l'ensemble des séquences biographiques qui conduisent à ce dernier. Pour reprendre l'image de Peter Neumann, il s'agit désormais de répondre à l'interrogation : « Que se passe-t-il avant que la bombe n'explose[1] ? »

Une notion dissensuelle

Si l'usage du terme « radicalisation » s'est banalisé du point de vue médiatique au point d'être parfois qualifié de *buzzword* dans la littérature anglo-saxonne[2], il demeure en revanche sujet à de nombreuses controverses dans le champ académique. Considérant qu'il englobe un éventail de réalités trop hétérogènes, certains universitaires vont même jusqu'à lui dénier toute portée scientifique[3]. Plusieurs critiques expliquent l'absence de consensus autour de cette notion. Dans son état des lieux des travaux anglo-saxons relatifs à la radicalisation, Mark Sedgwick pointe avant tout la faible scientificité des publications. Il observe que près de 45 % des recherches se fondent sur des données peu fiables issues de sources secondaires, indirectes ou journalistiques.

D'autres critiquent le fait que son émergence renvoie d'abord à une problématique sécuritaire imposée « par le haut » aux chercheurs et aux experts. Or conformément au principe de liberté académique[4], le champ universitaire aime à définir et élaborer ses propres catégories d'analyse et de recherche sans subir l'influence des autorités publiques ou le *diktat* de l'actualité médiatique. À rebours de ce présentisme, des chercheurs

1. *Perspectives on Radicalization and Political Violence.* Actes du colloque *Conference on Radicalization and Political Violence*, Londres, 17-18 janvier 2008, Londres, International Center for the Study of Radicalisation and Political Violence, 2008, p. 4.

2. Benjamin Ducol, « La "radicalisation" comme modèle explicatif de l'engagement clandestin violent : contours et limites d'un paradigme théorique », *Politeia*, 28, 2015.

3. Gérard Mauger, « Sur la "radicalisation islamiste" », *Savoir/Agir*, 37/3, 2016.

4. Pour une analyse plus large sur les diverses menaces liberticides qui pèsent sur les universitaires voir Olivier Beaud, *Le Savoir en danger. Menace sur les libertés académiques*, Paris, Puf, 2021.

rappellent qu'il n'y a pas fondamentalement de rupture entre les phénomènes que l'on classe derrière le terme « radicalisation » depuis le milieu des années 2000 et les formes antérieures de violence politique et de terrorisme. En ce sens, le mot constituerait un nouveau terme pour décrire un phénomène sociologique déjà exploré par les chercheurs depuis plusieurs décennies. Qu'ils soient qualifiés d'engagement « radical », « violent » ou à « haut risque », les processus de passage à l'action violente ont fait l'objet de nombreuses investigations sociologiques notamment parmi les spécialistes des mouvements sociaux qui ont décrit dès les années 1980 les modalités par lesquelles des militants adoptent progressivement de nouveaux repères normatifs et des formes d'action politique non conventionnelle[1].

Les politiques européennes de lutte antiterroriste se sont largement adaptées et imprégnées de cette nouvelle terminologie. Elles tendent à élargir leurs champs d'observation en ciblant non plus uniquement l'acte violent mais également tout ce qui se déroule en amont et qui a trait à l'intentionnalité et la radicalisation cognitive des acteurs. La volonté des milieux sécuritaires d'identifier le plus tôt possible la genèse de ces processus questionne également le périmètre d'intervention légitime de l'action publique et renvoie au débat philosophique plus large sur la conciliation des principes de liberté et les impératifs de sécurité. Face aux exigences sécuritaires et à la pression médiatique, grande est la tentation de vouloir neutraliser le plus précocement possible des individus suspectés d'être « radicalisés ». Les différentes expérimentations menées en prison illustrent cette

1. Voir par exemple les travaux menés dès la fin des années 1980 par Doug McAdam sur l'engagement des militants blancs en faveur des droits civiques des Afro-Américains, Doug McAdam, Summer Freedom, *The Idealists Revisited*, Oxford, Oxford University Press, 1988. Voir aussi les travaux sur les mouvements d'extrême gauche menés par Donatella Della Porta, *Social Movements, Political Violence and the State. A Comparative Analysis of Italy and Germany*, Cambridge, Cambridge University Press, 1995. Plus récemment, Caroline Guibet-Lafaye (dir.), « Une juste violence ? Violences et radicalités militantes depuis les années 1970 », *Parlement[s]*, 28, Rennes, PUR, 2018 ; Isabelle Sommier, François Audigier, Xavier Crettiez, *Violences politiques en France*, Paris, Presses de Sciences Po, 2021.

ambition anticipatoire. Ces stratégies partent du postulat implicite d'un lien de continuité automatique entre radicalisation cognitive et radicalisation comportementale. Or, comme le démontre Marc Sageman, le pourcentage de terroristes dans une population identifiée comme « radicalisée » est toujours insignifiant. La proportion de personnes passant de la dimension cognitive à l'adoption de comportements violents demeure toujours infime. Malgré le développement de grilles d'indicateurs destinées à mieux cartographier les risques, la probabilité qu'une personne catégorisée comme telle passe à l'acte est inférieure à 1 %[1]. Xavier Crettiez note à ce sujet que la propension à établir une linéarité entre radicalisation cognitive et radicalisation violente est plus élevée en Europe qu'aux États-Unis en raison des différences de trajectoires historiques qui caractérisent les deux continents. Le rôle moteur des idéologies dans l'émergence et l'expression des grands totalitarismes européens du XXe siècle (nazisme, communisme) a conforté l'idée d'un continuum entre théorie et pratique tandis qu'Outre-Atlantique, l'articulation entre les deux est essentiellement abordée sous le prisme d'une discontinuité[2]. Le concept trouve également des limites dans ses dimensions normative et performative. À l'instar des notions de terrorisme ou de violence, il renvoie à des catégories aux contours fluctuants et désigne des réalités sociales qui sont par définition normées et évolutives. Normées en raison du fait que ce qui est défini comme radical ou non est éminemment variable tant dans l'espace que dans le temps. Ce qui était considéré comme une posture idéologique « radicale » il y a deux siècles ne l'est plus forcément aujourd'hui. C'est par exemple le cas des positions antiesclavagistes, des courants politiques en faveur de l'égalité entre hommes et femmes ou encore le droit à l'homosexualité. Au sein des sociétés occidentales, les défenseurs de ces causes ont d'abord été minoritaires, ostracisés et souvent stigmatisés avant que leurs idées ne s'imposent

1. Marc Sageman, *Understanding Terror Networks*, Philadelphie, University of Pennsylvania Press, 2004, p. 62.

2. Xavier Crettiez, « Penser la radicalisation. Une sociologie processuelle des variables de l'engagement violent », *Revue française de science politique*, 66/5, 2016.

et deviennent des normes sociales dominantes. Des points de vue initialement qualifiés de radicaux en raison de leur caractère atypique ou marginal peuvent donc progressivement devenir des valeurs *mainstream* unanimement partagés.

Un label politiquement disqualifiant

Une dernière limite épistémologique tient à la dimension performative du concept. De nombreux États aux tendances autoritaires n'hésitent pas à instrumentaliser le qualificatif de « radical » pour disqualifier de la compétition politique des factions opposantes ou concurrentes. Pour assurer leur maintien dans la conservation du pouvoir politique, ils n'hésitent pas à labelliser de la sorte leurs adversaires. Dans certains cas, l'éviction de l'arène politique peut agir comme une prophétie autoréalisatrice dans le sens où elle nourrit un sentiment de frustration et d'humiliation qui polarise les attitudes. La répression politique, surtout lorsqu'elle prend un caractère disproportionné, peut participer de la même logique de durcissement de l'opposition et de radicalisation. Ainsi, la décennie de violence djihadiste qui a frappé l'Algérie (1991-2002) a largement été alimentée par l'éviction politique du Front islamique du salut après sa victoire légitime aux élections législatives de 1991. Dans les pays de tradition démocratique, ces stratégies de disqualification n'ont pas cours de manière aussi frontale. Néanmoins de nombreux défenseurs des libertés fondamentales s'inquiètent de certains effets pervers des arsenaux juridiques mis en place pour lutter contre le terrorisme[1]. Ainsi, dans un avis relatif aux dispositifs de lutte contre la radicalisation, la Commission nationale consultative des droits de l'homme n'avait pas hésité à émettre de vives critiques sur la mise en place de grilles de détection censées permettre l'identification de personnes en voie de radicalisation. La structure

1. Francesco Raggazzi, « Vers un "multiculturalisme policier" ? La lutte contre la radicalisation en France, aux Pays-Bas et au Royaume-Uni », *Les Etudes du CERI*, 206, 2014.

de défense des Droits de l'Homme avait notamment exprimé ses craintes quant à la notion de faisceau d'indicateurs. Selon la CNCDH, ces grilles mises en place par différentes institutions (CIPDR, Éducation nationale, administration pénitentiaire...) sont non seulement potentiellement stigmatisantes pour les populations de confession musulmane mais également contre-productives voire dangereuses en raison de l'amalgame qu'elles véhiculent entre radicalisation idéologique et radicalisation violente : « La CNCDH s'inquiète par conséquent de la mise en place d'un dispositif qui engendre une confusion, puisque la conjonction d'un certain nombre de comportements non prohibés devient l'indice d'une supposée intention criminelle, ce qui est contraire aux principes du droit pénal[1]. » Elle déplore également la montée en puissance d'un arsenal juridique qui accompagne ce présupposé. Prenant appui sur l'exemple de la consultation de sites islamistes sur internet, la CNCDH illustre les modalités de ce glissement :

> Cette évolution témoigne d'une confusion des genres entre police administrative et droit pénal, la logique préventive de la première déteignant sur le second. Cette confusion est alimentée par la notion de radicalisation, telle qu'elle est conçue par les pouvoirs publics, qui repose sur l'idée invérifiée scientifiquement qu'il existerait une chaîne causale menant d'une hostilité pour les institutions ou d'un intérêt pour le mouvement djihadiste vers l'action terroriste. Le législateur en vient donc à interdire des comportements qui ne constituent pas, à proprement parler, « des actions nuisibles à la Société » [article 5 de la DDHC].

Un champ d'analyse islamo-centré

Les recherches ont également mis en exergue des biais dans l'usage du concept de radicalisation. Ce dernier tend à être essentiellement réservé aux logiques de violence qui se réfèrent de

1. Site Légifrance, avis sur la prévention de la radicalisation, https://www.legifrance.gouv.fr/jorf/id/JORFTEXT000036758063

l'idéologie islamiste[1]. L'étude du champ médiatique met également en lumière ce glissement voire une mise en équation entre la notion de radicalisation et le terrorisme islamiste. L'émotion générée par les violences islamistes au cours des deux dernières décennies et la pression du pouvoir politique ont conduit à une imbrication, voire à une quasi-confusion entre les deux termes. Or, si en France la configuration sécuritaire est essentiellement jihado-centrée, il convient de rappeler que ces dynamiques se retrouvent dans la plupart des systèmes idéologiques. Selon les pays concernés, les territoires idéologiques qui préoccupent prioritairement les États ne sont d'ailleurs pas forcément identiques. Ainsi, les mouvances d'extrême droite, qu'elles soient suprémacistes ou néonazies, constituent la priorité des pays nordiques (Suède, Danemark, Norvège), l'Allemagne et un nombre croissant de pays d'Europe de l'Est. En 2018, l'Office fédéral allemand de la protection de la Constitution a classé 24 100 personnes comme extrémistes de droite, parmi lesquelles 12 700 étaient considérés comme potentiellement violentes[2]. À l'opposé du spectre politique, notons que l'engagement radical d'extrême gauche a été particulièrement actif durant les décennies 1970/1980 en France (Action directe), en Allemagne (Bande à Baader), en Italie (Brigades rouges) ou encore au Japon (Armée rouge japonaise). Les autres monothéismes développent également des courants minoritaires justifiant l'usage de la violence. Au début des années 2000, plusieurs mouvements américains tels qu'Army of God ou les groupuscules *pro-life* n'ont pas hésité à assassiner des personnels médicaux pratiquant l'avortement[3]. Certains courants néosionistes partisans d'une colonisation totale des territoires palestiniens usent également de méthodes d'action violentes. En France, les militants actifs de la Ligue de défense juive n'ont pas hésité à agresser plusieurs figures hostiles aux politiques menées

1. Arun Kundnani, « Radicalisation : the Journey of a Concept », *Race & Class*, 54/2, 2012.

2. Nele Katharina Wissmann, « Le terrorisme d'extrême droite en Allemagne. Une menace sous-estimée ? », *Notes du Cerfa*, 151, Ifri, 2019, p. 7.

3. J. Eleanor Bader, Patricia Baird-Windle, *Targets of Hatred : Anti-Abortion Terrorism*, New York, Palgrave, St Martin Press, 2001.

par les gouvernements israéliens[1]. On peut également citer dans ce trop rapide panorama les mouvements indépendantistes et séparatistes. Avant sa dissolution en mai 2018, l'ETA (Euskadi Ta Askatasuna, « Pays basque et Liberté »), partisan de l'indépendance du Pays basque, a fait près de 859 victimes entre 1959 et 2010. Le nationalisme corse en faveur de la souveraineté politique de l'île a été particulièrement actif contre les symboles étatiques du milieu des années 1970 à la fin des années 2000 (plasticage, mitraillage de bâtiments militaires, banques...). Les philosophies d'Extrême-Orient tels que l'hindouisme ou le bouddhisme ne sont pas en reste. En Inde, les militants du mouvement hindouiste du Bharatiya Janata Party (BJP) stigmatisent, agressent et assassinent régulièrement des citoyens chrétiens et musulmans sous prétexte que ces derniers seraient une composante illégitime d'une identité indienne supposée exclusivement hindoue. Souvent loués pour leur système de valeurs supposément pacifiques, les bouddhistes de Birmanie n'ont pas hésité à massacrer près de 5 700 Birmans musulmans (Rohingyas) au cours du seul mois de décembre 2017. L'écoterrorisme, c'est-à-dire les attaques terroristes justifiées par des discours liés à la protection de l'environnement, cible principalement des biens matériels. Au début des années 2000, le Bureau fédéral d'investigation américain (FBI) estimait à près de 100 millions de dollars le montant des dégâts matériels causés par ces mouvances. Ce rapide panorama rappelle toute l'importance de sortir d'un prisme djihado-centré largement relayé par les vecteurs médiatiques.

Radicalisation et sociologie des mouvements sociaux

Le concept de radicalisation apparaît comme une notion connectée, au moins en partie, à des phénomènes de violence

1. Fondée en 2000, la Ligue de défense juive est la branche française d'un mouvement néosioniste créé aux États-Unis par Meir Kahane (la Jewish Defense League) où il est classé depuis 2001 comme organisation terroriste par le gouvernement.

politique. Pour cette raison, la littérature consacrée à la sociologie des mouvements sociaux et de l'action collective, bien établie depuis plusieurs décennies, peut fournir de précieux outils conceptuels pour décrypter ce qui se joue dans les processus d'engagement violent. Plusieurs paradigmes explicatifs proposent des grilles d'interprétation.

Théorie du choix rationnel

La théorie du choix rationnel aborde l'engagement radical comme la résultante d'un calcul réalisé par des acteurs rationnels. Selon cette perspective, la rationalité est utilisée comme hypothèse du comportement des individus qui évaluent les coûts et les bénéfices de leur engagement. Ainsi Diego Gambetta considère que les individus radicalisés choisissent stratégiquement la meilleure solution possible pour parvenir à leurs objectifs politiques[1]. Le terrorisme à bas coûts prônés par les cadres de l'EI s'inscrirait typiquement dans cette stratégie de contournement du rapport de force asymétrique qui caractérise les puissances militaires occidentales et les acteurs djihadistes. Les attentats commis sur la promenade des Anglais à Nice (14 juillet 2016) ou dans l'église de Saint-Étienne-du-Rouvray (26 juillet 2016) illustrent cette approche consistant à investir peu du point de vue matériel et financier et à engranger dans le même temps des bénéfices symboliques et médiatiques très importants. Pour les théoriciens de ce courant, la violence ne relève donc pas de l'irrationnel mais d'un calcul stratégique. De même, il est établi que la très grande majorité des auteurs d'attentats suicides ne sont pas atteints de pathologies mentales. Les organisations qui les recrutent doivent au contraire pouvoir compter sur des personnes fiables et donc relativement stables[2]. Si elle s'avère pertinente à certains niveaux, cette approche en termes

1. Diego Gambetta (dir.), *Making Sense of Suicide Missions*, Oxford, Oxford University Press, 2005.

2. Robert J. Brym, Bader Araj, « Suicide Bombing as Strategy and Interaction : The Case of the Second Intifada », *Social Forces*, 84/4, 2006.

d'homo-economicus a été critiquée en raison de la non-prise en compte de certains facteurs tels que le système de valeurs des acteurs, le rôle des émotions dans l'évaluation qu'ils font d'une situation ou encore le poids des dynamiques collectives et organisationnelles dans leur calcul.

Théorie de la frustration relative

La psychologie sociale a également fourni des éléments de compréhension à ces processus. Dans son ouvrage *Why Men Rebel ?*, Ted Gurr explique que c'est la frustration des individus qui génèrent un sentiment de révolte et d'agressivité[1]. Plus cette frustration est importante et plus l'agressivité sera importante. Cette réaction psychique se traduit par un mécontentement qui se politise progressivement et se déploie selon diverses modalités (mutineries, grèves violentes, terrorisme...). Cette frustration est à mettre en parallèle avec les perceptions subjectives des individus. Pour que cette frustration se convertisse en action, il faut que les individus aient le sentiment d'être réellement dépossédés et spoliés d'une ressource ou d'un avantage qu'elle considère devoir mériter. Une personne peut être objectivement privée d'une rétribution légitime sans que cela ne génère chez elle de frustration ou de sentiment de révolte. Par exemple, un employé issu d'une minorité ethnique ne se plaindra pas d'être victime de discriminations professionnelles s'il a déjà profondément intériorisé ces dernières et les considère comme des pratiques normales. À l'inverse, une personne peut être traitée de manière tout à fait méritocratique par son entreprise et se considérer comme discriminée si sa perception subjective l'amène à penser qu'elle devrait mériter davantage de ressources ou de considération. Pour cette raison, cette frustration est qualifiée de relative car elle est intrinsèquement corrélée à la subjectivité des acteurs et non à leur situation objective. Le concept a été appliqué pour décrypter certaines émeutes urbaines survenues dans les banlieues françaises. À partir d'une approche comparée

1. Ted Gurr, *Why Men Rebel*, New York, Princeton University Press, 1970.

entre l'Allemagne et la France, Dietmar Loch montre que si les populations françaises issues de l'immigration sont plus enclines à se révolter que les Allemands de conditions sociales comparables, c'est parce que les premières ont profondément intériorisé les promesses d'égalité républicaine et de méritocratie (Liberté, Égalité, Fraternité). À l'opposé, la jeunesse allemande issue de l'immigration turque ne développerait pas des attentes similaires à l'égard des institutions nationales[1]. Cette différence conduirait à une moindre frustration outre-Rhin. Appliquée aux djihadistes occidentaux, cette approche théorique consisterait à interpréter leur engagement comme la résultante d'un décalage entre leurs attentes en tant que citoyen musulman et leur relégation objective dans les marges socioéconomiques et symboliques de la société.

Les modèles théoriques en escalier

Un certain nombre de théorisations empruntent la métaphore de l'escalier ou du chemin pour rendre compte des parcours de personnes engagés dans des trajectoires de radicalisation. Ainsi Randy Borum propose un modèle théorique articulé autour de quatre étapes linéaires et progressives[2]. L'itinéraire débute par un sentiment d'insatisfaction lié à une impression de privation sociale ou économique. L'individu a comme point de départ une situation de frustration personnelle. La deuxième étape est la perception d'une injustice sociale. L'individu se persuade de l'idée de l'existence d'une injustice et d'un traitement social différencié à son égard. La troisième étape va consister à définir un exogroupe c'est-à-dire un collectif extérieur responsable de ses difficultés personnelles et de la situation d'insatisfaction dans laquelle il se trouve. La dernière marche accentue la rupture avec l'exogroupe en affublant ce dernier de tous les stéréotypes

1. Dietmar Loch, « Pourquoi n'y a-t-il pas d'émeutes urbaines en Allemagne ? Les jeunes issus de l'immigration en France et en Allemagne entre (absence de) protestations et politique de la ville », *Revue suisse de sociologie*, 34/2, 2008.

2. Randy Borum, « Understanding theTerrorist mind-Set », *FBI Law Enforcement Bulletin*, 72/7, *Criminal Justice Periodicals*, 2003, p. 9.

négatifs et de tous les maux. Dès lors l'usage de la violence devient possible et légitime. Il convient de noter que dans la modélisation de Borum, le franchissement des différentes étapes n'est ni obligatoire ni inéluctable. Il précise par ailleurs que la plupart des trajectoires individuelles s'arrêtent ou bifurquent avant l'accès à la dernière marche relative à l'usage de la violence. Les raisons des défections sont multiples. Elles peuvent avoir comme origine une prise de conscience de la situation, une rencontre ou un événement qui va stopper ou contrecarrer le processus. Par sa dimension progressive et linéaire, la grille de lecture de Moghaddam[1] s'apparente en partie à celle de Borum. Axée autour de cinq stades, elle a comme origine une interprétation psychologique des conditions matérielles. Au cours de la première étape, l'individu estime qu'il est victime de persécution et que la société lui est fondamentalement hostile. Cet état psychologique propice au partage de croyances complotistes conduit la personne à cibler un groupe en l'homogénéisant et en le définissant comme l'unique responsable de ses difficultés (juifs, musulmans, immigrés, grands patrons...). La troisième étape relève de l'engagement moral des personnes. Le quatrième stade consiste pour l'individu à approuver l'usage de la violence tout en précisant qu'elle n'userait pas personnellement de cette méthode. Entre ces deux étapes, l'individu passe subrepticement de l'opinion radicale à la justification de l'action radicale. Des arguments sont ainsi trouvés aux auteurs de ces actions : « Je ne le ferai pas mais je peux comprendre ces actes. » Notons que cette attitude peut aujourd'hui potentiellement passer sous le coup de la loi contre l'apologie du terrorisme[2]. L'ultime étape tient

1. Fathali M. Moghaddam, « The Staircase to Terrorism : a Psychological Exploration », *American Psychologist*, 60/2, 2005, 2005.

2. L'apologie du terrorisme et la provocation directe au terrorisme sont des délits. L'apologie du terrorisme consiste à présenter ou à commenter favorablement des actes terroristes. La provocation directe au terrorisme est l'incitation à commettre des actes terroristes. Les sanctions sont les mêmes pour l'apologie et la provocation. La peine encourue est de 5 ans de prison et 75 000 euros d'amende. Si les faits ont été commis *via* Internet, la peine encourue est de 7 ans de prison et de 100 000 euros d'amende.

à un processus de déshumanisation de l'autre et l'adoption de la violence. Les différents mécanismes inhibiteurs cessent d'agir et le passage à l'action violente contre la cible identifiée devient effectif.

Théorie du cadrage

Dans son étude qualitative sur les islamistes radicaux d'Al-Muhajirun[1], Quintan Wiktorowicz puise dans la théorie des mouvements sociaux pour développer un autre modèle interprétatif. Pour l'anthropologue, le point de départ se situe toujours dans un événement déstabilisant ou inattendu (accident, décès, divorce...). Cette crise engendre une ouverture cognitive chez l'individu qui va développer une plus grande réceptivité à de nouvelles idées et visions du monde afin de tenter de trouver des réponses à ses questionnements. La réponse religieuse apparaît alors comme une option possible dans le sens où elle peut combler les interrogations et fournir un réconfort psychologique à l'individu. Dès lors, on observe un processus d'appariement entre les attentes de l'individu et le discours porté par les acteurs religieux. Ces derniers vont adapter leur registre discursif en fonction de la configuration mentale de la personne en quête de réponse. Wiktorowicz qualifie cette étape « d'alignement des cadres ». Si l'individu se sent en décalage avec le collectif, il aura tendance à le quitter. En revanche, lorsqu'il y a congruence entre l'offre proposée par le groupe et ses attentes, ce dernier adhère au collectif, intègre ses idées jusqu'à fusionner totalement avec cette entité.

Clark Moskalenko et Sophia McCauley élaborent un système interprétatif non progressif fondé sur une vision pyramidale du phénomène[2]. Dans cette modélisation à quatre niveaux, on retrouve à la base de nombreux sympathisants partageant le but

1. Quintan Wiktorowicz, « Joining the Cause : Al-Muhajiroun and Radical Islam », Department of International Studies, Rhodes College, 2004.

2. Clark Mccauley, Sophia Moskalenko, « Mechanisms of Political Radicalization : Pathways Toward Terrorism », *Terrorism and Political Violence*, 20/3, 2008.

mais pas les méthodes violentes des activistes faisant usage de violence. Au-dessus des sympathisants se situent les adeptes qui vont se montrer aptes à justifier les actions violentes selon un registre discursif plus ou moins élaboré. Ces personnes vont porter la parole et contribuer à légitimer la justesse de la cause. Le niveau supérieur aux adeptes se compose des activistes qui vont fournir une assistance (logistique, financière, etc.) aux acteurs violents. C'est précisément à l'intérieur de ce vivier que se recrutent les acteurs engagés dans les opérations violentes. Enfin, le sommet de la pyramide fédère les activistes violents c'est-à-dire les personnes directement impliquées dans les actes de terrorisme. Plus nous nous élevons dans la pyramide et plus le vivier d'acteurs se fait rare du point de vue numérique. Cette modélisation présente l'intérêt de mieux saisir l'articulation entre les niveaux *macro* et *micro*, entre la base très large des sympathisants susceptibles de partager des idées similaires (niveau *macro*) et les rares individualités adoptant des comportements violents (niveau *micro*). Tous ces modèles en escalier ou pyramidal ont comme dénominateur commun d'illustrer une gradation. Chaque séquence biographique conduit à une étape ultérieure au cours de laquelle l'investissement individuel sera plus effectif et le passage à l'action plus probable.

Les approches en termes de carrières

Les approches en termes de carrières ou dites processuelles figurent parmi les théorisations les plus fécondes développées au cours des dernières années. Celles-ci se démarquent des approches traditionnelles des sciences sociales qui tendaient à dissocier les formes de l'engagement politique ordinaire, essentiellement appréhendées par les sociologues des mouvements sociaux des logiques de l'engagement radical qui demeuraient l'apanage des spécialistes du terrorisme. L'approche processuelle réunit ces deux champs d'étude en partant du postulat qu'il n'y a pas de stricte césure entre l'engagement politique ordinaire et l'engagement radical. Selon cette logique, le passage à la violence n'est pas interprété comme un fait extraordinaire ou pathologique mais sous le prisme d'un continuum. La grille de lecture processuelle rompt avec une démarche étiologique qui consisterait à rechercher des causes spécifiques ou des lois sociales pour se centrer sur les processus et les parcours biographiques des individus. Dans une analyse historique des conditions d'émergence du terrorisme en occident, Marc Sageman identifie des invariants qui transcendent les idéologies. En focalisant son attention sur plusieurs expériences historiques s'étalant de la Révolution française à la Première Guerre mondiale, il décrit la période d'incubation qui précède systématiquement l'émergence du terrorisme. Selon l'auteur, l'usage de la violence est toujours la résultante d'un long cheminement au cours duquel l'individu prend progressivement conscience des impasses du militantisme pacifique. Dès lors les mots laissent la place aux actes et le militant s'autodéfinit comme le soldat d'une cause sacrée qui ne fait qu'user d'une contre-violence légitime. Galvanisé par son appartenance à un groupe qui partage le même état d'esprit et qui valorise le plus souvent des sentiments de solidarité voire d'amitiés indéfectibles, il est prêt à venger sa communauté imaginée outragée et persécutée.

L'imbrication de facteurs macro, meso, micro

Au-delà des paradigmes théoriques spécifiques, les experts observent également des facteurs de radicalisation c'est-à-dire des dynamiques psychosociales qui peuvent participer et favoriser des processus de radicalisation. Quelle que soit l'orientation idéologique, il y a souvent la conjugaison de trois types de facteurs organisés sous la forme de cercles concentriques : les *macro*-facteurs, les *meso*-facteurs et les *micro*-facteurs[1]. Les macro-facteurs désignent les facteurs d'ordre sociétal. En effet, plus une société ou un système politique stigmatise et marginalise un groupe en raison de son appartenance religieuse/sociale/ethnique/orientation sexuelle, plus ce dernier va cultiver un sentiment de frustration et

1. Xavier Crettiez, « Penser la radicalisation. Une sociologie processuelle des variables de l'engagement violent », *Revue française de science politique*, 66/5, 2016.

d'humiliation sera tenté par des discours de rupture et un engagement militant violent. Ainsi, la montée en puissance de l'État islamique au sein de la société irakienne n'est intelligible que si l'on prend en considération la gestion (ou l'absence de gestion) politique des populations musulmanes sunnites après la mort de Saddam Hussein et les élections de 2005. La ghettoïsation de cette minorité politiquement dominante avant l'invasion américaine de 2003, a favorisé un sentiment d'humiliation et de radicalisation dans ses rangs. De même, les études historiques sur le mouvement du Black Panther Party (BPP) mettent en évidence le poids de l'exclusion socioéconomique et du racisme institutionnel dans l'attraction qu'il exerçait auprès des Afro-Américains. Le racisme systémique et les tensions avec l'institution policière ont renforcé la légitimité du BPP. On distingue à un second niveau les *meso*-facteurs. Les meso-facteurs regroupent la socialisation et l'influence de l'environnement direct sur l'individu. Travaillant sur les militants d'Al-Qaïda, le spécialiste Marc Sageman a mis en exergue toute l'importance des réseaux amicaux dans la cristallisation de groupes salafistes radicalisés. Plus que le partage d'une adhésion idéologique, l'auteur démontre que c'est la camaraderie, la confiance mutuelle ou encore la loyauté qui solidarisent les groupes. Selon lui, près de 70 % des éléments d'Al-Qaïda se sont agrégés sur la base de liens amicaux[1]. La socialisation familiale peut également conduire un individu à embrasser précocement une idéologie radicale. La socialisation que l'on peut définir comme « l'ensemble des processus par lesquels l'individu est construit, on dira aussi formé, modelé, façonné, fabriqué, conditionné, par la société globale et locale dans laquelle il vit, processus au cours desquels l'individu acquiert, apprend, intériorise, incorpore, intègre, des façons de faire, de penser et d'être qui sont situées socialement[2] ». La famille transmet des manières de penser et un rapport au monde spécifique. Ainsi, l'engagement au sein des mouvances talibanes se fait souvent de père en fils. Les activistes des mouvements séparatistes

1. Marc Sageman, *Understanding Terror Networks*, Philadelphie, University of Philadephia Press, 2004, p. 113.

2. Muriel Darmon, *La Socialisation*, Paris, Armand Colin, p. 6.

corse et basque obéissaient fréquemment à des logiques familiales et/ou claniques. Nos travaux sur la récurrence des fratries parmi les auteurs d'attaques djihadistes corroborent ce constat. Les liens familiaux génèrent des solidarités affectives pouvant conduire les individus à s'investir ensemble dans les projets les plus extraordinaires[1]. L'analyse sociologique des groupuscules d'extrême droite reflète également des porosités et des liens de proximité familiaux ou amicaux avec des acteurs issus de mouvances antérieures de type OAS[2] (Organisation de l'armée secrète). La cellule d'ultra-droite dirigée par Logan Alexandre Nisin, qui projetait de s'attaquer au président Macron en novembre 2018, s'appelait précisément OAS. Enfin, des micro-facteurs entrent potentiellement en jeu dans ces trajectoires sociales. Cette dernière catégorie renvoie à la construction identitaire ainsi qu'à la psychologie des individus. Les profils psychologiques (empathie, psychopathie...) ainsi que les traumatismes individuels interfèrent dans ces dynamiques. Ainsi, la multiplication des travaux sur le djihad au féminin a permis de mettre en exergue une surreprésentation de femmes ayant subi des violences sexuelles (viols, incestes...) ou vécu des abandons familiaux. Cette imbrication multifactorielle explique en grande partie la diversité des profils des personnes susceptibles de basculer vers des processus de radicalisation. Pour cette raison, les spécialistes préfèrent mobiliser le terme de parcours plutôt que celui de profil.

Malgré un foisonnement indéniable, il nous semble que cette riche littérature axée sur des trajectoires d'engagement politique non conventionnel ne permet pas de rendre compte de toutes les évolutions qui caractérisent le phénomène djihadiste de cette dernière décennie. Le prouvent par exemple les nombreux témoignages de jeunes n'ayant aucune connaissance des enjeux politiques et géopolitiques et qui ont pu être manipulés

1. Elyamine Settoul, « La fratrie comme arme de combat », *The Conversation*, 11 avril 2016.

2. L'Organisation de l'armée secrète est une organisation politico-militaire clandestine française, créée le 11 février 1961 pour la défense de la présence française en Algérie par tous les moyens, y compris le terrorisme à grande échelle.

suite à des logiques d'emprise mentale ou incités par des désirs de réparation narcissique ou de satisfaction pulsionnelle.

Pour aller plus loin

Bonelli Laurent, Carrié Fabien, *La Fabrique de la radicalité. Une sociologie des jeunes djihadistes français*, Paris, Seuil, 2018.

Crettiez Xavier, « *High Risk Activism.* Essai sur le processus de radicalisation violente (première partie) », *Pôle Sud*, 34/1, 2011, p. 45-60.

Crettiez Xavier, « Penser la radicalisation. Une sociologie processuelle des variables de l'engagement violent », *Revue française de science politique*, 66/5, 2016, p. 709-727.

Horgan John, « From Profiles to Pathways and Roots to Routes », *The Annals of the American Academy of Political and Social Science*, 618/1, 2008, p. 80-94.

Khosrokhavar Farhad, *Radicalisation*, Paris, Maison des sciences de l'homme, 2014.

Khosrokhavar Farhad, *Le Nouveau Jihad en Occident*, Paris, Robert Laffont, 2018.

Kleinmann Scott, Neumann Peter, « How Rigorous is Radicalization Research ? », *Democracy and Security* 9/4, 2013, p. 797-814.

Neumann Peter, *Radicalization. Critical concepts in Military, Strategic and Security Studies*, Londres, Routledge, 2015.

Sageman Marc, *Understanding Terror Networks*, Philadelphie, University of Pennsylvania Press, 2004.

Sageman Marc, *Turning to Political Violence*, Philadelphie, University of Pennsylvania Press, 2017.

Sedgwick Mark, « The Concept of Radicalization as a Source of Confusion », *Terrorism and Political Violence* 22/4, 2010, p. 479-494.

Seniguer Haouès. « De quelques réflexions sur les sinuosités de la radicalisation », *Histoire, monde et cultures religieuses*, 39/3, 2016, p. 13-31.

Sèze, Romain, Clément Pierre-Alain, « État de littérature. *Still Routes over Roots ?* Les introuvables racines du djihadisme français », *Critique internationale*, 92/3, 2021, p. 173-191.

Sommier Isabelle, Crettiez Xavier, Audigier François, *Violences politiques en France*, Paris, Presses de Sciences Po, 2021.

Thomson David, *Les Revenants. Ils étaient partis faire le jihad, ils sont de retour en France*, Paris, Seuil, 2016.

CHAPITRE 2

Géopolitique et salafismes

L'analyse des processus de radicalisation djihadiste ne peut faire l'économie d'un travail de contextualisation et de décryptage de l'univers religieux, historique et géopolitique à partir duquel ces phénomènes complexes ont pris racine. Au fil de ce chapitre, nous aborderons donc plusieurs notions centrales, permettant de saisir les conditions sociohistoriques de genèse et de développement des matrices djihadistes contemporaines. Nous verrons également qu'au-delà de ses diverses déclinaisons (quiétiste, politique, djihadiste), se définir comme salafiste permet de s'arroger une forme de monopole de la légitimité islamique. En ce sens, il constitue une ressource méliorative, pourvoyeuse de prestige et d'autorité symbolique voire politique pour celui qui s'en réclame. La question de la porosité entre les différentes formes de salafisme, en particulier entre les tendances quiétistes et djihadistes, est en outre devenue un enjeu central des débats qui entourent les processus de radicalisation djihadiste. Pour certains, il y aurait un continuum et des perméabilités structurelles entre ces multiples courants tandis que pour d'autres, ces différentes mouvances se caractériseraient davantage par des logiques de cloisonnement et de fragmentation. Cette question a notamment divisé les chercheurs s'intéressant à la socialisation religieuse des combattants partis rejoindre l'État islamique (chapitre 4), aspect qui sera également développé.

Aux origines du salafisme

Le salafisme, mot issu de l'expression arabe al-*Salaf al-Salih*[1] qui signifie « les vertueux ancêtres » ou « les pieux prédécesseurs », renvoie à la volonté de revenir aux enseignements de l'islam des premiers temps. Les salafistes incarnent un courant religieux cherchant à restaurer une norme islamique prétendument authentique et abandonnée par une majorité de coreligionnaires aujourd'hui, une norme telle qu'elle était censée avoir prédominé au sein des premières communautés de musulmans et en particulier des trois premières générations[2]. En ce sens, les salafistes ne s'autodéfinissent pas comme les tenants d'un courant particulier, mais comme les véritables croyants et dépositaires du dogme religieux véridique et authentique. L'islam se conçoit chez eux comme un système de pratiques et de pensées intégrales, transmis fidèlement de génération en génération. En filigrane de cette conception, se déploie l'idée selon laquelle seul un retour à ces normes originelles permettra aux sociétés musulmanes de renouer avec leur glorieux passé. Le salafisme s'inscrit en partie dans le prolongement du hanbalisme, l'une des quatre grandes écoles doctrinales sunnites qui se forgent dans les premiers siècles de l'Islam[3]. Ahmed Ibn Hanbal (780-855) en est le père fondateur. Ce dernier se distingue par la défense de la nature incréée du Coran et un respect scrupuleux de la source scripturaire à une époque où de vifs débats portant sur l'ontologie coranique agitent l'Empire Abbasside dont il est l'un des juges les plus en vue. Son opposition au dogme imposé par

1. « Pieux prédécesseurs », « vertueux devanciers » ou « sages anciens ». Cette expression désigne les premières générations de fidèles dont la foi et la pratique sont perçues comme les plus justes émanations de la piété puisque ces personnes ont été formées dans le sillage direct du Prophète et sont, pour certaines, contemporaines de son apostolat.

2. Ces deux générations sont celle des « successeurs » (*al Tâbi'ûn*) des Compagnons du Prophète et celle de leurs propres successeurs (*Tâbi'ûn al-Tâbi'ïin*).

3. On distingue par apparition chronologique l'école hanafite, l'école malékite, l'école chaféite et enfin l'école hanbalite. Faire un point sur chacune de ces écoles.

le pouvoir califal de l'époque (dirigé par Al-Mamûn) lui valut plusieurs périodes d'enfermement. Il se posa en modèle du religieux indomptable face au clergé d'État, modèle que les militants d'aujourd'hui ont recyclé dans l'opposition entre « oulémas[1] du djihad » et « oulémas de palais[2] ». Cette approche littéraliste et intransigeante trouvera un écho dans l'expérience wahhabite qui se déploie au XVIIIe siècle dans ce qui correspond à l'actuelle Arabie Saoudite. À cette époque, la péninsule Arabique est en partie sous domination ottomane et traversée par divers courants religieux, notamment le chiisme et diverses confréries soufies. Muhammad Ibn Abdelwahhab (1703-1792) exècre ces formes de religiosité qu'il assimile à des innovations voire à des formes d'associationnisme (*al Chirk*) en contradiction totale avec la foi musulmane. Cela légitime à ses yeux le fait de les combattre, y compris par la violence. Il revendique une orthodoxie d'inspiration hanbalite, école considérée comme la plus rigoriste des quatre grandes écoles de jurisprudence de l'islam sunnite. En 1744, Muhammad Ibn Abdelwahhab conclut un pacte fondateur avec l'un des clans tribaux qui domine le Najd, une sous-région de la péninsule Arabique. L'objet de l'accord consiste en une alliance, destinée à asseoir l'idéologie salafo-wahhabite sur cet espace territorial en échange d'une reconnaissance de légitimité du pouvoir du clan des Al-Saoud. Cette domination passera notamment par l'établissement d'une police, destinée à faire respecter rigoureusement les préceptes religieux. Si cet événement fondateur est si important, c'est parce que plus de deux siècles et demi plus tard, le royaume saoudien continue d'être dirigé, comme son nom l'indique, par les descendants de ce clan tribal qui perpétuent les préceptes d'Ibn Abdelwahhab par le moyen du Conseil des oulémas notamment. Aujourd'hui, cette offre d'islam tire son influence de sa capacité à s'exporter, *via* différents canaux, notamment l'Organisation de la coopération islamique

1. L'ouléma est un théologien effectuant des recherches dans le domaine coranique et de la tradition prophétique (sunna). Il émet également des avis juridiques ou politiques dans le but de faire valoir ses interprétations de l'islam au sein de la société.

2. Jean-Pierre Filiu, « Définir Al-Qaïda », *Critique internationale*, 47/2, 2010.

et la Ligue islamique mondiale créée en 1962. Institué en 1972, le Conseil des oulémas guide le pouvoir royal saoudien sur les questions religieuses et est actuellement dirigé par Abdelaziz Al-Cheikh, descendant du clerc Muhammad Ibn Abdelwahhab. La Ligue islamique mondiale est l'un des principaux maillons du *soft power* religieux saoudien. Grâce aux pétrodollars que le royaume accumule à partir des années 1960, elle contribue financièrement à la création de mosquées, instituts d'enseignement et centres d'activités à travers le monde. L'octroi massif de bourses d'étude à l'adresse d'étudiants étrangers afin qu'ils étudient au sein des différentes universités du Royaume va participer de la propagation de cette pensée à travers le monde. L'activisme religieux de cette ONG religieuse et prédicatrice est régulièrement sous le feu des critiques en raison de ses visées supposément prosélytes et de son rôle dans la propagation d'un islam intransigeant, voire intolérant. Pourtant, elle se révèle finalement davantage un instrument de défense des intérêts stratégiques saoudiens qu'un véritable vecteur de prosélytisme religieux. Néanmoins, la plupart des États occidentaux entretiennent d'étroites relations politiques et économiques avec le royaume. Les États-Unis ont ainsi scellé dès les années 1940 et la fin de la Seconde Guerre mondiale un partenariat stratégique avec la monarchie saoudienne prévoyant des concessions pétrolières pour une durée de soixante années renouvelables à échéance du contrat contre une protection militaire. Ce pacte de Quincy signé le 14 février 1945 formalise donc une alliance géopolitique entre Saoudiens et Américains[1]. Ce dernier consiste entre autres à échanger une garantie de protection militaire et diplomatique du royaume contre un approvisionnement énergétique préférentiel au niveau des hydrocarbures. Le développement de l'islam d'inspiration saoudienne dans le monde s'est donc réalisé avec le consentement tacite de la puissance américaine qui voyait dans cette idéologie un moyen stratégique de contrecarrer une influence communiste en pleine effervescence à partir de la guerre froide.

1. Fatiha Dazi-Henni, *L'Arabie Saoudite en 100 questions*, Paris, Tallandier, 2017, p. 44.

Les écoles juridiques du sunnisme

L'école hanafite remonte à Abu Hanifa Al-Numan Ibn Thabit (699-767) et représente la plus ancienne et la plus répandue des écoles jurisprudentielles dans le sunnisme. Elle insiste sur la liberté d'opinion du croyant, le jugement personnel, et la recherche de la meilleure solution. Elle se caractérise par son recours au « jugement préférentiel » et au raisonnement analogique, qui permet de juger un cas nouveau d'après un cas analogue déjà jugé dans le Coran ou la sunna. Il existe donc, du moins à l'origine, une certaine marge de manœuvre interprétative. Elle est principalement présente chez les peuples turcs, indo-pakistanais, afghans et chinois.

L'école malikite fondée par l'imam Malik Ibn Anas Al-Maliki (711-795) diffère des autres écoles par les sources qu'elle utilise pour déterminer la jurisprudence. Si les quatre écoles utilisent le Coran, la sunna, ainsi que l'*ijmâ* (le consensus des clercs) et l'analogie (*qiyas*), le malikisme puise également dans les pratiques des habitants de Médine (*A'mal Ahl al-Madina*) à l'époque du Prophète comme sources de la jurisprudence (*al-Fiqh*). Elle est très répandue en Afrique du Nord, en Afrique de l'Ouest, ainsi qu'en Syrie et aux Émirats arabes unis.

L'école chaféite est un compromis entre le malikisme et le hanafisme. Elle est fondée sur l'enseignement de l'imam Mohamed Ibn Idris As-Shâfi'î (767-820) descendant de la même tribu que celle du Prophète. Cette école valorise la Sunna c'est-à-dire les traditions et les pratiques du prophète comme source du droit et insiste sur le consensus de toute la communauté. Mais en dernier ressort le point de vue des savants l'emporte sur l'avis des croyants du commun. Ce courant est surtout répandu en Égypte, Arabie, Yémen, Koweït, Indonésie, Malaisie, Viêt Nam, Philippines et Thaïlande.

L'école hanbalite, fondée par Ahmad ibn Hanbal (780-855) incarne une piété rigoureuse, traditionnelle et sans compromis. En raison de sa rigidité, cette école est moins répandue. Elle est surtout dominante en Arabie Saoudite et dans certains petits États de la péninsule Arabique.

Le salafisme quiétiste

Le wahhabisme précédemment décrit peut donc se lire comme l'une des déclinaisons du salafisme. À la fin du XIXe siècle apparaît néanmoins une autre version du salafisme caractérisée par une vision plus libérale et plus rationnelle. Des penseurs tels que Mohamed Abduh et Al-Afghani vont s'efforcer de réinterpréter l'héritage islamique dans le cadre de la modernité occidentale. Leur projet intellectuel vise moins un retour vers une rigidification de l'orthodoxie sunnite qu'à la revivification de la pensée musulmane dans une situation de domination culturelle par des puissances coloniales. Pour ces réformistes, les pieux ancêtres (*as-salaf as-sālih*) ne constituent pas une source d'imitation, mais un modèle d'inspiration, dont l'esprit – et non la lettre – doit être réhabilité par l'usage de la raison. Le salafisme contemporain constitue toutefois une nébuleuse évolutive et complexe se déclinant en une multitude de groupes, prenant des orientations politiques très diverses. Son récent développement en Occident est le produit de plusieurs facteurs. D'une part, l'activisme en Europe à partir des années 1990 de certains militants politiques, à l'instar de ceux appartenant à l'aile salafiste du Front islamique du salut[1], l'accroissement du nombre d'étudiants occidentaux, partis suivre des cursus islamiques dans des universités saoudiennes, principalement celle de Médine, ou encore la multiplication des conférences, tenues par des prédicateurs salafistes, issus de ces mêmes universités ou d'instituts religieux ayant essaimé dans l'ensemble des pays musulmans à partir des années 1970. Au cours des dernières décennies, le canal Internet et la montée en puissance des réseaux sociaux ont permis de décupler la visibilité et l'impact médiatique de ces prédicateurs[2]. Des spécialistes ont tenté de clarifier l'univers du salafisme en

1. Parti islamiste algérien très actif durant les années 1980 et qui avait remporté les élections nationales de 1990-1991.

2. Sur l'impact médiatique de ces prédicateurs, voir l'analyse de Karim El-Karoui, *La Fabrique de l'islamisme,* Rapport Institut Montaigne, 2018.

dressant des typologies. On distingue de manière idéal-typique trois formes[1] qui ont comme dénominateur commun de valoriser l'islam des origines en visant à réformer les sociétés musulmanes dans ce sens, mais selon des modalités et stratégies qui diffèrent voire s'opposent. Il s'agit du salafisme quiétiste, réformiste et djihadiste. Le salafisme quiétiste vise la préservation d'une morale religieuse orthodoxe ainsi qu'une éthique de la droiture et de la constance face à un islam, jugé galvaudé ou dévoyé. Comme le cite Mohamed-Ali Adraoui,

> la description de « Salafi » s'applique à toute personne qui se cramponne vraiment aux salafs. Ce n'est pas l'attachement à une personne singulière ou à un groupe de personnes, c'est l'attachement à une voie qui ne se détournera jamais du chemin du Prophète (Paix et bénédiction d'Allah sur lui) [*sic*] de ses compagnons et de ceux qui les suivent vraiment. De plus la Salafiyya ne repose pas sur le fait de suivre un Cheikh en particulier ou un imam, c'est une adhésion au Coran et à la Sunna authentique comme l'ont compris et pratiqué l'ensemble des pieux prédécesseurs (*Salaf al-Salih*). Le véritable Salafi met en valeur le *tawhîd* qui est le fait de vouer tous nos actes d'adoration à Allah exclusivement : dans l'invocation, dans la demande du secours, dans l'appel au refuge dans la facilité et la difficulté, dans l'immolation, dans le serment, dans la crainte, dans l'espoir, dans la confiance totale en Lui[2].

Cette tendance insiste sur la notion de purification (*al Tasfiyya*) et la réticence face aux innovations blâmables introduites dans la religion musulmane (*al Bida'*). Il s'agit de revenir aux enseignements du Prophète afin de protéger sa religiosité des déviances protéiformes qui touchent les sociétés musulmanes depuis des siècles. Celles-ci peuvent être de nature endogène (chiisme, soufisme, etc.) ou exogène (individualisme, occidentalisation des mœurs, etc.). Pour les quiétistes, la purification et l'éducation des musulmans constituent la clé de voûte d'une réforme qui contrairement à ce que préconisent d'autres sensibilités salafistes, ne

1. Bernard Rougier (dir.), *Qu'est-ce que le salafisme ?*, Paris, Puf, 2008, p. 15-19.
2. « Qu'est-ce que le Minhaj Salafi ? », cité par Mohamed-Ali Adraoui, *Du Golfe aux banlieues. Le salafisme globalisé*, Paris, Puf, 2013, p. 41.

doit être ni politisée, ni révolutionnaire. Les salafistes quiétistes ont comme particularité de ne pas s'immiscer dans la sphère politique. Ils valorisent une orthopraxie et se focalisent sur des activités, telles que la prédication (*al Da'wa*) et l'éducation (*al Tarbiyya*), tout en condamnant les actes de violence. Certains sociologues établissent des comparaisons avec d'autres formes de religiosité, telles que le mormonisme aux États-Unis[1] ou les courants visibles du judaïsme en Israël. En France, ce retrait de la vie politique a pu se manifester lors de certaines échéances électorales. Ainsi des collectifs d'obédience salafiste quiétiste distribuaient à l'occasion de certaines élections des tracts indiquant « Préserve ta foi, ne vote pas. » Ce fut le cas de l'association Ana Muslim (Je suis musulman) lors des élections municipales de mars 2014. L'association qui préconisait le boycott précisait : « Voter, c'est reconnaître le pouvoir des hommes sur terre et leur donner la souveraineté absolue de créer leurs lois qui n'ont rien à voir avec l'islam[2] ». Le vote et les logiques partisanes sont donc assimilés à des actes de transgression dans le sens où ils favorisent non seulement la *Fitna*, c'est-à-dire la division entre croyants, mais participent également d'une concurrence symbolique à la souveraineté divine. L'idée centrale est que le pouvoir de légiférer n'appartient qu'à Dieu. Il est donc illicite de prendre des décisions législatives en dehors du cadre légal définit par Dieu dans le Coran et la Sounna. Dans cette perspective, les modèles d'inspiration démocratique sont assimilés à une forme d'associationnisme (*al Shirk*) menant à l'hérésie, puisque les parlementaires occidentaux légifèrent au nom de valeurs et de règles qui ne sont pas puisées au sein de la *Charia*[3]. Dans les pays majoritairement musulmans, l'aversion pour la participation politique se nourrit également de la crainte de la sédition et de la division entre croyants. Aux yeux des quiétistes, seuls le prince et

1. Arnold H. Green, « Mormonism and Islam : from Polemics to Mutual Respect », *BYU Studies Quarterly*, 40/4, article 14, 2001.

2. https://observers.france24.com/fr/20140318-france-ana-muslim-boycott-association-islamiste-elections-municipales

3. Samir Amghar, *Le Salafisme d'aujourd'hui. Mouvements sectaires en Occident*, Paris, Michalon, 2011.

le clerc ont légitimité à discuter les conditions d'exercice du pouvoir. Tant que ces derniers se définissent comme musulmans, les gens du commun n'ont pas à questionner ou remettre en cause son autorité. Les clercs peuvent émettre des avis et conseiller le gouverneur (*al Nasiha*). Ce courant se caractérise également par sa non-violence. De nombreuses figures du salafisme mondial tels que le Saoudien Al-Fawzan ou l'Égyptien Cheikh Raslan ont émis des *fatwas* condamnant les actions menées par des groupes djihadistes, tels que l'État islamique ou Al-Qaïda. Désireux de se dissocier de ces acteurs violents, ils n'hésitent plus à prendre la parole pour se démarquer et souligner que le changement sociétal qu'ils appellent ne saurait justifier l'usage de la violence. Certains chercheurs interrogent la teneur réellement apolitique de cette tendance en rappelant que l'abstention et la non-participation à la vie politique peuvent également être assimilées à une posture politique au sens extensif du terme[1].

Le salafisme politique et les Frères musulmans

Le salafisme politique reprend la lecture revivaliste qui est transversale à l'ensemble des courants salafistes, mais considère que la prédication seule est insuffisante pour faire évoluer les sociétés vers l'état d'authenticité qu'ils appellent de leurs vœux fondamentalistes et puritains. Il prône donc la nécessité de s'investir dans le champ politique afin de faire évoluer les rapports de force. L'archétype même de ce salafisme politique est le parti Al-Nûr (Parti de la Lumière) qui, quelques semaines seulement après sa création, avait réussi à recueillir près de 28 % des voix lors des élections législatives égyptiennes de décembre 2011 et janvier 2012. Leurs militants s'inscrivent dans une démarche légaliste, en acceptant les règles du jeu politique. Ils sont souvent composés d'anciens quiétistes désireux d'intégrer le champ

1. Haoues Seniguer, « La galaxie néo-salafiste quiétiste : un apolitisme en trompe-l'œil », dans Ali Mostfa, Michel Younès, *L'Islam au pluriel. Foi, pensée et société*, Paris, L'Harmattan, 2018.

politique. Les « Printemps arabes » de 2011 ont ainsi été l'occasion pour certains groupes salafistes de s'investir dans des formes de participation politique institutionnalisée. Par leurs pratiques, ils rompent donc avec les principes défendus par les salafistes quiétistes pour se rapprocher de la vision défendue par les Frères musulmans. Hybrides, ils empruntent le rigorisme et l'orthopraxie aux premiers et s'inspirent des méthodes d'action politique des seconds.

Un détour sur la généalogie et la trajectoire politique des Frères musulmans s'avère pertinent pour cerner les lignes de convergences, mais aussi de divergences qui les caractérisent. La confrérie des Frères musulmans apparaît à la fin des années 1920 dans un contexte sociohistorique et géopolitique radicalement différent de celui qui caractérise par exemple le wahhabisme. Si ce dernier a trouvé sa source dans le territoire du Nejd alors sous domination ottomane, le mouvement des Frères musulmans voit le jour sous la houlette d'Hassan Al-Banna (1906-1949) dans une Égypte, colonisée par la Grande-Bretagne. Leurs militants partagent la conviction de la nécessaire remise en cause de la mainmise militaire et politique des systèmes coloniaux. En ce sens, ils se différencient des wahhabites, tant du point de vue de leurs stratégies que de leurs cibles. Pour les Frères musulmans, la lutte n'est pas tant intra-musulmane qu'anticoloniale bien qu'ils soient indéniablement un mouvement fondamentaliste cherchant lui-même à faire revivre une société islamique supposément idéale. Les confréries soufies et les chiites ne constituent pas une source majeure de débats et ne sont pas perçues comme des menaces premières qu'il faudrait expurger de la communauté islamique, à l'instar des salafistes. L'ambition première vise surtout à unifier et renforcer l'Oumma (la communauté des croyants) contre ses ennemis de l'extérieur. La critique concerne particulièrement les modes de gouvernance des nations musulmanes dont les leaders ont abandonné les règles et les fondements de l'islam pour appliquer des modèles juridiques et intellectuels, inspirés des sociétés européennes. Rashid Rida (1865-1935), une des références de Hassan Al-Banna théorise dès 1925, soit un an après la fin du dernier califat ottoman, la nécessité de développer une *Dawla al-islamiyya* (« État islamique ») obéissant aux règles de la *Charia*[1]. À terme, Hassan Al-Banna espère ainsi réunifier l'Oumma et voir disparaître les frontières nationales des pays musulmans afin de restaurer le projet califal. Ces frontières arbitrairement tracées par les puissances coloniales, essentiellement française et britannique, n'ont à ses yeux aucune légitimité. Seule la concrétisation de ce projet politique civilisationnel alternatif permettra de rendre la dignité perdue des masses musulmanes. L'émergence des Frères musulmans en 1928, c'est-à-dire tout juste quelques années après l'abolition du dernier califat (1924), traduit doutes et angoisses des nations musulmanes quant à leur avenir politique. Le projet fériste s'articule autour d'un programme en plusieurs étapes visant à régénérer l'Oumma et conquérir la société par le bas à travers des actions sociales et par le haut en accédant au pouvoir. La stratégie est graduelle et part des individus pour s'élargir progressivement vers des collectifs plus étendus (village, région, pays...). Leur finalité est de réislamiser les sociétés jusqu'à créer des entités fonctionnant selon les principes de la *Charia* et qui par agrégation progressive redessineraient les frontières sociales et politiques d'un espace musulman[2] redevenu un pôle majeur de puissance géopolitique et de rayonnement civilisationnel. Au fil des années 1930 et 1940, le mouvement connaît un vif succès parmi les couches populaires. Inquiet de cette montée en puissance, le président Nasser (1918-1970), arrivé au pouvoir à la faveur d'un coup d'État en 1954 que les Frères soutiendront, va commencer à réprimer ces activistes fondamentalistes à peu après. Ils sont emprisonnés par milliers dans les geôles égyptiennes. Beaucoup partent se réfugier en Arabie Saoudite qui n'hésite pas à les utiliser pour contrer l'influence croissante des idées nationalistes et marxistes, à l'intérieur de l'espace musulman. Cette migration va générer une hybridation idéologique

1. Mohamed-Ali Adraoui, « Le califat des réformistes », *Esprit*, 480, 2021/12, p. 97-107.

2. Amr Elshobaki, *Les Frères musulmans des origines à nos jours*, Paris, Karthala, 2009.

entre le salafisme saoudien et la pensée des Frères musulmans. En déficit de cadres, nombre de militants Frères musulmans sont recrutés dans les grandes universités islamiques. Les campus universitaires saoudiens vont ainsi constituer un espace de réflexion et d'échange intellectuel. Stéphane Lacroix parle à ce titre d'une double dynamique de « frérisation des wahabbites » et de « wahabisation des Frères ».

La politisation des Frères musulmans va impacter un salafisme saoudien qui était traditionnellement apolitique et qui considérait que le pouvoir était essentiellement l'affaire des princes de la monarchie et des clercs du royaume. La première guerre du Golfe en 1991 a été un révélateur de ces tensions. Les salafistes politisés vont exprimer leur désapprobation face à la ligne politique pro-américaine du royaume saoudien. L'invasion du territoire irakien par des troupes occidentales va être clairement assimilée à une agression impérialiste envers leurs coreligionnaires musulmans. Cette intrusion des islamistes dans le champ politique a été perçue comme une remise en cause du *modus vivendi* qui caractérisait les relations entre les sphères politiques et religieuses à l'intérieur du pays. Les relations entre salafistes politiques et Frères musulmans demeurent néanmoins teintées d'ambiguïté : les premiers reprochent aux seconds d'être trop impliqués dans le jeu politique ou encore de reléguer au second plan les questions théologiques, notamment celles relatives à la purification de la foi, au profit des logiques partisanes. Parfois, ces divergences s'expriment aussi de manière formelle à travers le ritualisme plus prononcé des salafistes (tenues vestimentaires traditionnelles...) ou des détournements sémantiques dépréciatifs. Les salafistes qualifiant les Frères musulmans d'*Ikwan Muflissin* (« Frères corrompus ») tandis que ces derniers affublent les *salafistes* du surnom de *talaf* (« les égarés »). Ces tensions réciproques sont aisément compréhensibles. Les deux mouvances entrent en concurrence dans le champ d'activité de la prédication (*al Da'wa*), mais également dans leur volonté d'apparaître comme les acteurs les plus légitimes pour un retour à l'islam authentique. Cette rivalité s'est cristallisée lors des élections égyptiennes de 2014, au cours desquelles la principale formation issue du salafisme politique (*Al-Nûr*) n'a pas hésité à soutenir ouvertement la prise de pouvoir et la politique du général Sissi contre l'organisation des Frères musulmans, après l'avoir appuyé au moment du coup d'État dirigé contre le président Morsi, avec qui ils partageaient pourtant nombre d'idées communes.

Le salafisme djihadiste

Enfin, le salafisme djihadiste porte une vision révolutionnaire du changement politique et religieux. Pour les partisans de cette tendance ultra-minoritaire, le changement sociétal et politique doit certes mobiliser tous les moyens possibles mais d'abord se structurer autour de l'action violente. Pour plus de clarté, il convient de revenir ici sur le concept de *djihad*. Cette notion présente des dénominateurs communs avec le concept de radicalisation. Outre le fait qu'elles sont toutes les deux hypermédiatisées, elles cristallisent de nombreux clichés et font l'objet de présupposés simplificateurs. Ainsi, il n'est pas rare de le voir traduit hâtivement par l'expression « guerre sainte ». Or, les mots arabes utilisés pour définir la guerre sont plutôt *Harb* ou *Qitâl*. En arabe, l'expression « guerre sainte » se traduirait théoriquement par al-*Harb al-Muqadassa*, néanmoins, les spécialistes de cette langue observent que si les lieux peuvent être sacralisés, les actions humaines et les êtres humains ne le sont quasiment jamais[1]. La volonté de rechercher des équivalents linguistiques à des notions puisées dans la culture arabo-musulmane aboutit fréquemment à des distorsions cognitives[2].

1. Abderrahim Lamchichi, « Jihâd. Un combat contre quel adversaire ? », *Mots. Les langages du politique*, 79/3, 2005, p. 3.

2. Le cas est patent pour le mot « islam » souvent traduit de manière réductrice par « soumission », alors qu'il renvoie plus précisément au fait de s'en remettre à la volonté de Dieu avec l'idée d'apaisement, la racine trilitaire du terme islam *s l m*, étant identique à celle du dérivé *salâm* signifiant la paix. Ces translations abusives, faisant fi des subtilités idiomatiques, propres à chaque univers linguistique tendent à générer des biais cognitifs dont les effets sont loin d'être négligeables pour la perception et l'interprétation de la

Dans son analyse du concept de djihad, Cherif Ferjani rappelle qu'il apparaît à 35 reprises dans le Coran, 27 fois sous la forme verbale (*Jahidu*), 4 fois comme substantif et 4 fois en participe actif (*Mûjahid*). La racine *j h d* qui a donné *Jahd* (« effort ») signifie « zèle » ou « application » au sens large renvoie à l'idée de combattre et de réaliser un effort afin de tendre au dépassement de soi en vue d'une bonne action (*Ihsan*). Il s'agit pour le croyant de « rassembler toutes ses énergies afin de les investir dans une visée noble[1] » et est souvent mobilisé à travers l'expression *Jihâd fî Sabîlillah,* c'est-à-dire « l'effort sur le sentier de Dieu ». Cet effort peut prendre la forme d'une lutte intérieure (djihad majeur), c'est-à-dire un combat contre son ego, ses faiblesses et passions ou une lutte dirigée vers l'extérieur contre des ennemis dans une perspective défensive ou offensive (djihad mineur). De même, la confusion entre djihad et djihadisme est problématique. Le djihadisme est, à tort, mécaniquement défini comme l'action de faire le djihad. Or, ce terme agrège une myriade de significations et de pratiques non figées dans le temps. Le philosophe Averroès (1126-1198) distinguait ainsi trois formes de djihad : le *jihâd bî-l yad* (djihad par la main) qui désigne le choix de faire le bien et de combattre le mal, le *Jihâd bî-l qalb/nafs* (par le cœur et sur soi) et le *jihâd bî-l lisan/qalam* djihad par la langue et le verbe.

Au fil des siècles, les clercs n'ont eu de cesse de débattre et de s'interroger sur le périmètre d'action légitime de cette notion que les gouvernants n'hésitaient pas à mobiliser pour justifier des stratégies de conquête territoriale et/ou politique. En fonction des époques, des contextes et des innombrables interprétations qui caractérisent la réalité islamique, le djihad a pu prendre des formes éminemment spirituelles insistant sur les valeurs de détachement et d'ascèse (soufisme) ou des expressions belliqueuses et guerrières. Les écoles partisanes d'une application

---

réalité. Les connotations subjectives d'un mot tel que « soumission » ne sont pas sans conséquences sur l'orientation des réflexions et des débats auxquels elles conduisent.

1. Abderrahim Lamchichi, « Jihâd. Un combat contre quel adversaire ? », art. cité, p. 23.

spirituelle du djihad se développent essentiellement à partir du IXe siècle dans des courants soufis qui vont chercher à valoriser les principes de dépouillement et d'amour fusionnel avec l'être divin. Ibn Al-Arabi ou Jalal Al-Din Al-Rumi incarnent typiquement cette voie mystique, l'objectif suprême étant d'apaiser l'esprit du croyant et de l'élever au-dessus des contingences terrestres et bassement matérielles.

Les militants islamistes les plus violents légitiment bien évidemment la seconde acception en prônant le combat voire le meurtre (*Qitâl*) et le tyrannicide (*al Taghût*, le tyran mécréant, le transgresseur, le rebelle). Si la notion de djihad apparaît avec la Révélation coranique, le djihadisme entendu comme système de pensée prônant la violence est un néologisme relativement récent puisqu'il est véritablement théorisé au milieu du XXe siècle. Son programme vise à appliquer un djihad résolument offensif destiné à libérer le monde musulman des occupations étrangères, à destituer les régimes autoritaires jugés impies ou corrompus et imposer un modèle de gouvernance en concordance avec la loi divine. Il trouve plus précisément sa source sous la plume de Sayyed Qotb, militant passé par les Frères musulmans et considéré comme le théoricien du djihad intégral[1]. Tout en continuant de militer pour les Frères musulmans, Sayyed Qotb va radicaliser sa position politique en critiquant l'inanité de leur approche et en théorisant l'idée selon laquelle seule la violence pouvait être le moteur du changement social et politique attendu. Sa radicalisation idéologique semble également épouser les sinuosités de son parcours social et carcéral. C'est d'ailleurs en prison qu'il écrit ses principaux ouvrages de référence[2]. Sa pensée part du postulat selon lequel les musulmans sont en crise depuis l'abandon de l'islam authentique. Ces derniers sont revenus à l'état de *jahiliyya*, c'est-à-dire à l'état de barbarie et d'ignorance des sociétés préislamiques. Qotb préconise de se dégager des influences occidentales, sources

1. Olivier Carré, *Le Coran des islamistes*, Paris, Cerf, 2021.

2. Sayyed Qotb, *Jalons sur la route de l'Islam*, Ar-Rissala, 1964 (première parution).

de corruption et de suivre les prescriptions coraniques qui apportent les solutions à tous les enjeux qu'ils soient sociaux, politiques, économiques. Pour ce faire, il ne faut pas hésiter à faire usage d'une stratégie révolutionnaire. Cette conception du djihad sera reprise et codifiée par deux auteurs : le Palestinien Abdallah Azzam et l'Égyptien Muhammad Farrag. Farrag fera du djihad le sixième pilier de l'islam et une obligation religieuse non plus individuelle mais collective. Il constate l'existence d'une véritable « obligation absente » dans l'islam contemporain, mais n'hésite pas, ce faisant, à innover dans la doctrine et à s'éloigner des commentaires religieux traditionnels. C'est le résultat de cette évolution, voire de cette révolution, doctrinale que nous prendrons comme point de départ du djihadisme. Le Palestinien Abdallah Azzam, appelé aussi « l'imam du djihad », mène une réflexion encore plus poussée. Au-delà de l'obligation personnelle de s'engager militairement dans le djihad[1], il fait de ce dernier le cadre de la genèse d'un musulman nouveau, défini uniquement par ses critères religieux et militants. Le but de Azzam est d'uniformiser les musulmans, en faisant abstraction de leurs origines ethniques, nationales, culturelles ou tribales. Il faut rappeler ici le contexte de cette théorisation qui est un contexte de guerre en Afghanistan entre soldats russes et « combattants du djihad » venus de tout l'espace musulman afin de défendre leurs « frères » contre cette agression perpétrée en terre d'islam. Défini par le djihad dont il devient un professionnel, il est de fait détaché de ses racines, et devient nomade et globalisé. La mise en pratique est toutefois plus complexe tant les djihadistes des différentes régions du monde ont gardé des spécifications locales ou tribales, mais la théorie de référence est dès lors posée. Qu'ils soient hommes ou femmes, les combattants djihadistes se considèrent comme les seuls dépositaires de l'orthodoxie sunnite et condamnent leurs coreligionnaires, chiites comme sunnites. Ils se posent comme les musulmans authentiques et n'hésitent pas à évincer de l'Oumma tous ceux

1. Après 1979, il incitera les musulmans du monde entier à rejoindre les zones de combat afghanes pour lutter contre les Soviétiques.

qui ne se conforment pas à leur doctrine à travers la pratique du *Takfir* (excommunication).

Qu'il soit donc d'orientation quiétiste, politique ou djihadiste, le salafisme réactive un principe que l'on retrouve régulièrement dans le sunnisme (*al Walā'wal Barā'*, « alliance et désaveu »), et dont ils font une lecture intégraliste. On entend, par là, le devoir pour tout croyant d'agréer ou de renier certaines personnes, croyances ou pratiques. Dans cette perspective, pour ces mouvements, il ne suffit pas de se consacrer aux injonctions cultuelles, il convient également d'adopter une éthique claire et radicale par rapport à ce qui est censé être islamique ou pas. L'identité musulmane, à cet égard, est bien plus qu'une déclaration de foi. Sur le plan politique, il est par exemple des régimes dont il faut se dissocier voire combattre, alors que d'autres doivent être obéis. C'est d'ailleurs ce point précis (à quel régime faire allégeance et quel régime désavouer) qui structure l'une des principales lignes de fracture opposant les différents visages du salafisme contemporain. Al-Qaïda, organisation salafo-djihadiste a pour idéologie le fait d'excommunier et combattre un régime, même s'il se dit musulman, en vertu de ce principe. À l'inverse, les principales organisations religieuses saoudiennes se disant salafistes dénoncent vigoureusement ces acteurs djihadistes considérant qu'un régime aussi fondamentalement musulman que le royaume saoudien ne saurait être contesté. De même, les acteurs de la Ligue islamique mondiale ont réaffirmé la nécessité pour les populations musulmanes vivant en Occident de respecter les principes de laïcité[1]. De ce point de vue, il est donc possible de dire que les djihadistes développent une interprétation du principe de l'alliance et du désaveu encore plus extensive et rigoureuse que ce l'on a observé dans l'islamisme des Frères musulmans ou le salafisme des institutions religieuses officielles en terre saoudienne.

1. François Clemenceau, « Le secrétaire général de la Ligue islamique mondiale : les musulmans doivent respecter les lois françaises », *JDD*, 21 novembre 2020.

Quelques penseurs clés

Ahmed Ibn Hanbal (780-855) est le fondateur du hanbalisme, l'une des quatre grandes écoles juridiques musulmanes. Cette école se caractérise par son souci du respect de la tradition coranique et prophétique. Contrairement aux autres doctrines musulmanes qui admettent l'utilisation de la Raison pour défendre les données de la foi, l'école hanbalite s'attache à respecter de manière intransigeante les sources scripturaires.

Ahmed Ibn Taymiyya (1263-1328) est un clerc et juriste arabe né dans une famille hanbalite. Ses idées mettent l'accent sur l'importance de la purification de la foi. Il prône la restauration de l'unicité divine (*Tawhîd*) et s'élève contre les innovations (*Bida'*) tels que le culte des saints et la visite des tombeaux perçus comme de l'idolâtrie.

Mohammed Ibn Abdelwahhab (1703-1792) est un théologien du Nejd, dans le centre de l'Arabie, qui a prêché un islam réformateur et puritain. Il prétendait « purifier » l'islam en le ramenant à ce qui, selon lui, serait les principes originaux de cette religion tels que les *Salaf*, c'est-à-dire les trois premières générations de musulmans, l'auraient compris. Il noue en 1744 une alliance avec Muhammad Ibn Saoud afin d'asseoir sa grille d'interprétation religieuse au sein du Najd et de lancer une conquête territoriale synonyme à ses yeux d'expansion religieuse puritaine.

Hassan Al-Banna (1906-1949) est le père fondateur de la confrérie des Frères musulmans. Cette association est apparue en 1928 dans une Égypte alors sous domination coloniale britannique. Elle vise à régénérer le sentiment religieux parmi les musulmans à travers un engagement social dynamique et cumulatif. Leur objectif est de réunifier l'Oumma et de revenir au mode de gouvernance islamique des premiers temps à travers une organisation califale et l'application de la Charia du niveau individuel au stade géopolitique.

Sayyed Qotb (1906-1966) est un ancien militant des Frères musulmans. Ses réflexions rédigées durant ses huit années de captivité sous le régime de Nasser prennent une dimension radicale et révolutionnaire pour laquelle il sera exécuté en 1966. Qotb considère que les musulmans sont revenus à l'état d'ignorance anté-islamique (*Jahiliyya*). La pensée de Qotb survit à son auteur et il est souvent considéré comme le père du djihad intégral.

Abdallah Azzam (1941-1989) est un clerc palestinien, décrit comme « l'imam du djihad » en raison du rôle capital qu'il a joué dans l'essor du « mouvement de djihad mondial » né de la guerre d'Afghanistan. Marqué par les idées des Frères musulmans, il se rapproche progressivement de celles de Sayyed Qotb lors de ses études théologiques à l'université d'Al-Azhar en Égypte. Aux côtés de Ben Laden, il aura un rôle prépondérant dans le recrutement des djihadistes engagés dans la guerre contre les Soviétiques au cours des années 1980.

Muhamad Nasir al-Din Al-Albani (1914-1999) est un traditionniste et juriste de l'islam, spécialisé dans la jurisprudence islamique et dans l'authentification des hadiths. Il représente une des principales figures de référence au sein des courants salafistes, au sein desquels il promeut une option principalement quiétiste, impliquant l'obéissance aux autorités politiques en place.

Oussama Ben laden (1957-2011) est un islamiste d'origine saoudienne, cofondateur avec Abdallah Azzam du réseau Al-Qaïda. Il s'engagea dans la lutte contre les Soviétiques en assurant des missions essentiellement logistiques. Il est particulièrement connu comme étant le financier et le logisticien des attentats du 11 septembre 2001 aux États-Unis.

Ayman Mohammed Rabi'al Zawahiri (1951-2022) est le chef du réseau Al-Qaïda et son principal idéologue. À 14 ans, il rejoint les Frères musulmans et se fascine pour les écrits de Sayyeed Qotb. Longtemps présenté comme le numéro 2 du réseau Al-Qaïda, il en devient le chef après la mort d'Oussama Ben Laden le 2 mai 2011.

Abou Moussab Al-Souri (1958-...) est un théoricien syrien du djihadisme. À travers son ouvrage *Appel à la résistance islamique mondiale* publié en 2005, il préconise une nouvelle stratégie de lutte fondée sur des attaques contre l'Europe considérée comme le « ventre mou » de l'occident. Cette troisième phase de combat (après la génération afghane et celle d'Al-Qaïda) doit s'appuyer sur un djihadisme de proximité et des actions à bas coûts contre les Occidentaux. L'objectif est de fracturer les sociétés occidentales via une guerre civile entre musulmans et non-musulmans.

Abou Bakr Al-Baghdadi (1971-2019) est un djihadiste initialement membre d'Al-Qaïda devenu chef de l'État islamique en Irak en 2010 suite au décès d'Abou Omar Al-Baghdadi. Titulaire d'un doctorat en sciences islamiques, il proclame le califat à Mossoul en juin 2014.

1979 : année stratégique de l'islam politique

L'année 1979 constitue une année charnière tant du point de vue de l'essor de l'islam politique que des évolutions géopolitiques qui affectent le Moyen-Orient jusqu'à aujourd'hui. Trois événements reflétant une politisation de l'islam vont contribuer à remodeler en profondeur l'état des relations internationales. Il s'agit de la Révolution iranienne de 1979, de la prise d'otage de la Grande Mosquée de La Mecque et de l'invasion par l'URSS de l'Afghanistan.

Le souffle de la Révolution islamique

La Révolution iranienne de 1979 apparaît avant tout comme un soulèvement populaire. Le 6 octobre 1978, Rouhollah Khomeiny (1902-1989) fervent opposant au Shah d'Iran est expulsé d'Irak où il s'était réfugié pour activités subversives. Le chef religieux est accueilli en France où il réside à Neauphle-le-Château. Entre prières et audiences, il multiplie les attaques contre le Shah à travers la diffusion de cassettes audio. L'activisme politique de Khomeiny porte ses fruits et, le 12 décembre 1978, 2 millions d'Iraniens manifestent contre le pouvoir à Téhéran. Pour apaiser l'opposition, le Shah nomme Shapour Bakhtiar, un opposant laïc, premier Ministre. Mais les manifestations populaires reprennent en janvier 1979, mettant en difficulté la monarchie iranienne. Confronté à la pression de la rue, le Shah Muhammad Reza est contraint de s'exiler et ce dernier part en Égypte le 16 janvier 1979 où il mourra.

Trois jours plus tard, une foule de près de 3 millions de personnes exige le retour de Khomeini. Ce dernier rentre victorieux le 1er février 1979 après près de quinze années d'exil. Le 11 février, le gouvernement de Shapour Bakhtiar est renversé. La République islamique d'Iran est instituée par référendum, le 31 mars, et proclamée le 1er avril 1979. Elle consacre la domination des acteurs religieux sur toutes les autres institutions. La mollacratie iranienne tente alors d'exporter son modèle.

Du point de vue géostratégique, la Révolution fait sortir l'Iran, grand producteur de pétrole, hors du giron des puissances occidentales. Les alliances régionales se transforment. L'axe Téhéran-Damas par exemple se renforce et le pays s'affirme progressivement comme puissance tutélaire de la communauté chiite au Liban et du Hezbollah[1] qu'il soutient financièrement et militairement. L'impact de cette révolution est loin de se cantonner aux frontières du monde chiite. Elle a un retentissement planétaire. L'Égyptien Qotb, exécuté en 1966, sera par exemple célébré par la République islamique. L'arrivée au pouvoir de ce nouveau régime résolument anti-impérialiste contribuera à influencer et faire émerger une nouvelle génération de militants qui délaissent des idéaux marxistes en perte de vitesse au profit de l'islamisme le plus radical. Des pays tels que l'Égypte et l'Algérie voient l'émergence d'acteurs politiques usant du lexique islamiste comme langage de contestation face aux régimes autoritaires et à l'impérialisme occidental.

Cette victoire des mollahs iraniens remet symboliquement et politiquement en cause le leadership religieux des monarques saoudiens qui commencent à partir du début des années 1980 à se présenter comme les gardiens des Lieux saints de l'Islam (La Mecque et Médine) et vont jusqu'à refonder l'architecture de sécurité et de coopération économique du Golfe à travers la création du Conseil de coopération du Golfe en 1981 en réunissant les monarchies conservatrices et sunnites voisines ainsi que le Yémen afin de faire front à l'Iran révolutionnaire.

1. Aurélie Daher, *Le Hezbollah. Mobilisation et pouvoir*, Paris, Puf, 2014.

La prise de la Grande Mosquée de La Mecque

Le deuxième événement concerne la prise de la Grande Mosquée de La Mecque. Le 20 novembre 1979, premier jour du XVe siècle du calendrier musulman, un groupe de 200 insurgés millénaristes, dirigés par Juhayman Al-Othaïbi, s'empare de la Grande Mosquée de La Mecque. Majoritairement composés d'étudiants issus de l'Université islamique de Médine et accompagnés de femmes et d'enfants, ils transforment le lieu le plus sacré de l'islam en une véritable forteresse. Caporal retraité de la Garde nationale saoudienne, Juhayman Al-Otaibi ne revendique ni plus ni moins que l'abdication de la famille royale, l'expulsion de tous les étrangers impies et le retour à un islam pur[1] que l'ouverture du royaume à la modernité aurait supposément mis en danger. Cette critique fait largement écho à celle émise une génération avant par son père, membre des fameux Ikhwan[2] qui dénonçait dès 1921 les turpitudes, l'occidentalisme et les compromissions de la dynastie des Al-Saoud. Si des milliers de pèlerins parviennent à s'échapper, plusieurs centaines sont piégés à l'intérieur de l'enceinte.

Après deux semaines de siège, les autorités saoudiennes firent appel au Groupe d'intervention de la gendarmerie nationale français (GIGN) qui aida secrètement les forces d'intervention locales à neutraliser le commando. Le bilan officiel serait officiellement de 127 morts dans les rangs des forces de sécurité et de 117 parmi les insurgés ; le chiffre réel serait bien plus important. Peu après, 63 rebelles sont condamnés à mort au cours d'exécutions publiques, organisées dans plusieurs villes du pays. 22 des suppliciés sont des étrangers arabes d'origine égyptienne, yéménite ou encore koweïtienne.

Cette action a doublement impacté la monarchie et la stratégie politique des Al-Saoud. Au niveau national, le pouvoir prend en

1. Fatiha Dazi-Henni, *L'Arabie Saoudite en 100 questions, op. cit.*, p. 65-66.

2. Les *Ikhwan* sont des Bédouins nomades que le roi Ibn Saoud va constituer en milice religieuse au tout début du XXe siècle et qui vont finir par se rebeller contre lui à la fin des années 1920. Juhayman Al-Othaïbi est le descendant de l'un des principaux des *Ikhwan*.

considération les critiques des insurgés, en décidant d'appliquer une lecture plus conservatrice des principes religieux wahhabites. Riyad impose à ses citoyens une observance plus rigoriste des principes islamiques. Dans tous les cas, l'apparition de cette internationale de la subversion extrémiste constitue les prémices d'un phénomène inédit de transnationalisation du djihad qui ne cessera de se consolider par la suite[1]. Dès lors, les Saoudiens vont s'attacher à « exporter » le problème en encourageant indirectement un djihadisme de plus en plus global. L'invasion de l'Afghanistan par l'URSS offre un débouché parfait pour neutraliser, au moins temporairement, la menace interne que font peser sur le royaume ces combattants de l'islam.

L'invasion soviétique de l'Afghanistan

En décembre 1979, l'Afghanistan devient un enjeu de la guerre froide, lorsque l'URSS décide de soutenir le pays pour faire face au Pakistan voisin, soutenu par les États-Unis. En 1978, les Afghans prosoviétiques avaient provoqué un coup d'État et instauré des lois entraînant la révolte de la majorité de la population. Face à la montée en puissance de la contestation à l'automne 1979, l'Armée rouge décide d'intervenir auprès de son allié idéologique. Cette invasion va d'abord cristalliser une résistance d'acteurs locaux afghans qui vont être progressivement rejoints par des combattants djihadistes venus de tout l'espace arabo-musulman.

L'invasion soviétique de l'Afghanistan fournit aux Saoudiens l'opportunité de délocaliser le potentiel de contestation proto-djihadiste que renferme le royaume. Dès lors, ils vont s'attacher à soutenir et financer tous les volontaires, désireux de mener le combat djihadiste contre l'ennemi russe. Le projet rencontre la faveur des Américains qui dans un contexte bipolaire voient dans le conflit le moyen de contenir à faibles coûts l'influence communiste dans la région. En 1984, le bureau de recrutement

1. Yaroslav Trofimov, *The Siege of Mecca : The Forgotten Uprising in Islam's Holiest Shrine and the Birth of Al-Qaïda*, New York, Doubleday, 2007.

Maktab Al-Khadamat (MAK) est créé au Pakistan, pays limitrophe de l'Afghanistan et allié des États-Unis. Le principal gestionnaire des ressources financières, allouées par l'Arabie Saoudite est le palestinien Abdallah Azzam secondé par Oussama Ben Laden. Le MAK a progressivement élargi sa palette d'activités pour devenir un outil de propagande, destiné à internationaliser la cause djihadiste. À travers la création du journal *Al-djihad*, Azzam promeut l'obligation religieuse du djihad et la nécessité de reconquérir les territoires musulmans au premier rang desquels figure sa terre natale de Palestine.

Américains, Pakistanais et Saoudiens vont s'allier pour massifier l'enrôlement de ces brigades internationales opposées aux Soviétiques. Grâce à leurs pétrodollars, les Saoudiens peuvent financer la lutte. Les Pakistanais facilitent les aspects logistiques tandis que les Américains fournissent le matériel militaire notamment les fameux missiles sol-air Stinger. Entre 1980 et 1992, la mise en place de cette synergie antisoviétique permit d'attirer des milliers de combattants en provenance de tout l'espace arabo-musulman (principalement Algériens, Égyptiens et Indonésiens). L'essentiel provient d'Arabie Saoudite (10 000), du Yémen (6 000 à 7 000), d'Algérie (2 000 à 3 000), et, dans une moindre mesure, d'Égypte, de Tunisie et d'Irak. Dépassés par cette mobilisation musulmane transnationale, les Soviétiques s'embourbent et se retirent totalement en 1989[1]. Cette victoire militaire contre la superpuissance soviétique va auréoler cette génération de djihadistes d'un immense prestige. Ces volontaires arabes appelés « les Afghans » concentrent des figures qui deviendront par la suite des leaders militaires ou des maîtres à penser pour l'ensemble de l'espace musulman (Oussama Ben Laden, Ayman Al-Zawahiri, Abou Mohamed Al-Maqdissi...).

Après le retrait des armées russes, les combattants étrangers se scindent en quatre catégories. Un premier groupe fédère des combattants qui reviendront dans leurs pays d'origine et qui parfois réinvestiront leur capital d'expériences acquis contre les Soviétiques dans des mouvements islamistes locaux. C'est notamment le cas des Égyptiens mais surtout des Algériens qui

1. Olivier Roy, *L'Afghanistan. Islam et modernité politique*, Paris, Seuil, 1985.

constituèrent le noyau dur du Groupe islamique armé (GIA) durant la « décennie noire » qui aurait causé entre 100 000 et 200 000 morts (1991-2002). Le conflit initialement interne à la société algérienne s'étendit au territoire français avec le détournement de l'Airbus d'Air-France en 1994 qui mobilisa l'intervention du GIGN sur le tarmac de l'aéroport de Marseille-Marignane ou encore l'attentat de la station du RER Saint-Michel à Paris en 1995. Une deuxième catégorie de volontaires reviendra en Europe pour militer ou prendre part à la constitution de nouveau réseaux de recrutement pour la projection vers d'autres zones de combat djihadiste. C'est la période du Londonistan, quand la capitale britannique accueillait les militants islamistes du monde entier. Une troisième catégorie repart combattre loin de leur pays d'origine sur différents théâtres de guerre (Cachemire, Bosnie-Herzégovine, Tchétchénie...). Enfin, une dernière catégorie décide de rester dans les zones afghano-pakistanaises afin de perpétuer la lutte localement et constituer un réservoir pour le combat djihadiste international.

La dissémination des volontaires du théâtre afghan va accélérer la globalisation de l'idéologie djihadiste. En 1988, les principaux cadres de l'organisation se réunissent à plusieurs reprises afin de décider des nouvelles orientations stratégiques à privilégier. Mais les réflexions sur le devenir de cette armée djihadiste ont rapidement cristallisé des tensions internes. Une divergence va s'exprimer entre Azzam et son disciple Ben Laden sur la définition des nouveaux objectifs à poursuivre. Azzam préconise une reconquête immédiate des terres musulmanes et une fusion entre volontaires internationaux et afghans, tandis que Ben Laden souhaite conserver une autonomie. Azzam est assassiné dans des conditions mystérieuses en novembre 1989, ce qui laisse la voie libre à son associé[1]. En 1987-1988, Ben Laden concrétise son désir d'autonomisation en fondant Al Qaïda, qui signifie « la base[2] » en arabe

1. Plusieurs pistes se dégagent sur l'auteur du piégeage du véhicule d'Azzam. L'une d'entre elles est celle d'une attaque directement orchestrée par Ben Laden en vue d'une prise de contrôle totale de l'organisation.

2. Terme polysémique qui, comme en français, désigne indistinctement la base militaire ou la base de données informatique.

et fait originellement référence au camp militaire d'Al Masada. Ben Laden retourne ensuite en Arabie Saoudite et inquiète les membres de la famille royale par sa radicalité. La rupture avec le pouvoir saoudien est consommée lors de la première guerre du Golfe (1990-1991). Désireux de protéger le royaume de la menace des troupes irakiennes, il propose l'aide de ses volontaires djihadistes. Mais, la famille royale la refuse et préfère se tourner vers une coalition d'armées occidentales. Ce choix qu'il vit comme un affront le conduit à regagner l'étranger et il rejoint Khartoum au Soudan, alors fief de nombreuses mouvances islamistes mondiales.

C'est à cette période que l'organisation rompt ses liens avec le royaume et bascule définitivement dans le terrorisme international. Expulsé par les autorités soudanaises, il part se réfugier dans les zones afghanes au milieu des années 1990. En 1996, il émet un message déclarant « aujourd'hui a commencé le djihad au nom de Dieu afin d'expulser l'ennemi qui occupe la terre des deux Lieux saints[1] ». À partir de cette période, il opère un revirement en désignant les principaux ennemis d'Al-Qaïda qui sont non seulement les pays « apostats » complices des Occidentaux (Égypte, Arabie Saoudite etc.), mais également les puissances occidentales qui les soutiennent en premier desquelles figurent les États-Unis. L'organisation Al-Qaïda va alors entrer dans un processus de structuration beaucoup plus poussé.

Les turbulences de l'année 1979 laissent de profondes séquelles dans l'espace arabo-musulman. Face au déclin du nationalisme anti-impérialiste, l'islam politique apparaît de plus en plus comme le référentiel identitaire par excellence et la principale force de contestation politique dans le monde musulman. Celle-ci se décline tant du point de vue intérieur, à travers la critique des régimes arabes corrompus qu'au niveau international et l'hostilité face à impérialisme occidental. L'expérience afghane constitue un virage décisif dans le sens où elle représente non seulement une véritable école, mais aussi la matrice préfigurant ce qui adviendra dans de nombreux territoires du djihad armé. Les milliers de combattants étrangers partis rejoindre les rangs

1. Oussama Ben Laden, *Fatwa*, 26 août 1996.

des moudjahidine afghans vont inspirer d'autres théâtres de guerre (Bosnie, Algérie, Cachemire, etc.). Auréolés du prestige d'une victoire inespérée face au géant soviétique, ils rentrent chez eux propager l'idéologie salafo-djihadiste ou réinvestir leur capital guerrier dans de nouveaux conflits. L'émergence de l'État islamique va être profondément structurée par ces acteurs issus de la nébuleuse d'Al-Qaïda désireux de rejoindre les contrées du djihad afin de défendre leurs coreligionnaires face aux agressions qu'ils subissent. L'invasion américaine de l'Irak déclenchée en mars 2003 par George W. Bush offre à ces combattants un nouveau terrain de lutte. Certains d'entre eux participeront directement à la fondation de l'État islamique.

Origines et montée en puissance de l'État islamique

La compréhension des conditions d'émergence de l'EI implique un retour sur la sociologie religieuse de l'Irak. À l'instar de nombreux pays du Moyen-Orient, le pays se divise en différentes communautés religieuses. Bien que nous ne disposions pas de sources entièrement fiables, on estime à environ 65 % la proportion de chiites et à 30 % la part des sunnites. S'ajoutent à ces deux principales communautés des minorités religieuses, telles que les chrétiens ou encore les Yézidis. L'Irak a été gouvernée par un sunnite depuis la proclamation du royaume en 1921, jusqu'à la mort de Saddam Hussein en 2006. La puissance coloniale britannique avait soutenu la nomination d'un membre de la communauté minoritaire sunnite. En mars 2003, les États-Unis décident de lancer la seconde guerre du Golfe. La France fait savoir son refus au Conseil de sécurité de l'ONU par la voix de son ministre des Affaires Étrangères Dominique De Villepin. L'arrivée des troupes américaines a entraîné la réaction en chaîne qui a abouti onze ans plus tard à la proclamation du califat de l'État islamique à Mossoul, le 26 juin 2014. La stratégie américaine couplait l'accompagnement d'un processus de démocratisation des institutions et du système politique irakien à une intervention militaire ayant pour double objectif de maintenir l'ordre sur le territoire et de traquer les membres d'Al-Qaïda. En 2005, l'organisation d'élections met fin à la suprématie politique de la minorité sunnite[1]. La réorganisation institutionnelle et politique de l'Irak, telle que souhaitée par les États-Unis, consistait d'abord et avant tout en une campagne massive de « débaassification », effectuée sur le modèle de la dénazification du territoire du IIIe Reich post-Seconde Guerre mondiale. Il s'agissait d'ancrer la fin de l'ère baassiste[2] dans l'esprit des Irakiens, et de la communauté internationale. Mais, l'analyse sur laquelle ces derniers avaient alors basé leur stratégie de débaassification, portée par exemple par l'historien Eric David[3] et l'analyste David Wrumser[4], était biaisée : elle présentait en effet la société irakienne comme regroupée autour de piliers confessionnels, les uns (chiites et kurdes) ayant dû s'y réfugier tandis que les autres (sunnites) auraient profité des rétributions et ressources concédées par Saddam Hussein du fait de leur appartenance religieuse. Les Américains ont en effet considéré que le pouvoir du dictateur fonctionnait principalement selon une logique confessionnelle (sunnite). Or, le système mis en place par le dictateur était beaucoup plus tribal que confessionnel. La tribu sunnite des Doulaym, de la province d'Al-Anbar étant la grande bénéficiaire de ces ressources. Cette lecture erronée des modes de fonctionnement de la gouvernance irakienne a mené à des choix radicaux lourds de conséquences. La volonté des Américains de « chiitiser » massivement le secteur éducatif ainsi que les armées a mécaniquement marginalisé l'ensemble de la composante sunnite du pays.

La persécution et le déclassement consécutif vécu par ces populations sont ainsi présentés comme une punition collective

1. La puissance coloniale britannique avait instauré un leader sunnite à la tête du pouvoir irakien depuis les années 1920 (jusqu'au règne de Saddam Hussein).

2. Le Baas (« Renaissance ») est un parti politique panarabe, socialiste et laïc fondé en Syrie. Il est généralement admis que le parti a été créé en 1944 par les Syriens Michel Aflak et Salah Eddine Bitar.

3. Eric David, *Memories of State : Politics, History and Collective Identity in Modern Irak*, Berkeley, Presses universitaires de Californie, 2005. Voir Myriam Benraad, *Irak. La revanche de l'histoire*, Paris, Vendémiaire, 2015, p. 41.

4. Myriam Benraad, *Irak, op. cit.*, p. 53.

d'autant plus injuste que ces derniers avaient souffert de la dictature de Saddam Hussein et de ses conséquences (guerre Iran-Irak, guerres du Golfe, embargo, crise économique) au même titre que leurs compatriotes chiites et kurdes. Enfin, dans la continuité de la logique du Pentagone, les sunnites ont été écartés de tout le processus de transition politique déclenché par les États-Unis après la fuite de Saddam, confirmant la volonté de mise au ban de cette partie de la population qui avait jusqu'alors voix au chapitre à tous les niveaux de la vie politique irakienne et qui s'est subitement retrouvée dépossédée de toute forme de devenir politique et économique au sein de son propre pays.

En renforçant cette ghettoïsation au niveau national, les Américains ont alimenté un sentiment d'humiliation et de repli identitaire sur lequel vont largement capitaliser les recruteurs de l'EI. L'invasion militaire menée par des puissances occidentales a cristallisé une résistance hétéroclite. Les soldats de Saddam Hussein, dont beaucoup d'officiers défendant le pays au nom du principe de souveraineté nationale, ont été rejoints par des djihadistes d'Al-Qaïda, hostiles à l'invasion du pays par des armées de « croisés ». Divers groupuscules viennent nourrir les rangs de cette résistance. Ces opposants très disparates vont être internés dans des grandes prisons créées à l'occasion par les Américains. L'une d'entre elles, la prison de Bukka, va jouer un rôle crucial dans la formation de l'État-major de l'EI. En effet, cette fameuse prison, nommée ainsi en hommage à un pompier américain décédé, lors des attaques du 11 septembre 2001 (Ronald Bukka), va constituer le lieu de rencontre stratégique entre deux groupes que rien ne prédisposait à la collaboration. Parmi les 45 plus hauts cadres de Daesh, 17 se seraient rencontrés au sein de cet établissement. Ces deux catégories d'acteurs sont respectivement des djihadistes de la mouvance d'Al-Qaïda et des ex-officiers de Saddam Hussein. Les djihadistes d'Al-Qaïda qui disposent d'un écho certain parmi les populations sunnites, délaissées par le nouveau pouvoir central de Bagdad, perçoivent les ex-officiers baassistes comme une ressource stratégique. Ces soldats bénéficient d'une très bonne connaissance des structures de l'État irakien, maîtrisent le maniement des armes, la formation des hommes et les techniques de renseignement. De l'autre côté, l'incarcération et la « chiitisation » des armées irakiennes post-2005 ne laissent plus de perspectives socioprofessionnelles à ces militaires dont beaucoup, rappelons-le, ont baigné dans une idéologie baasiste, teintée de socialisme, de laïcisme mais aussi de références islamiques.

Il fait peu de doutes que le rapprochement de l'idéologie djihadiste a été pour beaucoup d'acteurs un choix opportuniste, guidé par les circonstances. Après plusieurs années de prison et parfois de torture, ces militants finissent par être libérés et se lancent dans un projet de conquête territoriale des zones irakiennes sunnites. Ils sont au départ relativement bien acceptés par des populations sunnites qui voit en ces combattants un contre-pouvoir potentiel face aux multiples injustices, nées de la nouvelle gouvernance irakienne. C'est précisément dans ce contexte de défaillances politiques généralisées qu'émerge la figure du calife Al-Baghdadi (1971-2019). De son vrai nom Ibrahim Ben Awad Ben Ibrahim Al-Sammari, Al-Baghdadi s'est autoproclamé calife le 29 juin 2014 du haut du minbar d'une mosquée de la ville de Mossoul. Selon les informations, il appartiendrait à la tribu des Quraych, la même que celle du Prophète Muhammad. Il réactive ainsi une tradition islamique selon laquelle seuls les descendants du Prophète peuvent exercer le pouvoir. Son inscription dans cette lignée religieuse prestigieuse lui permet d'asseoir un peu plus la légitimité de son pouvoir. Les informations relatives à sa formation affirment qu'il aurait étudié les sciences religieuses à Bagdad. Ancien cadre du régime baasiste, il a comme beaucoup combattu dans la résistance face à l'armée américaine. Sa bonne connaissance des structures de l'État irakien, en particulier des rouages de l'armée le place dans une position de force. Arrêté en 2004 par les Américains, il passe près de 10 mois en prison. Jugé peu dangereux au cours de son emprisonnement, il est rapidement libéré après s'être constitué un réseau de partisans. Après avoir rejoint Al-Qaïda en Irak, il intègre l'État islamique en Irak, organisation qui fédère plusieurs groupes djihadistes. À partir de 2013-2014, les relations avec Al-Qaïda se détériorent en raison de divergences doctrinales et stratégiques. Pour Al-Qaïda, les Occidentaux et Israël constituent les premiers adversaires, tandis que les partisans de l'État islamique en Irak et au Levant (EIIL) développent une approche territorialisée qui fait des masses chiites très présentes localement un ennemi direct. L'organisation interpelle également la fibre nationaliste des masses arabes, en ignorant les frontières nées de l'accord Sykes-Picot[1] signé entre les puissances colonisatrices françaises et britanniques. L'instauration du califat permet non seulement de se jouer de ces frontières arbitrairement dessinées par les « impérialistes » occidentaux, mais également d'offrir une perspective politique et un projet d'avenir aux musulmans sunnites du monde entier. Mais ce projet repose très largement sur une vision mythifiée du califat.

Le projet califal : entre mythes et réalités

Si l'on en croit les discours des milliers de djihadistes venus du monde entier élaborer les bases d'un califat dans les contrées syro-irakiennes, le modèle de société qu'ils défendent constitue une vérité originelle, intemporelle et universelle. Pourtant, cette représentation nostalgique de l'empire musulman des premiers temps relève bien plus de la chimère que d'une réalité historique. Comme toujours, cette dernière se laisse difficilement enfermer dans des schémas binaires et simplificateurs. Contrairement aux conceptions radicales des volontaires de l'État islamique ce modèle de gouvernance idéalisé procède d'une construction sociale, d'un artefact mettant en jeu des personnages et des groupes mus par des intérêts et la quête de ressources matérielles et/ou symboliques. Selon cette logique, le califat n'a jamais été l'objet de consensus. Citant le théologien du IXe siècle Abou al-Hasan al-Asri, Nabil Mouline rappelle même que « la plus grande source de discorde au sein de l'umma est le califat. Jamais

1. Accord confidentiel conclu en 1916 entre le consul français François-Georges Picot et le lieutenant-colonel britannique Mark Sykes afin de répartir leur zone d'influence respective sur le Moyen-Orient.

principe religieux n'a fait couler tant de sang en islam[1] ». Comprendre les origines de cette institution spirituelle et temporelle implique d'adopter une perspective, fondée sur le temps long et l'exploration des formes d'exercice du pouvoir dans l'Arabie préislamique.

Cette histoire d'avant l'islam tend, souvent pour des raisons politiques, à être effacée et qualifiée de *jahiliyya*. Négativement connotée, la notion de *jahiliyya* peut se définir comme l'état d'ignorance et d'égarement spirituel qui marquait les sociétés arabes polythéistes avant la naissance de l'Islam. Pourtant, c'est bien dans cette histoire illégitime que se sont cristallisées les prémices des formes de gouvernance qui inspireront le modèle du califat. Comme dans tous les cycles civilisationnels, la culture arabo-musulmane a été largement influencée par les civilisations moyen-orientales qui l'ont précédée. Acculturation et emprunts culturels représentent la règle. Le souvenir de ces civilisations dont les modes de fonctionnement étaient d'inspiration monarchique est demeuré vivace parmi les populations arabes en particulier celles installées dans les carrefours et les routes du commerce antique. En effet, les historiens ont mis en lumière la richesse civilisationnelle de cet espace géographique qui a connu entre le XVIe siècle et le VIIe siècle avant notre ère plusieurs royaumes très prospères (Saba, Palmyre, Petra etc.). Ces pouvoirs étaient dirigés par des monarques définis comme des intercesseurs entre le Ciel et le monde terrestre. Ainsi, au tournant du Ier millénaire, les rois de Saba sont appelés des Roi-Prêtres détenteurs d'un double pouvoir spirituel et temporel. Ces différentes formes de pouvoir antérieures ont sinon modelé le système califal à tout le moins largement influencé ses bases organisationnelles.

À l'instar de certaines tendances islamistes contemporaines, les milliers de djihadistes partis rejoindre la Syrie ambitionnaient de restaurer le califat, proclamé par Al-Baghdadi en juin 2014. Ce mode de gouvernance représente dans leur imaginaire la référence originelle et le modèle de leadership indépassable vers

1. Nabil Mouline, *Le Califat. Histoire politique de l'Islam*, Paris, Flammarion, 2016.1

lequel doit tendre l'ensemble de l'Oumma[1]. Pourtant l'analyse historico-critique traduit une réalité bien éloignée des mythes qui tendent à ériger l'expérience des quatre califes en une sorte d'âge d'or, un état de nature idéalisé dans l'imaginaire collectif de nombreux musulmans (califes bien guidés). Loin de cette reconstruction narrative, l'examen de cette phase historique située entre la disparition du Prophète et l'édification des grands empires arabo-musulmans reflète un monde plus sombre qu'il n'y paraît parcouru de luttes intestines, de trahisons, d'intrigues et de passions bien humaines[2].

Les trajectoires politiques des premiers califes sont révélatrices des dissensions internes extrêmement fortes qui caractérisaient les premières décennies de la civilisation musulmane. Quatre califes se succéderont entre 632 et 661 : Abu Bakr (632-634), Omar (634-644), Othmân (644-656) et Ali (656-661). Parmi ces quatre premiers chefs, trois seront assassinés. Abu Bakr meurt de maladie après deux années de règne (632-634). Le calife Omar est assassiné dans la mosquée de Médine par un esclave persan de confession chrétienne. Othman est assassiné à Médine par une foule de musulmans en colère. Le calife Ali est assassiné par des musulmans dissidents de la secte des Kharidjites[3] devant la mosquée de Koufa, en Mésopotamie. Des siècles plus tard, les productions intellectuelles des savants musulmans véhiculeront des conceptions différenciées du projet califal.

Cette pluralité de conceptions est particulièrement bien illustrée par les penseurs réformistes musulmans qui participeront à l'effervescence intellectuelle de la *Nahda*[4] à la fin du XIXe siècle.

1. Hassan Amdoudi, *Les Quatre Califes*, Iqra, Al-qalam, 2005.

2. Hichem Djait, *La Grande Discorde. Religion et discorde dans l'Islam des origines*, Paris, Gallimard, 1990.

3. Les kharidjites (du verbe arabe *kharadja*, « sortir ») avaient suivi Ali dans son combat contre les partisans du précédent calife, Othman. Ces derniers lui en avaient voulu d'avoir accepté un arbitrage avec ses ennemis au lieu de les combattre et de les écraser et s'étaient par la suite retournés contre lui.

4. La *Nahda* est un mot arabe que l'on traduit par « éveil » ou « essor », ou encore « renaissance ». Il désigne une période d'essor intellectuel du monde arabe entre le début du XIXe et les années 1950. C'est un mouvement de

Si tous défendent vigoureusement la nécessité d'un retour à ce mode de gouvernance, la substance du califat connaît de fortes variations d'un auteur à l'autre. Pour Muhammad Abdou et Jamal Dine Al-Afghani, l'État islamique doit prendre la forme d'une fédération dont le centre de gravité se situerait en Asie, en raison de l'importance numérique des populations musulmanes présentes dans cette région. Les penseurs n'insistent pas sur le rôle représentatif ou unificateur du calife. En revanche, chez le penseur Al-Kawakibi, l'identité du calife est essentielle. Très marqué par la domination ottomane sur le monde arabe, il préconise de choisir un calife arabe descendant de la même tribu que celle du prophète Muhammad (les Qoraychites). L'État islamique doit être recréé sur les bases territoriales de ce qui symbolise le cœur de l'histoire de l'Islam c'est-à-dire le monde arabe. En conséquence, le souverain doit être un Arabe à la moralité et la probité irréprochables. Sa structure politique doit s'appuyer sur la création d'un conseil consultatif d'une centaine de membres originaires de tout le monde musulman. Également influencé par le joug ottoman sur les sociétés arabes, Rachid Rida prône la restauration d'un État islamique qui aurait pour capitale la ville de Mossoul en Irak et qui serait dirigé par un calife, doté de grandes qualités morales (sens de la justice) et ce peu importe ses origines. La restitution de données sociohistoriques sur le califat met au jour une réalité très éloignée des représentations idéalisées qu'en ont les combattants de Dieu. De même, les militants ou les savants musulmans qui ont théorisé sa restauration au fil des siècles, ont développé des visions très disparates de cette entité. Mais ces dernières étaient toujours très imprégnées par les contextes sociaux, politiques et géopolitiques de leurs époques (anti-ottomanisme, anticolonialisme, etc.). L'EI ne fait pas exception à ce constat. Ses stratèges ont relayé une vision romancée du projet califal construite sur la narration d'un système politique parfait capable de rassembler les musulmans « opprimés » du monde entier.

---

modernisation qui touche les sphères culturelle, sociale, politique, religieuse et littéraire.

La prédation de ressources économiques

Au fur et à mesure de ses conquêtes, l'EI a mis la main sur des ressources économiques qui ont progressivement reformaté ses ambitions politiques et territoriales. La mise en place d'une véritable économie sert de support à l'ambition de création d'un État capable d'assurer diverses fonctions régaliennes. En 2014, le budget de l'EI était estimé à environ 2,9 milliards de dollars[1]. La première et la plus importante des ressources concerne les hydrocarbures. En s'appropriant des puits de pétrole, ils mettent la manne sur un trésor de guerre considérable qu'ils exploitent et revendent aisément au marché noir à des pays limitrophes (Syrie, Iran, Turquie, etc.). Cette revente *via* l'utilisation massive de camions-citernes est facilitée par les tarifs avantageux que propose l'organisation. Le second tournant est la prise de la ville de Mossoul en juin 2014 par l'État islamique en Irak et au Levant rejoint par plusieurs autres groupes sunnites (l'Armée islamique en Irak, Ansar al-Islam, les Brigades de la Révolution de 1920, etc.). La ville irakienne majoritairement sunnite apparaît comme une étape stratégique à plusieurs niveaux. D'une part, il s'agit d'une ville dotée d'un fort prestige historique. L'une des routes historiques de la soie transitait par Mossoul. Sa conquête va constituer un déclic psychologique pour beaucoup de candidats à travers le monde persuadés que désormais rien ne peut arrêter la victoire de l'organisation djihadiste. D'autre part, Mossoul abritait une banque qui stockait une partie de l'or de l'État irakien. L'organisation va mettre la main sur ce trésor estimé à près de 500 millions de dollars. La deuxième ville du pays disposait également de l'une des plus grandes bases militaires du pays dont le matériel était estimé à environ 2 milliards de dollars. L'arsenal va être pillé par les djihadistes. Après la prise de Mossoul, les experts observent une intensification et

1. Centre d'analyse du terrorisme, *Le Financement de l'État islamique. Année 2015*, mai 2016, https://radical.hypotheses.org/files/2016/04/Financement-EI-2015-Rapport.pdf, p. 21.

une globalisation du recrutement. L'extorsion de la population représente également une source de financement conséquente de l'EI. Elle agrège diverses taxes, redevances, amendes et confiscations. Gérée par le Diwan al-Khadamat (« Bureau des services ») basé à Raqqa en Syrie, elle aurait rapporté au groupe près de 800 millions de dollars en 2015, contre 360 en 2014. Les taxations sont protéiformes et touchent des champs aussi divers que l'impôt religieux (*zakât*), les taxes sur les salaires des fonctionnaires qui continuaient d'être rémunérés par l'État irakien, les droits de douane sur le passage des camions, les taxes sur les activités et revenus ou encore la *jiziyya* (impôt prélevé sur les non-musulmans) visant à protéger certaines minorités religieuses. L'accaparement des biens matériels des notables irakiens et syriens (résidences, véhicules, etc.) forme également un butin de guerre non négligeable (*ghanima*). Cette ressource a particulièrement augmenté à mesure que l'organisation perdait ses territoires et ses ressources en hydrocarbures.

Il y a également le trafic d'œuvres d'art. La Syrie et l'Irak sont situés dans des espaces géographiques où se sont superposées de nombreuses civilisations au fil des siècles (babylonienne, romaine, arabo-musulmane...). Les musées de ces régions étaient donc bien fournis. Ces derniers ont souvent été pillés et des vestiges inestimables, tels que les sites de Palmyre, Ninive ou Hatra, ont subi d'importantes destructions. Contrairement à une certaine propagande qui véhiculait l'idée d'une destruction massive des œuvres d'art au nom de leur caractère antéislamique ou polythéiste (*jahiliyya*), la plupart des objets semblent avoir été revendus ou stockés en vue d'un trafic ultérieur. Cet exemple montre comment les acteurs djihadistes oscillent dans leurs pratiques entre une volonté d'afficher une orthopraxie religieuse soucieuse du strict respect des règles islamiques et des activités lucratives à des fins d'enrichissement.

La région renferme également des terres fertiles propices à la culture céréalière. Les régions de Ninive et Salah-Al-Dinet et la plaine de l'Euphrate permettent la production de nombreuses denrées en particulier le blé, l'orge et le coton. La manne financière de l'EI faire une note s'est trouvée, complétée par d'autres types de revenus dont le montant demeure plus difficile à objectiver. Nous savons par exemple que des transferts financiers en provenance d'émirs du Golfe ont été effectués. Ces fonds ont pu être mobilisés par conviction religieuse (anti-chiisme) ou en raison de la croyance dans le projet califal. La territorialisation de l'EI a permis une diversification exceptionnelle des sources de financement ainsi qu'une autosuffisance économique. Cette économie a généré un cercle vertueux. En assurant l'attribution de soldes à des combattants venus du monde entier et le financement de l'appareil militaire, l'organisation a multiplié les victoires militaires et augmenté de manière substantielle son vivier de soldats. Même si l'EI disposait d'un certain nombre d'attributs de l'État (ministères, monnaie, police, système fiscal, etc.), on ne peut parler *stricto sensu* d'État car la définition juridique de ce dernier implique des frontières stables et une reconnaissance de la part des autres États et de l'ONU. On peut éventuellement parler de proto-État ou d'État en construction.

L'administration de l'État islamique

Si le terme « État » est juridiquement impropre pour qualifier l'entité EI, ses cadres vont néanmoins tout réaliser pour apparaître comme tel aux yeux des populations qu'ils dirigent et de leurs sympathisants. L'EI va s'attacher à mettre en place des principes d'organisation bureaucratiques ainsi que des règles et procédures destinées à renforcer leur conception de l'intérêt général. À cheval sur la Syrie et l'Irak, l'organisation fonctionnait avec deux gouvernements différents, un pour chaque territoire national. Ces territoires se subdivisaient en provinces (*wilayat*) qui fonctionnaient selon un principe de gouvernorat. L'administration des provinces s'articulait autour de deux volets. L'une des principales structures était l'administration islamique chargée d'assurer une mission de prosélytisme et de respect des lois religieuses en vigueur sous le califat. Pour ce faire, il pouvait s'appuyer sur le bureau de la prédication religieuse ainsi que sur la police religieuse. Chaque *wilayat* était dotée de tribunaux islamiques destinés à faire appliquer la justice, fondée sur les principes de la *Charia*. Chaque infraction faisait l'objet d'une peine spécifique. La police religieuse était chargée de faire respecter les lois. Les *wilayat* géraient également le système éducatif avec un strict contrôle sur la conformité « islamique » des contenus. Le bureau des relations tribales avait pour mission de fluidifier les liens entre la direction et les chefs locaux. Le bureau de l'aumône légale vérifiait tous les aspects liés au tissu économique ainsi que le prélèvement de la *zakat* (« aumône légale purificatrice »). Un service était également dédié au recrutement des combattants volontaires. Dans un double objectif de légitimation et de mise en exergue des défaillances des États précédents, l'organisation va élargir au maximum son spectre d'activités et de services. L'autre volet est donc incarné par les capacités financières générées par l'exploitation des différentes ressources économiques. Celles-ci vont permettre de concrétiser ces missions de mise en place d'infrastructures routières, de distribution d'eau ou de fourniture d'électricité... L'EI se voulait un État-providence mais dans les faits les ressources économiques étaient prioritairement destinées aux activités militaires. Le prélèvement de l'impôt et le battage d'une monnaie annoncée en décembre 2014 par la revue *Dar Al-Islam* asseyent un peu plus l'ambition régalienne de l'entité califale. Composée de pièces d'or, d'argent et de cuivre, cette monnaie frappée de symboles renvoyant à des paroles prophétiques ou à des épisodes glorieux du point de vue civilisationnel visait d'une part à renforcer le contrôle économique interne et d'autre part à afficher la rupture avec des systèmes économiques impies et corrompus.

Pour aller plus loin

Adraoui Mohamed-Ali, *Du Golfe aux banlieues. Le salafisme globalisé*, Paris, Puf, 2013.

Amdoudi Hassan, *Les Quatre Califes*, Iqra, Al-qalam, 2005.

Benraad Myriam, *Irak. La revanche de l'histoire*, Paris, Vendémiaire, 2015.

Bozarslan, Hamit, *Une histoire de la violence. De la fin de l'Empire Ottoman à Al-Qaïda*, Paris, La Découverte, 2008.
Dazi-Henni Fatiha, *L'Arabie Saoudite en 100 questions*, Paris, Tallandier, 2018.
Djaït Hichem, *La Grande discorde, Religion et discorde dans l'Islam des origines*, Paris, Gallimard, 1990.
Filiu, Jean-Pierre, *Les neuf vies d'Al-Qaïda*, Paris, Paris, Fayard, 2009.
Filiu, Jean-Pierre. « Définir Al-Qaïda », *Critique internationale*, 47/2, 2010.
Lacroix Stéphane, *Les Islamistes saoudiens. Une insurrection manquée*, Paris, Puf, 2010.
Luizard Pierre Jean, *Le Piège Daech. L'État islamique ou le retour de l'histoire*, Paris, La Découverte, 2015.
Mouline Nabil, *Le Califat. Histoire politique de l'Islam*, Paris, Flammarion, 2016.
Qotb Sayyed, *Jalons sur la route de l'Islam*, Ar Rissala, 1964 (première parution).
Roy Olivier, *Le Croissant et le chaos*, Paris, Fayard, 2013.

Chapitre 3

L'EI ou la démocratisation du djihad

La globalisation des ressources humaines

L'une des grandes particularités de l'EI est d'avoir réussi à attirer un contingent de combattants issus de toutes les aires géographiques. Il est à rappeler que ces phénomènes d'engagement massif de combattants étrangers ne constituent pas une nouveauté et trouvent de nombreux antécédents dans l'histoire. Certains travaux de synthèse historique constatent la présence de ces combattants dans plus d'une centaine de conflits survenus depuis la fin du XVIIIe siècle. Ils estiment à environ 100 000 le nombre de combattants étrangers mobilisés sur les différents théâtres de guerre depuis cette période[1]. Au cours de la guerre civile espagnole (1936-1939), les brigades internationales ont ainsi mobilisé près de 35 000 volontaires issus de 53 pays. Entre 1980 et 1992, ce sont près de 20 000 combattants musulmans qui ont rejoint l'Afghanistan afin de s'opposer à l'invasion soviétique. Plus récemment, le nombre de Français ayant rallié différents camps dans la guerre qui sévissait en ex-Yougoslavie entre 1991 et 1995 est estimé entre 500 et 1 000. Le conflit déclenché en Ukraine à la suite de l'intervention russe en février 2022 aurait provoqué l'afflux de près de 20 000 volontaires principalement européens. Néanmoins, l'EI présente un certain nombre de spécificités. Si la génération des Afghans avait été marquée par une

1. David Malet, *Foreign Fighters Transnational Identity in Civil Conflicts*, Oxford, Oxford University Press, 2013.

forte internationalisation, la vingtaine de milliers de djihadistes qui la composaient provenaient pour l'immense majorité de pays arabo-musulmans et notamment d'Algérie et d'Égypte. Avec l'EI, les modalités de recrutement ont véritablement basculé dans une nouvelle ère. Le recrutement djihadiste devient global et impacte l'ensemble des continents. Internet a indéniablement facilité la diffusion de la propagande sur la toile permettant à l'organisation d'attirer des jeunes d'un nombre considérable de nations.

Un autre facteur qui a contribué à élargir le vivier réside dans l'accessibilité physique du théâtre de guerre syrien. À la différence de l'Afghanistan, pays enclavé et montagneux, la Syrie se trouve proche des frontières de l'Europe et s'avère facile d'accès par la porte d'entrée turque. De plus, l'enrôlement en Afghanistan impliquait le plus souvent un transit *via* le Pakistan, pays voisin soumis à de forts contrôles des services de renseignement et de sécurité. Cette configuration contraste avec le relatif « laisser-faire » observé au sein de plusieurs pays européens avant 2014. Ouverte à l'international par sa position géographique et la modernité de ses infrastructures (aéroportuaires, réseaux routiers...), la Turquie a été le principal point d'entrée des combattants. Les déplacements à partir des zones européennes n'impliquaient que des coûts relativement limités (quelques centaines d'euros tout au plus). Détail non négligeable, ces derniers ont été d'autant plus capables de se fondre dans l'anonymat des flux humains que le pays draine chaque année des millions de touristes étrangers[1].

Enfin, l'attrait du projet califal a été renforcé par la puissance des imaginaires historiques et mythologiques. Les territoires irako-syriens ont comme capitale respective Bagdad et Damas c'est-à-dire les deux centres névralgiques du rayonnement des califats Omeyyades (661-750) et Abbassides (750-1258). L'estimation globale du nombre de djihadistes est forcément sujette à caution. Le caractère confidentiel et clandestin de l'enrôlement rend les données sur le sujet très approximatives. Néanmoins

1. Avec 39,2 millions d'entrées en 2013, le pays se situait à la 6e place du classement mondial des destinations touristiques.

plusieurs centres de réflexion se sont attachés à cartographier les caractéristiques démographiques de ce groupe. À partir du croisement de différentes sources d'information, le Soufan Group a ainsi réalisé plusieurs rapports qui permettent d'observer les évolutions et l'intensification du processus de recrutement. En juin 2014, il évaluait à 12 000 le nombre de djihadistes et ces derniers provenaient de 81 pays. En septembre 2015, ce chiffre aurait presque doublé et leur nombre estimé entre 27 000 et 31 000[1] originaires de 86 pays. Les spécialistes de l'International Centre for Counter Terrorism de La Hague avançaient, quant à eux un nombre quasi similaire, issus d'une centaine de pays[2]. En octobre 2017, ce chiffre aurait atteint la quarantaine de milliers. Plusieurs pôles se sont distingués en termes de vivier géographique. La Russie, l'Arabie Saoudite, la Jordanie, la Tunisie et la France concentraient à eux seuls près de 15 000 soldats soit la moitié du contingent international[3]. Il faut également préciser que les combattants occidentaux occupaient une fonction symbolique de premier plan du point de vue communicationnel. Ils permettaient aux recruteurs et aux propagandistes de jouer sur le ressort de la culpabilité auprès des sociétés majoritairement musulmanes. En exposant des soldats ayant délaissé des nations occidentales économiquement prospères pour rejoindre les difficiles zones de combat, ils pointent indirectement la lâcheté et la docilité des masses musulmanes, à l'égard des pouvoirs impies et corrompus.

Entre recrutement global et spécificités locales

Si, avec près d'une centaine de pays, le recrutement a eu un caractère éminemment global, il faut noter que les spécificités

1. The Soufan Group, *Foreign Fighters. An updated Assessment of the Flow of Foreign Fighters into Syria and Irak*, décembre 2015, p. 4.

2. Alex P. Schmid, *Foreign (Terrorist) Fighter Estimates : Conceptual and Data Issues*, ICCT, Policy Brief, octobre 2015.

3. Richard Barrett, *Beyond the Caliphate : Foreign Fighters and the threat of returnees*, octobre 2017, p. 11.

locales jouent un rôle fondamental dans l'expression du phénomène. Une plus fine observation des statistiques par pays permet de mettre en lumière les fortes incidences du contexte local. Ainsi, si le Maghreb a été une zone de recrutement particulièrement prolifique pour l'EI, le contingent algérien a été pour ainsi dire quasi insignifiant du point de vue numérique. Les données du Soufan Group indiquent ainsi que plus de 5 000 Tunisiens et 2 000 Marocains auraient rejoint Daech. Géographiquement située entre ces deux pays, l'Algérie aurait, selon les estimations, fourni moins d'une centaine de soldats à l'EI. Cette particularité ne peut se comprendre sans la prise en considération des spécificités de la relation des Algériens à la violence djihadiste et plus spécifiquement à la décennie de terreur, survenue au cours des années 1990[1]. Les niveaux de violence atteints par le GIA durant « la décennie noire » (1990-2000) ont été par de nombreux aspects, très comparables aux exactions des djihadistes de l'EI. Viols, décapitations, opérations kamikazes ont été le lot quasi quotidien de la société algérienne des années 1990 et le conflit s'est soldé par des dizaines de milliers de morts[2].

Cette trajectoire nationale singulière est également liée à la stratégie d'endiguement des mouvances djihadistes élaborée par le pouvoir algérien. Ce dernier s'est appuyé sur une double approche à la fois répressive et inclusive, mixant des stratégies d'infiltration et d'éradication des islamistes violents avec des dispositifs de réinsertion sociale et professionnelle pour ceux n'ayant pas commis de crimes de sang et de viols. En effet, la loi sur la Concorde civile, adoptée le 8 juillet 1999 par référendum, prévoyait l'abandon des poursuites judiciaires contre les islamistes qui déposeraient les armes, à la condition de ne pas s'être rendu coupable de crimes de sang, de viols ou d'attentats à l'explosif. Cette initiative aurait permis de désengager plus de 6 000 islamistes des maquis algériens. En 2007, Hassan Hattab,

1. Elyamine Settoul, « Radicalisation et désengagement : les leçons de la "décennie noire" en Algérie », *The Conversation*, 6 février 2018.

2. Deux décennies après la fin de la décennie noire, l'étendue de la responsabilité des services de sécurité algériens dans la commission de certaines violences attribuées au GIA demeure encore sujette à débats parmi les experts.

l'un des émirs du GIA, se rendit aux autorités avec près de 300 combattants[1]. La confrontation directe à la violence djihadiste a traumatisé des pans entiers de la société algérienne. Par ailleurs, la mise en place de politiques redistributives relativement généreuses semble avoir permis à l'État algérien de juguler les velléités de départ. Ce dernier a par exemple accordé aux repentis des facilités d'accès à l'entreprenariat (textile, commerce de gros...) et aux crédits bancaires.

À l'opposé, certains États géographiquement et culturellement éloignés des zones de combat irako-syriennes ont pu constituer des viviers importants. L'État insulaire de Trinité-et-Tobago au large du Venezuela a de manière étonnante fourni près de 125 recrues à l'État islamique faisant de cette île le plus important pourvoyeur de combattants par habitant de tous les pays de l'hémisphère nord[2]. Cette particularité trouve sa genèse dans l'histoire récente du pays, marquée par un très fort activisme islamiste et l'influence de mouvances wahhabites. En 1990, le Jamaat Al-Muslimeen, groupuscule islamiste radical essentiellement composé de Noirs convertis, avait même organisé un coup d'État, faisant de la petite île caribéenne la seule nation occidentale à avoir été directement confrontée à une insurrection islamiste. Cette tentative avortée de renversement du pouvoir trinidadien n'a pas empêché par la suite l'établissement de réseaux religieux wahhabites ainsi que des centres d'entraînement au combat[3]. La relative indifférence du pouvoir en place à l'égard de ces militants s'est répercutée jusque dans sa réaction face aux départs de djihadistes. Ces derniers ont pu rejoindre des zones de combat, sans être inquiétés par les services de sécurité. L'Algérie et Trinidad-et-Tobago illustrent de manière paradigmatique l'importance des trajectoires sociopolitiques nationales dans la

1. Lounnas Djallil, Jean-Luc Marret, « Extrémisme violent et prévention : perspectives Europe-Maghreb de l'approche par la « réconciliation », Fondation pour la recherche stratégique, Note n° 06/21, 10 mars 2021.

2. John McCoy, Andy Knight, « Homegrown Violent Extremism in Trinidad and Tobago : Local Patterns, Global Trends », *Studies in Conflict and Terrorism*, 40/4, p. 267-299.

3. « ISIS in the Caribbean », *The Atlantic*, 8 décembre 2016.

compréhension du phénomène d'engagement djihadiste. D'un pays à l'autre, on observe également de substantielles variations dans la nature des motivations qui guident les individus vers l'EI. Ainsi une étude cartographique sur l'origine géographique des combattants tunisiens, premier contingent mondial, établit une forte corrélation entre zones paupérisées et engagement djihadiste. La perspective d'une prise en charge financière totale par l'organisation (solde, hébergement) semble avoir été un puissant facteur d'attraction. À l'inverse pour les Saoudiens, cette dimension économique n'entrait quasiment jamais en ligne de compte. Les ressortissants de cette riche pétromonarchie ont vraisemblablement été motivés par d'autres enjeux (utopie politique, anti-chiisme...).

La figure du leader charismatique

Les études microsociologiques mettent également en lumière le poids des disparités infranationales et l'influence souvent décisive de filières alimentées par des recruteurs physiques. Des territoires tels que la ville de Nice ou la région de Bruxelles ont représenté des réservoirs de combattants de premier plan pour l'entité califale. À Nice, le travail de propagande d'Omar Diaby aurait favorisé le départ d'une centaine de jeunes vers le groupe djihadiste Jabhat Al-Nusra affilié à Al-Qaïda. Ancien braqueur converti à l'Islam lors de sa détention, Omar Diaby a réalisé une série de vidéos complotistes (19HH) afin d'endoctriner et de convaincre la jeunesse locale des bienfaits du djihad. De même, le travail d'embrigadement d'Olivier Corel (né Abdelilah Al-Dandachi) et Fabien Clain (Abou Adam Al-Faransi) a participé à faire de la ville de Toulouse une plaque tournante du djihadisme hexagonal. Islamiste syrien passé par les Frères musulmans, Olivier Corel a établi une communauté religieuse dans la commune d'Artigat en Ariège. Ses enseignements prodigués auprès de nombreuses figures du djihadisme (frères Merah, frères Clain, Thomas Barnouin) mêlaient cours sur l'islam, salafisme et géopolitique. De même, la filière Cannes-Torcy, qui a commis l'attentat contre une épicerie casher à Sarcelles le 19 septembre 2012, s'est fédérée autour de la figure de Jérémie-Louis Sidney (*alias* Anas) qui aurait, par ses prêches, embrigadé, voire, selon les propos de certains auditionnés lors du procès, « mangé le crâne » de l'équipe.

L'influence de ces propagandistes souvent charismatique est fondamentale pour saisir la constitution de collectifs et la surreprésentation de certaines communes dans les processus de djihadisation. Le dénominateur commun de ces personnalités est l'exercice d'une forme de domination charismatique[1] fondée sur la détention de plusieurs types de ressources. Il peut s'agir d'une expérience de vie atypique telle qu'une incarcération, des voyages dans des contrées de djihad, une voix agréable, un physique imposant et, de manière assez récurrente, des compétences religieuses qui leur confèrent un haut niveau de légitimation (connaissances en islamologie, géopolitique, langue arabe...). Autant de qualités qui leur permettent d'exercer une influence voire une véritable emprise mentale sur des esprits plus fragiles ou en construction. Parfois, le vecteur de diffusion idéologique peut prendre la forme d'un collectif qui va favoriser la constitution d'un *hub* djihadiste. Ainsi, près de 75 % des combattants belges provenaient d'un territoire géographique, situé sur l'axe Bruxelles-Anvers[2]. Nombre d'entre eux étaient en étroite connexion avec l'association Sharia4Belgium dissoute en 2012.

Le poids des fratries

Un autre élément frappant de ces dynamiques concerne le poids des fratries. Les départs sur zones et les actes de terreur qui ont ensanglanté les grandes villes occidentales ont compté de très nombreuses « entreprises » familiales. Merah, Kouachi,

1. Max Weber, *Economie et Société*, Paris, Plon, 1971.

2. Arturo Varvelli, *Jihadist Hotbeds. Understanding Local Radicalization Processes*, ISPI, 2016, p. 50.

Abaaoud, Abdeslam, Belhoucine en France, El-Bakraoui en Belgique, Tsarnaev aux États-Unis. Du point de vue sociologique, les fratries du djihad ont souvent fait leurs gammes au fil de parcours sociaux marqués par des activités délinquantes. Celles-ci semblent représenter une présocialisation idéale pour tester la résistance des liens qui les unit. Ne pas « balancer » son acolyte lors des gardes à vue policières, résister à toutes les formes de stress et de pression, toutes ces expériences constituent autant de gages et de certifications d'une confiance absolue qui sera nécessairement mobilisée pour commettre l'acte ultime. La loyauté est une ressource d'autant plus stratégique que les services de renseignement ont considérablement densifié leur maillage sécuritaire. La cristallisation de cette solidarité dans la transgression et la délinquance se prolongent jusque dans l'engagement terroriste[1]. Les départs collectifs de fratries ou de bandes de copains reflètent également l'effet d'émulation que génère la perspective excitante du djihad. Cet esprit « *bunch of guys* » contribue à solidariser les jeunes entre eux, de surcroît lorsque ces derniers évoluent dans des univers familiaux instables ou marqués par des carences affectives

Y a-t-il une spécificité française du djihad ?

Avec près de 2 000 personnes, la France a été le premier fournisseur occidental de combattants étrangers de l'EI et le cinquième au niveau mondial. Majoritairement composé d'hommes, le phénomène concerne également des femmes et des familles avec enfants. Beaucoup d'analyses ont été mobilisées pour tenter de déchiffrer ce qui apparaîtrait comme une « exception française ». Ainsi la théorisation développée par Mac Cants et Meserole avance l'idée que la laïcité et plus globalement la culture politique francophone constituerait un facteur favorable aux processus de radicalisation. Les auteurs défendent

1. Elyamine Settoul, « La fratrie comme arme de combat », *The Conversation*, 11 avril 2016.

l'idée que la conjonction d'une laïcité dite « agressive[1] » (stricte réglementation sur la visibilité des signes religieux), d'une forte urbanisation et d'un chômage massif représenterait le terreau social idéal à l'émergence de ces phénomènes[2]. Quoique stimulante, cette recherche tend à forcer le trait et présente quelques limites. D'une part, elle englobe des pays dont les niveaux de francophonie, les cultures politiques, et la gestion du fait religieux sont sujets à d'importantes variations. Par ailleurs, si l'on porte un regard plus attentif aux statistiques, on remarque que le ratio nombre de combattants/population globale de la France arrive derrière certains pays, tels que la Suède, la Suisse ou encore le Danemark. La notion d'exception française ou d'exception francophone apparaît donc comme une assertion discutable.

L'origine du nombre élevé de djihadistes français peut trouver d'autres facteurs explicatifs. Une première précision qu'il convient d'apporter est que la France dispose de la plus grande communauté de confession musulmane d'Europe. Bien que la proportion de convertis engagés dans ces mouvances soit très significative, on sait que la majorité des combattants partis rejoindre l'EI ont grandi dans des familles ayant un héritage culturel musulman (pratiquantes ou non). Par conséquent, le réservoir potentiel de candidats français au djihad est structurellement plus important que dans la plupart des autres États européens. En revanche, les arguments de l'urbanisation et du chômage massif paraissent davantage opératoires. Car même si la plupart des observateurs insistent sur la grande diversité des origines sociologiques et géographiques des djihadistes français, l'essentiel de ce vivier provient de zones urbaines pauvres. Situés à la périphérie de la plupart des grandes villes françaises, ces espaces constituent des lieux de relégation sociale au sein desquels les populations sont les premières victimes de discrimination sur le marché de l'emploi, la recherche de logements

1. Farhad Khosrokhavar parle à ce titre de laïcisme pour évoquer une forme de radicalisation de l'interprétation du principe de laïcité.

2. William McCants, Christopher Maserole, « The French Connection. Explaining the Sunni Militancy around the World », *Foreign Affairs*, 24 mars 2016.

ou encore les contrôles de police abusifs. Relativement mixtes du point de vue social lors de leurs constructions durant les années 1960, ces territoires se sont progressivement ethnicisés et ghettoïsés à partir des années 1980. Malgré la communication des responsables politiques qui annoncent régulièrement vouloir lancer un « Plan Marshall des banlieues », les investissements réalisés n'ont jamais vraiment permis de changer la donne. La faible participation électorale des quartiers populaires a certainement contribué à renforcer cette marginalisation politique. Cette situation durable a contribué à rigidifier les identités et à creuser un fossé entre Français et « Français de banlieue ». La configuration est aggravée par la dépolitisation des émeutes urbaines qui affectent épisodiquement ces territoires. La parole des émeutiers tend à être délégitimée et la réponse étatique tend à se concentrer prioritairement sur les aspects sécuritaires. L'objectif étant davantage de faire cesser la violence que de questionner les racines profondes de la violence.

Ce sentiment de relégation politique est profondément intériorisé par les acteurs. Il peut les conduire à plusieurs types d'attitudes. Certains vont chercher à inverser le stigmate[1], c'est-à-dire à revendiquer et à assumer le marqueur qui les disqualifie du point de social. Se montrer agressifs et provocateurs afin de se conformer aux stéréotypes sociaux et médiatiques dépréciatifs auxquels ils sont renvoyés. Ces comportements vont souvent de pair avec une vision binaire du monde social. Cette perception manichéenne de la société est loin de se décliner sous un angle uniquement religieux entre musulmans et non musulmans. Elle se déploie selon une multitude d'oppositions binaires qui polarise la réalité sociale et offre une grille d'interprétation simplifiée du monde. Ce manichéisme peut revêtir une coloration racialisée (Blancs contre minorités visibles), sécuritaire (policiers contre banlieusards), sociale (riches contre pauvres), coloniale (descendant de colonisateurs contre descendants de colonisés), voire, dans certains cas, importée (identification aux Palestiniens face aux Israéliens)...

1. Erving Goffman, *Stigmate. Les usages sociaux des handicaps* (1963), trad. de l'anglais par A. Kihm, Paris, Éd. de Minuit, 1975, p. 135.

Ces processus de subjectivation les amènent à s'inscrire dans des imaginaires qui les éloignent de la complexité du monde réel. Dans tous les cas, cette mise en altérité entre un « eux » et un « nous » représente une matrice cognitive particulièrement favorable pour un glissement vers des attitudes de rupture et des comportements radicaux. Finalement, si spécificité des djihadistes français il y a, c'est plus vraisemblablement dans la relation teintée de ressentiment voire de haine que ces derniers entretiennent à leur nation d'origine[1]. Pour sceller cette rupture définitive et prouver leur allégeance totale à l'EI, certains n'ont pas hésité à brûler leurs passeports français devant les caméras et déclarant : « Nous ne croyons pas en vous ni en vos passeports, et, si vous venez ici, nous vous combattrons[2]. » On ne retrouve pas ce même niveau d'animosité chez les djihadistes allemands, britanniques ou ceux en provenance des pays nordiques. Cette différence pourrait aussi s'expliquer par un rapport moins crispé au fait religieux et des politiques d'intégration socioéconomique plus inclusive à l'égard des minorités[3]. Si certains mobilisent des facteurs historiques pour expliciter cette vive aversion (France comme terre de départ des grandes croisades, fille aînée de l'Église), on ne peut ignorer l'effet surgénérateur des problématiques, associées au malaise des banlieues.

Internet, réseaux sociaux et algorithmes

Quasi inexistant à l'époque du djihad afghan et embryonnaire aux débuts d'Al-Qaïda, Internet a été hissé comme un outil

1. Entre 2013 et 2020, la France a été ciblée à une centaine de reprises par des djihadistes. 61 attentats ont été déjoués, 22 ont échoués et 17 ont abouti. Source site Radical hypothèses https://radical.hypotheses.org/27480 consulté le 7 février 2022.

2. « État islamique. Une vidéo montre des djihadistes brûlant leurs passeports français », *Courrier international*, 20 novembre 2014.

3. La France se caractérise doublement par un discours égalitariste très marqué et des processus de reproduction sociale très forts. Les statistiques internationales relatives à la mobilité sociale le confirment. Il faut près de 6 générations pour passer d'une catégorie sociale modeste plaçant la France parmi les mauvais élèves des pays de l'OCDE.

stratégique par les idéologues de l'EI et a largement contribué à globaliser la diffusion de la propagande. Il convient de rappeler ici que l'instrumentalisation de l'outil médiatique par des acteurs terroristes apparaît bien avant l'émergence d'Internet. Les spécialistes identifient un virage lors du détournement d'avions par le Front populaire de libération de la Palestine à Zarka en Jordanie en 1970. Les chaînes de télévision avaient pour la première fois retransmis en direct l'opération rendant l'action d'autant plus spectaculaire et sidérante aux yeux de l'opinion publique. Par la suite, cette stratégie de médiatisation sera exploitée par divers groupuscules terroristes (prise d'otages, JO de Munich, 1972, 11 septembre 2001).

Au fil des années, le couple médias-terreur se cristallise et Al-Qaïda l'érige en composante essentielle de sa stratégie de communication. En juillet 2010, Al-Qaïda dans la péninsule Arabique (AQPA) franchit un pas en mettant en ligne sa revue *Inspire* à destination des publics anglophones. Son objectif vise à réaliser quatre types d'action : revendiquer, diffuser, convaincre, recruter. La grande particularité de l'EI est d'avoir investi dans le vecteur Internet avec une ampleur jusque-là inégalée. L'EI a parfaitement compris que le cyberespace est devenu un lieu d'influence et de libre diffusion de tous les discours. Pour y parvenir, l'organisation a mis sur pied de véritables brigades électroniques ayant pour mission d'investir tous les outils technologiques à destination des publics jeunes. Conscients de la fascination qu'exercent les *blockbusters* hollywoodiens sur une jeunesse culturellement mondialisée, ils n'hésitent pas à s'en inspirer en inversant les rôles dans lesquels les assignent traditionnellement ces superproductions. Les stéréotypes négatifs associés à la figure cinématographique de l'Arabe[1] sont détournés et ce dernier est élevé au rang de justicier, de héros ou de bourreau des Occidentaux. Concrètement, ces brigades n'hésitent pas à user de tout le spectre de possibilités qu'offrent les plus récentes technologies : tournage d'images réalisées à partir de drones, utilisation de messageries cryptées, réalisation de clips,

1. Shaheen G. Jack, *Reel Bad Arabs. How Hollywood Vilifies a People,* Olive Branch, 2012.

présence sur l'ensemble des grands réseaux sociaux (Facebook, Twitter). La mise en place de plusieurs magazines en quadrichromie disponibles en ligne et en une dizaine de langues (*Dabiq, Dar El-Islam, Rumiyah*) illustre la capacité de communication de l'organisation. Les revues anglophones *Rumiyah* et *Dabiq* ont respectivement donné lieu à 13 et 15 numéros. La revue francophone *Dar al-Islam* s'est déployée autour de 10 numéros. L'hebdomadaire en langue arabe *Al-Naba* comptait 128 numéros. En tout près de 13 langues de diffusion ont été recensées par les experts[1]. L'impact de ces supports est d'autant plus fort que leur message est souvent adapté au public visé. Ainsi, la version francophone insistait par exemple sur le caractère supposément islamophobe de la laïcité française, tandis que celle à destination des Britanniques, pays majoritairement composé de musulmans d'origine indo-pakistanaise, mettait davantage l'accent sur les exactions perpétrées par les militaires indiens, à l'endroit des musulmans Cachemiris. Ils visaient également à fortifier le sentiment d'appartenance à l'entité, en mettant en image les différents succès militaires de l'organisation (prise de Mossoul en 2014, attentats spectaculaires en Occident, etc.), l'importance des « lionceaux du califat » et la nécessité de les soustraire à la perversité de l'Occident ou encore la lâcheté des déserteurs de l'EI qu'ils soient combattants ou non.

Les réseaux sociaux ont également été massivement investis. Ils sont utilisés pour diffuser les messages et contenus afin d'élargir au maximum les audiences, d'influencer et de mieux contrôler les recrues potentielles. À la différence des sites internet classiques, ces réseaux offrent une capacité conversationnelle entre les recruteurs et la cible. Ils permettent ainsi de convaincre et endoctriner un maximum de *digital natives*. Entre janvier 2011 et décembre 2016, les spécialistes de la Toile ont ainsi dénombré près de 720 000 pages générées par des groupes radicaux ou terroristes[2]. Pour les théoriciens du djihad 2.0, Internet est

1. Aya Mcheimeche, *Armes 2.0 : le pouvoir des mots. Comment l'état islamique a-t-il remporté la guerre de la communication ?*, V. A. Editions, 2018.

2. Alava Séraphin, « La radicalisation violente commence-t-elle vraiment sur Internet ? », *The Conversation*, 25 juin 2017.

donc simultanément conçu comme un espace de propagande, un vivier de recrutement, mais aussi une plateforme d'apprentissage religieux. Si les médias occidentaux se sont principalement focalisés sur les versants les plus sensationnalistes du cyberjihadisme (violences, décapitations...), les spécialistes notent que l'immense majorité des vidéos circulant sur la toile ne sont pas tant axés sur la promotion de l'ultra violence que sur les vertus de la vie islamique sous contrôle califale. Il s'agit avant tout de démontrer les bénéfices sociaux de la stricte application des principes de la *Charia.* La question du degré d'influence des réseaux sociaux sur la radicalisation génère également beaucoup de questionnements. Les recherches tendent à démontrer que l'accès simplifié à ces ressources en ligne ne saurait constituer un facteur suffisant pour infléchir les trajectoires sociales des individus vers l'adoption de la violence. Si ces réseaux peuvent effectivement contribuer à renforcer une dynamique d'endoctrinement et d'idéologisation dans une phase intermédiaire, ils ne représentent que très rarement le déclencheur initial ou le point d'entrée des individus dans ces processus[1]. L'inventaire de l'Unesco sur les recherches concernant les jeunes et l'extrémisme violent dans les médias sociaux[2] est à cet égard très instructif. Il conclut qu'il est impossible d'établir un lien de causalité entre la fréquentation d'Internet et le passage au terrorisme. Plus qu'un moteur, ce dernier serait tout au plus un facilitateur secondaire. Ces études invitent à relativiser l'influence parfois démesurée prêtée aux environnements médiatiques et numériques. Si la problématique de l'offre extrémiste en ligne est donc à interroger et à surveiller, l'analyse des parcours de radicalisation ne saurait faire l'impasse sur les facteurs d'attractivité qui incitent les individus à s'en rapprocher dans le monde réel.

1. Laffineur Julianne, « Médias sociaux : acteurs et outils de radicalisation ? », *L'Observatoire*, 86, 2015, p. 21-25.

2. L'enquête portait sur une revue de littérature constituée de 1956 articles provenant de 32 pays.

Des profils aux parcours

La variété des profils sociologiques des combattants partis rejoindre l'EI est un élément particulièrement frappant. À l'évidence, les termes « parcours, itinéraires ou trajectoires sociales, semblent plus adéquats pour rendre compte de ces dynamiques d'engagement[1] ». L'EI a su développer une communication parfaitement rodée pour attirer un large spectre d'individus hommes et femmes, issus de milieux sociaux et géographiques très variés, récemment convertis ou non. D'une certaine manière, ses spécialistes de la communication se sont approprié le célèbre slogan de l'enseigne américaine McDonald's « Venez comme vous êtes » et l'organisation se chargera du reste.

Si l'identification des profils demeure difficile, il est néanmoins possible de recenser quelques grandes caractéristiques sociologiques ainsi que des pôles de motivations que nous décrivons dans le chapitre suivant. Quelques études quantitatives éclairent sur la sociologie globale de cette population. Les données socio-démographiques collectées par l'Unité de coordination de lutte antiterroriste indiquent par exemple que sur 265 djihadistes français décédés en Syrie et en Irak, 52 % étaient issus de l'immigration et que 56 % provenaient de quartiers prioritaires. L'âge moyen de ces combattants était de 28 ans et 48 % d'entre eux étaient défavorablement connus des services de police (délinquance...). L'Unité de coordination de lutte antiterroriste note une forte proportion de jeunes cumulant plusieurs types de difficulté : échec scolaire, difficultés économiques, problématiques familiales[2], etc. Dans un corpus de 131 dossiers judiciaires de personnes condamnées pour des affaires en lien avec le djihadisme, Marc Hecker observe que la moyenne d'âge des acteurs était de 26 ans, que 40 % sont issus de quartiers prioritaires, 40 % avait

1. John Horgan, « From Profiles to Pathways and Roots to Routes : Perspectives from Psychology on Radicalization into Terrorism », *The Annals of the American Academy of Political and Social Sciences*, 618/1, 2008.

2. Portrait-robot des 265 djihadistes français tués en Irak et en Syrie, *L'Express*, 1er septembre 2017.

déjà fait l'objet d'une condamnation judiciaire et que près de la moitié n'avait aucun diplôme (sur 68 dossiers scolaires disponibles). Une enquête consacrée à l'étude des fiches de synthèse de 353 TIS (Terroristes islamistes) condamnés ou en détention provisoire montre que 60 % viennent d'un milieu urbain, 17 % de petites villes (moins de 30 000 habitants) et 2 % de villages. La majorité provient de milieux familiaux économiquement défavorisés (54 %) et 84 % avaient un revenu inférieur ou égal au Smic. Seuls 16 % relevaient de classes moyennes ou supérieures. L'étude révèle également que les deux tiers sont issus de familles stables. 40 % sont célibataires, 46 % étaient mariés ou en couple et 14 % étaient séparés.

La prégnance des convertis

La part des convertis dans le vivier des djihadistes français partis rejoindre l'EI est estimée entre 15 et 22 %. Bien que l'on observe des variations d'un contingent national à l'autre, leur présence proportionnelle dans les mouvances djihadistes est très supérieure à ce qu'ils représentent de manière générale dans les communautés musulmanes. Khosrokhavar objective ce fait en soulignant que si les convertis ne représentent que 2 % des musulmans d'Europe, leur présence au sein des groupes de combattants est très supérieure à ce taux quel que soit le pays : 13 % en Espagne, 8 à 10 % en Belgique, 12 % en Allemagne[1]. La forte présence des convertis peut avoir plusieurs origines. Parmi la littérature relative aux phénomènes de conversion à l'islam, un nombre substantiel de travaux décrypte la plus grande propension des convertis à embrasser des interprétations strictes et orthodoxes de la religion. L'un des facteurs mobilisés est le concept de « liminalité ». Cette notion renvoie à l'idée de transition que l'on retrouve dans la plupart des rites de passage. Elle qualifie plus spécifiquement l'étape où

1. Farhad Khosrokhavar, *Le Nouveau Jihad en Occident*, Paris, Robert Laffont, 2018, p. 182-183.

l'individu perd son ancien statut, sans avoir totalement accédé à celui auquel il aspire. Placé dans une situation transitionnelle ambiguë, il flotte en quelque sorte entre deux états. Ce stade peut cristalliser des difficultés notamment lorsque l'entourage perçoit négativement la conversion religieuse. Ce malaise peut le conduire à surinvestir de manière obsessionnelle ses efforts pour intégrer et être pleinement reconnu par son nouveau groupe d'appartenance.

Certaines recherches anglo-saxonnes assimilent ce zèle et cette tendance à vouloir être « plus royaliste que le roi » à une sorte de maladie : la « convertite[1] » (*convertitis*). Les recherches les plus pertinentes sur le lien entre conversion et radicalisation tendent précisément à appréhender la conversion comme un processus de radicalisation. Les deux phénomènes présentent en effet de nombreuses similitudes. À l'instar des radicalisés, les convertis ne sont pas atteints de pathologies mentales et ne sont en rien des acteurs passifs qui auraient subi un « lavage de cerveau ». De plus, comme la radicalisation, la conversion est un processus graduel dont la pleine compréhension implique de prendre en considération l'environnement social direct au sein duquel elle se réalise. En ce sens, les modalités et les vecteurs qui amènent à la conversion sont au moins aussi importants que le choix de l'idéologie ou de la religion. Le « comment » de la conversion, c'est-à-dire la trajectoire sociale et les circonstances empiriques (caractéristiques du transmetteur, type d'apprentissages…) sont tout aussi fondamentales que le « pourquoi » ou le « à quoi » on se convertit. En d'autres termes, l'analyse de l'adhésion à la croyance religieuse ne saurait faire l'économie des conditions pragmatiques dans laquelle elle prend place.

À ce titre, la grande récurrence des conversions religieuses en prison dans les parcours des djihadistes n'est pas anodine. Par leur sociologie structurelle, les établissements pénitentiaires

1. Karen Turner, « Convertitis and the Struggle with Liminality for Female Converts to Islam in Australia », *Archives de sciences sociales des religions*, 186, 2019, p. 71-91.

représentent des espaces propices à l'influence prosélyte. Exposés à cette offre idéologique dans un espace contraignant et difficile, les individus peuvent être amenés à sacraliser leur haine de la société. Le phénomène est amplifié par le déficit organisationnel qui affecte l'aumônerie musulmane des prisons comparativement aux autres cultes[1]. Le manque d'aumôniers et les discriminations deviennent des arguments pour les partisans d'un islam prônant la rupture ou la violence à l'égard de la société. Enfin, il est à rappeler que si la part des convertis est importante dans les rangs des soldats de Dieu, la proportion des djihadistes est infinitésimale parmi les convertis. L'immense majorité des individus entamant cette démarche religieuse s'inscrivent dans une pratique des plus ordinaires.

L'engagement au féminin

Si, du point de vue historique le combat djihadiste a été une affaire d'hommes, force est de constater que le phénomène s'est profondément métamorphosé au cours des dernières décennies La résistance musulmane qui s'était dressée face à l'invasion soviétique au cours des années 1980 était uniquement composée d'hommes. Avec la génération Al-Qaïda, quelques femmes intégrèrent les rangs des combattants[2]. Plusieurs attentats ont été réalisés par des commandos féminisés. Ce fut notamment le cas lors de la prise d'otage du théâtre de Moscou survenue en octobre 2002 et qui aurait compté de nombreuses Tchétchènes parmi les auteurs. Mais comme l'illustre le manuel de recrutement d'Al-Qaïda *L'Épître aux femmes*, le rôle des femmes djihadistes est de manière générale très circonscrit. Elles doivent s'engager dans le sentier du djihad sans véritablement s'impliquer dans la lutte armée :

1. Céline Béraud, Corinne Rostaing, Claire de Galembert, *De la religion en prison*, Rennes, PUR, 2016.
2. Farhad Khosrokhavar, *Radicalisation*, Paris, Fondation de la Maison des sciences de l'homme, 2014.

> Nous ne voulons pas que tu entres sur le champ de bataille, et cela pour t'éviter toute humiliation et toute sédition ; nous voulons seulement que tu suives l'exemple des femmes d'antan dans leur incitation au djihad, leur préparation à la bataille, leur patience sur ce chemin et leur désir de prendre part au combat par tous les moyens pour assurer la victoire de l'islam.

La femme djihadiste n'a donc pas vocation à se transformer en combattante mais à faire tout ce qui est possible pour aider à la victoire des soldats. Néanmoins certaines femmes ont été directement impliquées dans la commission d'actions terroristes. On peut citer par exemple la Belge Muriel Degauque, première femme Européenne à avoir mené une attaque suicide contre une patrouille militaire américaine dans la région de Baqoubah en Irak (9 novembre 2005). Mais leur mission principale se cantonne au registre de la communication. Malika El-Aroud, la femme du kamikaze belge qui a assassiné le commandant Ahmad Shah Massoud, a été condamnée pour des activités de propagande et ses multiples appels au djihad. De même, Omaima Hassan, l'épouse du chef d'Al-Qaïda Ayman Al-Zawahiri, s'attachait principalement à inciter les femmes musulmanes à rester pieuses et à porter le voile.

Avec l'EI, la présence des femmes ne relève plus de l'anecdotique, mais se massifie puisqu'on a dénombré plusieurs centaines d'Européennes au sein de l'organisation. Cette montée en puissance s'explique par la volonté de restauration du califat. Ce projet de retour à l'empire musulman originel nécessite la présence d'hommes et de femmes afin d'assurer le peuplement et l'émergence des futures générations. Pour le calife Al-Baghdadi, le rôle des femmes ne se limite pas à être des relais d'opinion, elles ont également des objectifs opérationnels. À mesure que l'EI va se structurer, leurs missions vont progressivement se diversifier. Entre 2014 et 2015, le nombre de Françaises rejoignant l'organisation passe de 164 à 220. En 2015, un tiers des djihadistes partis sur les zones irako-syriennes sont des femmes. Leur première mission était d'assurer un réconfort domestique aux hommes. Pour optimiser leur efficacité, l'EI ne va pas hésiter à instaurer des règles matrimoniales très souples en autorisant par exemple l'organisation de mariages à distance entre des combattants sur zones et des femmes installées en Occident. Les unions sont formalisées en quelques minutes, moyennant le paiement d'une dot symbolique et la présence de deux témoins. Confrontées à un taux de mortalité très élevé parmi les combattants, les femmes se voyaient successivement attribuer de nouveaux maris, à la condition de respecter un délai de viduité de plusieurs mois afin d'éviter tout conflit de filiation paternelle.

Comme l'illustrent certains travaux, la perception de l'engagement djihadiste au féminin a longtemps souffert de stéréotypes et de préjugés simplificateurs. Leur implication se fonderait avant tout sur des ressorts émotionnels articulés autour du triptyque : amour, humanitaire et crédulité[1]. Pourtant, l'analyse des trajectoires biographiques des femmes djihadistes traduit une réalité plus disparate.

Plusieurs motivations semblent se dégager. La première, qui concerne la quasi-totalité des femmes, renvoie à l'impossibilité supposée de vivre son islamité dans le contexte occidental français. Chez les Français, le principe de laïcité ou l'interdiction du port du voile intégral sont clairement perçus comme des lois liberticides et islamophobes. Une autre catégorie agrège des jeunes souvent immatures en quête d'une union amoureuse avec un « combattant de Dieu ». Ce vivier rassemble souvent des adolescentes ou de jeunes majeures méconnaissant le contexte géopolitique local et qui vont idéaliser la figure de la virilité masculine :

> Chez nombre de ces femmes, l'aspiration des départs en Syrie a trouvé son ressort dans une vision romantique de l'amour, un désir d'exotisme et de dépaysement, ou l'aspiration à devenir une femme qui s'exprime par la volonté de se marier et d'enfanter précocement. Elle puise ainsi sa source dans un désir d'engagement humanitaire face aux horreurs perpétrées par Assad contre son peuple, et qui est récupérée par une propagande proclamant que les frères en religion (les sunnites) ont besoin de faire face au pouvoir hérétique et maléfique [...][2].

1. Géraldine Casutt, « Quand le djihadiste est une femme », *Inflexions*, 38/2, 2018, p. 90.

2. Fethi Benslama, Farhad Khosrokhavar, *Le Jihadisme des femmes. Pourquoi ont-elles choisi Daech ?*, Paris, Seuil, 2017, p. 15.

Khosrokhavar voit également dans l'instabilité et la fragilité des nouvelles configurations familiales un carburant de ces trajectoires sociales. Les nouvelles formes de coexistence familiale (familles divorcées, recomposées...) tendent à diluer l'autorité traditionnelle. Le modèle de société proposé par l'EI avec des rôles et des normes très stable leur fournit la possibilité de surmonter cette modernité déstructurante[1]. Leurs motivations au départ peuvent également croiser celle des hommes. Ainsi, certaines ont pu exprimer une fascination pour la violence. Loin d'être des suiveuses ou des personnes sous l'emprise mentale de leurs conjoints, elles ont parfois été, au contraire, des éléments moteurs et des facteurs de départ vers les zones de guerre.

L'image stéréotypée de la femme musulmane assujettie à son mari a certainement participé à brouiller l'analyse des professionnels. Pourtant la tentative d'attentat manquée de la cathédrale Notre-Dame en septembre 2016 par deux femmes, Ornella Gilligmann et Inès Madani, témoigne des velléités de passage à la violence de la composante djihadiste féminine. Même si l'EI leur interdisait formellement d'aller mener le combat sur les différents fronts, certaines d'entre elles ont pu porter les armes en intégrant la brigade Al-Khansa[2], sorte de milice féminine constituée d'Occidentales dont le but était de faire respecter la *Charia* au sein de l'entité (*hisba*). D'autres ont pu bénéficier d'une formation sommaire sur le maniement des armes. Mais cet apprentissage visait essentiellement à leur permettre de se défendre, en cas de nécessité vitale, comme ce fut le cas lors

1. Farhad Khosrokhavar, *Le Nouveau Jihad en Occident*, *op. cit.*, p. 129.

2. Olivier Moos écrit à ce sujet « Probablement par un mélange de conviction et de coup publicitaire, les entrepreneurs du Califat sont allés jusqu'à annoncer la création d'une brigade entièrement féminine, al-Khansa, du nom d'une poétesse arabe du VIIe siècle, dédiée à la police des mœurs et qui serait presque exclusivement composée de musulmanes occidentales et instruites. Si la référence est archaïque, l'effet d'annonce de cette brigade a quelque chose de proprement révolutionnaire et moderne : l'Émirat taliban, par exemple, n'offrait que ségrégation et isolement, et le rôle des femmes dans les groupes salafistes-djihadistes concurrents demeure largement dans l'ombre », Olivier Moos, « Le jihad s'habille en Prada : une analyse des conversions djihadistes en Europe », *Cahiers de l'Institut religioscope*, 14, août 2016, p. 18.

des derniers jours de bataille avant la reprise de Mossoul par les forces irakiennes. De même, certaines djihadistes ont pu se voir attribuer une ceinture d'explosifs à utiliser en cas de danger imminent. L'usage de la violence par les femmes est donc dans la majorité des cas un dernier recours et l'indice d'une configuration opérationnelle difficile pour les groupes djihadistes.

Les principales attentes de la milice à l'égard des femmes djihadistes ont été synthétisées dans un manifeste relayé par la branche média de la milice. Destiné à promouvoir le comportement vertueux de la califette[1], ce dernier insiste sur le rôle de soutien de la femme musulmane, confinée aux tâches maternelles et à leur mission d'épouse. Les indications du manifeste font écho à la notion de « post-féminisme régressif » développée par Farhad Khosrokhavar. Pour l'anthropologue, le vivier de femmes est constitué pour partie d'individualités désireuses de rompre avec les valeurs de la modernité occidentale. Elles vivent ces valeurs de liberté, et les diverses injonctions qui les accompagnent (maternité, accomplissement professionnel) comme une source d'angoisses[2]. Issues pour la plupart d'une génération parentale qui a traversé des transformations anthropologiques considérables (divorces, sexualisation du corps, familles recomposées.), elles se sentent attirées par un modèle familial aux antipodes de cette instabilité relationnelle. Et d'une certaine manière, l'EI a proposé à ces « califettes », souvent converties et de classes moyennes, de troquer cette liberté potentiellement anxiogène contre une existence cadrée, contraignante mais dans le même temps sécurisante d'un point de vue psychologique. La burqa matérialise en quelque sorte ce désir de protection. Perçu de l'extérieur comme une contrainte, le port de ce vêtement peut aussi se vivre comme un facteur de protection à l'égard d'un environnement hostile en particulier pour les nombreuses femmes victimes de violences sexuelles. Les études montrent

1. Traduit de l'arabe vers l'anglais par Charles Lister, *Women of the Islamic State. A manifesto on women by the Al- Khanssaa Brigade*, Quilliam Foundation, février 2015.

2. Farhad Khosrokhavar, « Le martyre djihadiste féminin, un post-féminisme régressif », *The Conversation*, 2 novembre 2016.

également que les parcours des femmes djihadistes sont fréquemment marqués par des traumatismes individuels, tels que des incestes, des viols ou encore des troubles abandonniques. Ces dernières tendent à élaborer une confusion entre leurs souffrances individuelles de femmes et celles vécues par leurs coreligionnaires du Sham. Quels que soient leurs profils sociologiques et leurs motivations, les femmes ont eu pour l'EI un rôle doublement stratégique. Premièrement, elles assuraient non seulement le confort des hommes, mais également la pérennité du projet califal à travers la mise au monde d'une future génération de combattants, les « lionceaux du califat ». Cette fonction de reproduction était particulièrement gratifiante du point de vue narcissique. Deuxièmement, elles ont été massivement sollicitées par les cadres de l'organisation pour attirer d'autres femmes, *via* les réseaux sociaux, et alimenter le système des *maqqar*, ces foyers qui concentraient les femmes (et leurs enfants) destinées à se marier avec des combattants.

L'EI a donc nettement élargi le spectre d'activités des femmes djihadistes. Outre leur mission traditionnelle de « réconfort domestique » pour les combattants projetés sur les zones de guerre, elles ont progressivement acquis des rôles dans des secteurs aussi divers et stratégiques que ceux de la communication, du recrutement, de la sécurité et plus rarement dans les fonctions combattantes. Mais quels que soient leur champ de spécialisation, leur rôle primordial était celui du soutien et de la conception. Toutes devaient participer à l'émergence d'une nouvelle génération de soldats : les lionceaux du califat.

Les « lionceaux du califat »

À l'instar des autres groupes engagés dans le conflit syrien, l'EI a utilisé des enfants soldats. Mais pour l'organisation, il s'agissait d'un projet à grande échelle. Le recrutement de ceux que l'on appelle les « lionceaux du califat » ou *Ashbal* relève d'un dispositif particulièrement réfléchi et destiné à s'inscrire sur le temps long. Soumis à une propagande intense, les jeunes de 4 à 16 ans ont été regroupés dans des camps spéciaux où ils recevaient une formation militaire et un apprentissage au maniement des armes. Le Soufan Group estime à 2 000 le nombre d'enfants de 9 à 15 ans qui ont été recrutés et formés par l'EI. Parmi ces 2 000 enfants, 460 étaient des ressortissants français, ce qui place une fois de plus l'Hexagone en tête du classement des pays occidentaux. En 2015, l'Observatoire syrien (Al-Marsad as-Sûri) a recensé plus de 1 200 enfants qui ont rejoint le groupe terroriste en Syrie et 900 en Irak. Comme le rappellent certaines recherches consacrées à la place des enfants dans la stratégie de propagande de l'EI, ces derniers forment un pilier central de son projet politico-religieux. Leur surreprésentation dans les vecteurs de propagande participe d'une volonté de mettre en scène une forme de régénération et l'avènement d'un monde nouveau et pur[1]. Les images des revues telles que *Dabiq* ou *Dar El-Islam* alternent entre scènes festives reflétant un monde heureux et insouciant et des illustrations d'enfants armes au poing prêts à sacrifier leurs vies pour le projet califal.

Le système scolaire des zones contrôlées par l'EI va connaître de profonds changements, après la prise de Mossoul en 2014. Le bureau de l'enseignement (Diwan Al-Taalim) développe son propre système d'enseignement s'éloignant ainsi de l'éducation nationale syrienne et irakienne. Le recrutement du corps enseignant se fait dans le vivier des fonctionnaires syriens et irakiens qui continuent d'être rémunérés par leurs États respectifs. La formation des enfants s'appuie sur un travail d'endoctrinement, très intense axé sur un double volet religieux et une composante physique. Cet aguerrissement se fonde sur une socialisation qui banalise à l'extrême la violence jusqu'à la rendre normale et acceptable. Les exercices de chimie ou de mathématiques sont ainsi illustrés par des exemples puisés dans l'univers militaire. Les enfants sont amenés à effectuer des calculs à partir de dessins de grenades et de kalachnikovs. Ces jeunes recrues subissent un entraînement destiné à les endurcir physiquement et à leur permettre d'acquérir des techniques de combat (*founoun qitâliyya*)

1. Les « lionceaux du califat » : une analyse de la propagande djihadiste, 9 juillet 2018, https://cdradical.hypotheses.org/709

et militaire (*askariyya*). Les formations s'effectuent principalement dans des camps d'entraînement irako-syriens. Ils s'agissaient de dispositifs coercitifs imposant aux enfants des pratiques d'isolement, l'apprentissage et la récitation d'*anashid* (chants rituels), l'interdiction de regarder la télévision ou d'écouter de la musique susceptible de les détourner de l'orthodoxie religieuse du groupe. Ces techniques d'apprentissage s'apparentent, à bien des égards, à des pratiques sectaires destinées à neutraliser tout esprit critique et à développer un conditionnement psychologique fondé sur une vision apocalyptique et décadente du monde. Cette matrice cognitive facilite les passages à l'acte les plus barbares notamment la mise en scène d'exécutions :

> Dans une vidéo de sept minutes diffusée en janvier 2015, un Kazakh d'une dizaine d'années exécute par balle deux hommes accusés d'être des agents du FSB russe. [...]. Cette première production du genre sera suivie d'une autre, le 10 mars 2015, qui met en scène Sabri Essid, originaire de Toulouse, en train de diriger l'exécution par un enfant d'un homme qualifié d'espion du Mossad. Le supplicié, un Arabe israélien de Jérusalem, est exécuté par un jeune Français de la famille de Mohamed Merah. [...] Sur une autre, un jeune Britannique du même âge appuie sur un bouton qui déclenche l'explosion d'une voiture piégée dans laquelle plusieurs hommes sont enfermés[1].

La propagande autour des enfants vise souvent à humilier les traîtres et les espions. Cette nouvelle génération est donc simultanément conçue comme le symbole du renouveau, mais aussi comme un facteur de purification du corps social, à travers l'élimination physique de ses ennemis intérieurs.

« Perdants radicaux », homosexuels refoulés et malades psychiatriques

En parallèle de profils « classiques », figurent des parcours beaucoup plus atypiques et dont les caractéristiques identitaires

1. Wassim Nasr, « À l'école de l'État islamique », *Inflexions*, 37, 2018, p. 30-31.

détonnent. On peut citer *a minima* trois catégories de profils hors norme que l'EI a réussi à attirer dans ses filets : les perdants radicaux, les homosexuels refoulés et les personnes souffrant de troubles psychiatriques. Bien qu'immédiatement assimilé à un djihadiste *lambda*, le parcours de Mohamed Lahouaiej Bouhlel, l'auteur de l'attentat de Nice (14 juillet 2016), s'apparente davantage à celui d'un « perdant radical ». Non pratiquant, totalement déconnecté des sphères djihadistes, bisexuel et amateur d'alcool, les services de renseignement avaient peu de chance d'intercepter le terroriste. Outre les mœurs très dissolues de l'auteur eu égard aux normes islamiques, plusieurs éléments éloignent la tragédie niçoise des actions djihadistes classiques. Ainsi l'EI, dont on connaît la propension à communiquer et à célébrer ses « victoires » de manière quasi instantanée, avait mis près de deux jours à revendiquer cet attentat dont la résonance fut pourtant planétaire[1].

Par ailleurs, le nombre particulièrement élevé de victimes musulmanes, estimées à près d'un tiers du total par les acteurs locaux, soulève des questionnements Ce faisceau d'indicateurs amène à penser que l'itinéraire social du tueur niçois semble bien plus relever de celle d'un « perdant radical », tel qu'il a été théorisé par Hans Magnus Enzensberger[2]. Les « perdants radicaux » désignent des individus humiliés, en quête de boucs émissaires et avides de vengeance. Produits du libéralisme et de la compétition exacerbée que se livrent les individus au sein des sociétés modernes, ils sont invisibles et ressassent silencieusement leurs échecs. Dans leur univers mental, il n'y a pas de place pour les figures intermédiaires ou les positions médianes. Tout est pensé de manière manichéenne : « on est soit un perdant, soit un gagnant ». Mégalomanes et narcissiques, ils exercent une violence suicidaire dont l'objectif vise autant à se sanctionner de leur propre échec qu'à punir la collectivité sociale qui en serait

1. Elyamine Settoul, « Les perdants radicaux : nouvelle arme de l'État islamique », *Le Monde*, 14 septembre 2016.

2. Hans Magnus Enzensberger, *Le Perdant radical. Essai sur les hommes de la terreur*, Paris, Gallimard, 2006.

tout aussi responsable. Andreas Lubitz, le pilote de la German Wings qui a entraîné 149 personnes dans son crash (24 mars 2015) ou les récurrentes tueries commises par des étudiants sur les campus américains illustrent les logiques d'action du perdant radical. Divorcé, dépressif et violent, Mohamed Lahouaiej Bouhlel a souhaité faire payer ses échecs personnels à l'ensemble de la société. Comme pour les autres, sa frustration a été doublement assouvie par la désignation de responsables sur lesquels il jouit d'un pouvoir de vie et de mort, mais également par anticipation du moment de gloire médiatique que lui procure son acte suprême. On peut parler ici d'affinités électives entre une organisation désireuse d'élargir toujours plus son vivier de combattants, afin de diffuser la sensation d'un djihadisme viral, et des individus assoiffés de vengeance sur fond d'hypermédiatisation.

Homosexuels refoulés

L'homosexualité relève d'un interdit au sein de l'islam et d'une déviation perverse passible de mort dans la galaxie salafo-djihadiste. De nombreux témoignages attestent d'exécutions sommaires et de lapidations d'homosexuels dans les zones contrôlées par l'EI. Pourtant plusieurs attentats ont été commis par des acteurs ayant cette orientation sexuelle. Pour ces profils très marginaux, la contradiction entre leur sexualité et leur adhésion idéologique est vécue comme une forme de schizophrénie. La mort en martyr leur permet sans doute de s'extraire de ces profonds sentiments de culpabilité et de honte.

Un des cas les plus médiatiques est celui d'Omar Mateen qui a tué 49 personnes et fait 53 blessés dans la fusillade de la discothèque gay à Orlando en Floride (12 juin 2016). Américain d'origine afghane, Omar Mateen grandit dans une famille avec des valeurs religieuses traditionnelles. Son père Mir Seddique tenait une émission sur une chaîne afghane qui émettait depuis la Californie. Ce dernier a posté des dizaines de vidéos sur YouTube principalement sur la politique afghane et celle des talibans dont il faisait l'éloge. Marié, Omar Mateen quitte sa femme et devient plus religieux, après son divorce. Fréquentant volontiers les bars gays, il semble tiraillé entre ses mœurs et ses aspirations profondes à se conformer à un modèle familial traditionnel. Plusieurs témoignages d'homosexuels ayant côtoyé Omar Mateen avancent le mobile de la vengeance contre la communauté gay comme mobile principal de la tuerie. Il aurait notamment eu des rapports sexuels avec un membre de cette communauté qui lui a annoncé par la suite être infecté par le virus du sida. D'autres évoquent des tensions raciales avec une communauté gay majoritairement hispanique qui ne l'aurait jamais véritablement acceptée. Chez Omar Mateen, le processus de djihadisation mêle simultanément des facteurs endogènes (malaise identitaire) et des facteurs exogènes (sentiment de discrimination).

D'autres djihadistes ont entretenu une ambiguïté, quant à leur orientation sexuelle. Considéré comme l'un des plus grands recruteurs de combattants, Mourad Farès avait longtemps fréquenté les bars gays avant d'effectuer sa *hijra* en Syrie dans l'objectif d'effacer ses péchés. Salah Abdeslam, l'unique survivant des attentats du 13 novembre 2015, était le tenancier d'un bar et aurait été vu dans des lieux prisés de la communauté homosexuelle bruxelloise. Les auditions réalisées lors du procès d'Adel Kermiche, l'un des deux auteurs de l'attentat de l'église de Saint-Étienne-du-Rouvray, laissent planer des doutes sur sa possible bisexualité. Pris dans cet étau, leurs actes ultimes leur fournissent la double possibilité de sortir « par le haut » d'une condition psychique et sociale intenable (haine de soi) et de satisfaire pleinement leur désir de vengeance.

Passage à l'acte

Les conclusions des études explorant le lien entre psychiatrie et radicalisation traduisent un fort consensus autour de l'idée que l'immense majorité des terroristes ne sont pas atteints de psychopathologies particulières. Cette donnée est corroborée par Merari qui constate la quasi-absence de psychose parmi ces acteurs mais note néanmoins la récurrence de symptômes de dépression et de mélancolie et la surreprésentation de personnalités évitantes ou dépendantes. Près de la moitié présenteraient ces caractéristiques psychologiques et 40 % auraient des symptômes suicidaires.[1] Les passages à l'acte de personnes souffrant de troubles psychiatriques se sont accentués au fil des années. Coupés physiquement des organisations criminelles, ces profils atypiques sont forcément moins repérables par les services de renseignement.

De nombreuses attaques ou projets d'attaques portés par des individus schizophrènes ont été recensées. Le fonctionnaire à l'origine de l'attaque de la Préfecture de police de Paris en octobre 2019 aurait été atteint d'une problématique « mystique et suicidaire ». Ces malades constituent des proies vulnérables pour les recruteurs en particulier s'ils ont connu une expérience carcérale. Avec la réduction drastique du nombre de lits en hôpital psychiatrique (70 % en moins depuis 30 ans), de plus en plus de malades sont traités au sein d'établissements pénitentiaires qui n'ont pas les moyens réels de les prendre en charge. Pis, l'incarcération ne fait souvent qu'aggraver leur état psychique. La présence de ces personnes souffrant de troubles mentaux s'est révélée particulièrement prégnante lors des attaques les plus récentes[2]. L'altération de leur discernement ne permet pas de les considérer comme des acteurs idéologiquement convaincus par le djihadisme. Cependant, par leur capacité à semer le chaos, ils représentent pour l'EI une ressource tout aussi stratégique que les autres combattants.

1. Ariel Merari, *Driven to Death : Psychological and Social Aspects of Suicide Terrorism*, Oxford, Oxford University Press, 2010.

2. Tendance qui reflète simultanément la plus grande efficience des services de renseignement dans la détection et la neutralisation des projets djihadistes et la difficulté de ces mêmes services à anticiper les risques lorsque ces derniers proviennent de populations que leurs troubles psychiatriques rendent irrationnelles.

Quelques éléments transversaux

La spécificité la plus marquante du djihadisme déployé par l'EI tient d'une part à sa massification, mais aussi dans une certaine mesure à son degré de démocratisation. De fait, aucune entité djihadiste antérieure n'a réussi à fasciner un spectre sociologique aussi large. Cette attraction inédite s'explique en grande partie par son ambition de restauration du califat dont l'édification impliquait non seulement l'enrôlement de milliers de combattants, mais également l'importation de toutes les ressources humaines susceptibles de permettre la concrétisation de ce projet (techniciens, personnel médical, femmes...). Mais son succès n'aurait sans doute pas été aussi fulgurant sans les investissements consentis dans le champ médiatique et en particulier l'Internet. Réactualisant une citation du journaliste Hubert Beuve-Mery qui affirmait « le journal c'est la réflexion, la radio c'est l'émotion », la sociologue Monique Dagnaud avance que si « la télévision c'est l'émotion, l'Internet c'est la pulsion ». L'EI a parfaitement compris comment stimuler cette pulsion en s'inspirant des codes d'une pop culture occidentale désormais mondialisée. Par sa stratégie médiatique multiniveaux (presse, réseaux sociaux, vidéos...), cette organisation apparaît comme la première structure à avoir développé un véritable écosystème informationnel.

Si le triptyque djihad, *hijra*, califat est central dans les motivations exprimées par les soldats de Dieu, il ne saurait rendre compte de la disparité interne qui caractérise le vivier djihadiste. Le désir d'escapisme, la quête d'adrénaline, le romantisme ou encore la fascination pour la violence ou la mort sous-tendent également de nombreux départs. À ces parcours récurrents s'agrègent des profils complètement atypiques et *a priori* improbables composés de « perdants radicaux », de personnes en souffrance psychiatrique ou d'homosexuels refoulés. Pour beaucoup, le dénominateur commun est l'expérience d'un profond malaise identitaire ainsi qu'une haine de soi qui glisse progressivement vers une haine de l'autre. Les disparités sociologiques des acteurs engagés dans ces mouvances rendent malaisées toute tentative de généralisation. Néanmoins, il est possible de restituer quelques tendances structurantes du vivier français. Celles-ci concernent la dimension générationnelle du phénomène, le constat relativement fréquent d'une présocialisation à la transgression et la récurrence de trois types de carences : les failles identitaires, affectives et narcissiques.

Toutes les études disponibles révèlent le caractère juvénile des processus de radicalisation djihadiste. Un rapport sénatorial indique que leur âge moyen était de 25 ans[1]. Pour Marc Sageman l'âge moyen des militants djihadistes serait également de 25 ans[2]. Pourquoi cette prédisposition des plus jeunes ? Un des éléments de réponse est la disponibilité biographique, c'est-à-dire le caractère limité des contraintes qui pèsent sur les individus au cours de cette période de vie. Le fait d'être déscolarisé, non marié et sans enfants ou encore sans emploi diminue le coût d'un engagement total au nom d'une cause. À l'inverse et comme l'illustrent de nombreux travaux sur le militantisme altermondialiste, séparatiste ou féministe, l'accroissement des responsabilités familiales assèche les velléités d'engagement total. La disponibilité biographique fait aussi intervenir des dimensions biologique et cognitive. L'âge post-adolescent correspond précisément à cette étape transitoire entre l'état d'enfant et celui d'adulte, une période d'affirmation individuelle qui exprime sa révolte à l'égard du monde des adultes (parents...). La pluralité d'incertitudes (statutaire, affective...) qui caractérise cet âge charnière s'avère propice aux expérimentations identitaires. Le désir d'escapisme vers un ailleurs idéalisé et excitant s'inscrit en totale congruence avec ce type d'expérimentations. Cet état d'incertitude a été probablement aggravé par la disparition de certaines instances de socialisation comme le service national qui à bien des égards faisait office de rite de passage. Rite de passage qui

1. Nathalie Goulet, André Reichardt, « Rapport sur l'organisation et les moyens de la lutte contre les réseaux djihadistes en France et en Europe », Sénat, avril 2015.

2. Marc Sageman, *Le Vrai Visage des terroristes. Psychologie et sociologie des acteurs du djihad*, Paris, Denoël, 2005.

assurait indirectement une fonction anthropologique de structuration et d'ordonnancement des étapes de vie. La conjugaison de difficultés sociales et familiales souvent protéiformes (décrochage scolaire, familles dysfonctionnelles...) cantonne nombre de jeunes hommes dans une mésestime d'eux-mêmes. Dans ces conditions, l'adhésion radicale à un groupe aux liens très forts apparaît comme un facteur de réparation narcissique particulièrement attractif.

De fait, le label de « djihadiste » amalgame et réifie artificiellement des jeunes aux profils et aux trajectoires extrêmement hétérogènes. La collecte d'entretiens que nous avons pu mener entre 2017 et 2022 avec des dizaines de détenus et des personnes identifiées comme radicalisées (et parfois leurs familles) nous a permis de dégager cinq grands pôles d'engagement. Ce « pentagone » théorique de la djihadisation, qui sera développé dans le chapitre suivant, fédère les pôles religieux, sociogénérationnel, les militants politiques, les victimes d'emprise mentale et enfin la catégorie des hybrides. Ces différents points d'entrée, s'appuyant sur la dévotion, l'émotion, la politisation, la manipulation et la pulsion permettent de saisir la diversité des profils des jeunes engagés dans ces dynamiques.

Pour aller plus loin

Benslama Fethi, Khosrokhavar Farhad, *Le Jihadisme des femmes. Pourquoi ont-elles choisi Daech ?*, Paris, Seuil, 2017.

Benslama, Fethi, Benslama Fethi, *Un furieux désir de sacrifice. Le surmusulman*, Paris, Seuil, 2016.

Béraud Céline, Rostaing Corinne, Galembert Claire de, *De la religion en prison*, Rennes, PUR, 2016.

Boutron, Camille, Le Basque Myriam, « Combattantes, terroristes ou victimes ? L'engagement des femmes dans la violence armée », *Les Champs de Mars*, 33/2, 2019, p. 91-113.

Conti Bartolomeo, « Constitution d'un groupe djihadiste français. La filière Cannes-Torcy », *Esprit*, 10, 2018, p. 59-73.

Douzet Frédérick. « Le cyberespace, troisième front de la lutte contre Daech », *Hérodote*, 160-161/1-2, 2016, p. 223-238.

Enzensberger Hans Magnus, *Le Perdant radical. Essai sur les hommes de la terreur*, Paris, Gallimard, 2006.
Hecker Marc, « 137 nuances de terrorisme. Les djihadistes de France face à la justice », *Études de l'Ifri. Focus stratégique*, 79, avril 2018.
Soufan Group, « Foreign Fighters An updated Assessment of the Flow of Foreign Fighters into Syria and Irak », The Soufan Group, 2015.
Thomson David, *Les Revenants. Ils étaient partis faire le jihad, ils sont de retour en France*, Paris, Seuil, 2016.
Varvelli Arturo, *Jihadist Hotbeds. Understanding Local Radicalization Processes*, Milan, Istituto per gli studi di politica internatzionale, 2016.

CHAPITRE 4

Le pentagone théorique de la djihadisation

Plusieurs paradigmes concurrentiels ont été mobilisés pour rendre compte des causes profondes de la massification du phénomène djihadiste. Certaines théorisations focalisent leur attention sur les versants religieux de la dynamique d'enrôlement, tandis que d'autres accordent un rôle structurel aux facteurs sociaux, générationnels, géopolitiques ou encore psychologiques dans la genèse et l'expression de ces dynamiques. La partie qui suit propose de restituer une vision théorique transversale et exhaustive du phénomène, à partir d'une typologie à cinq entrées des processus de djihadisation. Ces cinq processus s'articulent autour de la dévotion, l'émotion, la politisation, la manipulation et la pulsion. Par ailleurs, ces pôles ne sont pas mutuellement exclusifs et peuvent se conjuguer diversement selon les singularités des trajectoires individuelles. Nous identifions également les limites ainsi que les angles morts de chaque paradigme théorique.

Les systèmes explicatifs théologico-religieux : la dévotion

Le salafisme comme antichambre du djihadisme

Pour les tenants de cette approche, le facteur religieux constitue le moteur du phénomène djihadiste. La volonté des jeunes partis rejoindre l'EI se fonderait avant tout sur leur désir de reconstituer un Sunnistan, à travers l'équation « djihad plus hijra égale califat ». Ce paradigme accorde une importance essentielle au corpus théologique qu'il soit d'origine coranique ou « hadithique ». Ainsi, Gilles Kepel interprète ce phénomène comme la résultante d'une « radicalisation de l'Islam ». Selon cette perspective, l'engagement djihadiste s'inscrirait dans un continuum avec certaines pratiques rigoristes de l'islam telles que le salafisme. Certaines conclusions d'enquêtes donnent corps à cette interprétation en évoquant une influence grandissante, voire une véritable prise de contrôle de ces courants sur l'Islam. Bernard Rougier mobilise la notion « d'écosystèmes islamistes » pour rendre compte des modalités par lesquelles les tendances religieuses salafistes ont réussi à imposer leurs visions du monde dans certains territoires urbains. Pour le chercheur, ce sont les lectures religieuses les plus fondamentalistes et les plus conservatrices qui dicteraient leurs normes au sein de ces espaces[1]. D'une certaine manière, le salafisme constituerait l'antichambre naturelle du djihadisme et l'articulation entre les deux relèverait davantage d'une différence de degré que de nature[2]. En conséquence, les auteurs défendant cette grille de lecture insistent sur la nécessaire maîtrise de l'arabe afin de comprendre la littérature produite par les savants musulmans (théologiens, penseurs médiévistes, etc.). Les partisans de cette approche néo-orientaliste défendent en quelque sorte, l'idée de l'existence d'une djihadologie[3]. La lecture de théoriciens musulmans, tels que Moussab Al-Souri ou Abu Bakr Naji, auteurs respectifs de l'*Appel à la résistance islamique mondiale*[4] et de *Gestion*

1. Bernard Rougier, *Les Territoires conquis de l'islamisme*, Paris, Puf, 2019.

2. Gilles Kepel, Antoine Jardin, *Terreur dans l'hexagone. Génèse du djihad français*, Paris, Gallimard, 2015.

3. Calquée sur le modèle de la soviétologie qui préconisait de décrypter le fonctionnement de l'Union soviétique grâce à la connaissance du marxisme et des langues slaves, la djihadologie impliquerait une maîtrise de la langue arabe afin d'accéder aux diverses sources constituant le corpus idéologique. Voir colloque « Introduction à la jihadologie : sources et méthodes », Paris, CERI, 25 janvier 2016. Cette thèse minoritaire dans le champ académique est défendue par des auteurs tels que Bernard Rougier, Gilles Kepel ou encore Romain Caillet.

4. Ouvrage mis en ligne.

de la barbarie[1] permettrait de comprendre les nouvelles stratégies d'un djihadisme de troisième génération (après le djihad Afghan et les mouvances d'Al-Qaïda), axé désormais sur l'usage d'une violence tous azimuts contre les ennemis occidentaux et les régimes impies musulmans. Al-Souri considère que le djihad territorial afghan contre « l'ennemi proche » comme le djihad de Ben Laden contre « l'ennemi lointain » américain n'ont pu aboutir à de grandes mobilisations musulmanes mondiales, par manque « d'implantation sociale ». De plus, il est impossible de détruire ni d'épuiser l'Amérique[2] par quelques coups d'éclat terroristes, et Ben Laden s'est plus ou moins fourvoyé, en accaparant la scène médiatique.

Influencé par de nombreuses lectures sur la guérilla, Al-Souri préconise à partir des années 1990 un « djihad de proximité », individuel, endogène et réticulaire : « *Nizam, la tanzim* » (un système, pas d'organisation), c'est-à-dire un système décentralisé et non une organisation sous forme pyramidale. Cette littérature rédigée par des militants passés par Al-Qaïda, théorise de nouvelles modalités d'action, en promouvant un djihad de proximité, fondé sur des actions violentes à faibles coûts (attaques au couteau, véhicules, etc.). Les actions individuelles présentent le double avantage d'être peu coûteuses et faciles à planifier du point de vue logistique. Les opérateurs ont le choix entre une large variété de cibles dont les membres des gouvernements, les infrastructures économiques (notamment les aéroports), les policiers ou les militaires dans leurs bases ou commissariats, les médias « sionistes », « croisés » ou antimusulmans, les systèmes informatiques, les Juifs et leurs représentations ainsi que les civils rassemblés lors de grands événements, car c'est un moyen d'empêcher les gouvernements d'agir militairement[3]. La stratégie présente également

1. Selon certaines sources, le nom d'Abu Bakr Naji serait le paravent d'un collectif de penseurs, *Gestion de la barbarie. L'étape par laquelle l'islam devra passer pour restaurer le califat*, Versailles, Éditions de Paris, 11 avril 2007.

2. Gilles Kepel, Antoine Jardin, *Terreur dans l'hexagone*, *op. cit.*, p. 64.

3. Extraits du chapitre 8, sections 5 à 7 du *Global Islamic Resistance Call* trouvé à l'adresse suivante : https://archive.org/stream/TheGlobalIslamicResistanceCall/

l'avantage de pouvoir échapper plus facilement au maillage des services de renseignement. Une organisation au fonctionnement pyramidal est plus aisément identifiable qu'une organisation horizontale acéphale.

À l'exception de l'attentat « raté » du stade de France qui visait François Hollande et les attaques informatiques, toutes les cibles citées ci-dessus ont été visées avec succès par les combattants de l'EI. La multiplication des actions individuelles vise d'une part à contourner l'asymétrie du rapport de force militaire entre djihadistes et occidentaux et à déclencher une vague d'islamophobie (l'ennemi est partout), destinée à mettre fin à la « zone grise » des musulmans qui ne prennent pas parti). Stigmatisés et acculés par l'Occident, ces derniers n'auront d'autre choix que de prendre les armes et rejoindre les djihadistes. Ce cycle de violences permettra de générer une spirale de guerres civiles, au cœur même des sociétés occidentales. Internet et les réseaux sociaux ont largement facilité la diffusion des théories d'Al-Souri. Kepel fait de sa stratégie *bottom-up* la cause principale du changement de stratégie opérée par Al-Qaïda et repris plus tard par l'État islamique[1]. De nouveaux acteurs terroristes endogènes émergent et l'hyperterrorisme se nourrit d'actions plus autonomes et plus artisanales.

Le poids des références théologiques

La compréhension de l'idéologie djihadiste passerait également par un décryptage de concepts religieux tel que celui d'*Al-wala wal bara* (alliance et désaveu) qui postule que les musulmans devraient rester loyaux seulement avec leurs coreligionnaires. Mohamed Ibn Abdelwahab (1703-1792) a été en grande partie le promoteur de cette notion, dressant ainsi une

---

The_Global_Islamic_Resistance_Call_-_Chapter_8_sections_5_to_7_LIST_ OF_ TARGETS_djvu.txt

1. Alors que pour Olivier Roy cette réorientation stratégique n'est que le fruit d'une adaptation des groupes terroristes face à la complexité croissante de réaliser des actions de grande ampleur.

frontière entre ce qu'il considérait comme la vraie croyance et le monde des impies. Cette clôture exclut tous croyants ne respectant pas l'orthodoxie intransigeante qu'il prône pour ses disciples. Dans cette configuration, il n'hésite pas à instrumentaliser le *takfîr*, c'est-à-dire à jeter l'anathème contre tous ceux qui ne partageraient pas les dogmes. Ces derniers deviennent ainsi des mécréants (*kuffar*) ou des apostats (*murtaddun*), c'est-à-dire des croyants qui ont renié leur foi. Pour se légitimer, cette doctrine puise amplement dans l'immense corpus des hadiths en sélectionnant précautionneusement les prescriptions les plus à même de renforcer la concrétisation de leur projet califal[1]. Ainsi, la *hijra* qui désigne originellement l'épisode de l'exil du prophète Muhammad de la ville de La Mecque vers Yathrib (devenue Médine après sa résidence), après qu'il eut été physiquement menacé par les riches tribus polythéistes est érigée en obligation pour tout musulman de la planète. De même, l'État islamique n'a pas hésité à argumenter sur le fait que la *hijra* vers le Sham,[2] c'est-à-dire une région correspondant approximativement à l'ancienne Grande-Syrie et à une partie de ses ex-conquêtes territoriales, garantissait l'accès au paradis pour tous les croyants musulmans (et un certain nombre de leurs proches) quels qu'aient pu être leurs religiosités ou la nature de leurs péchés antérieurs.

Fécond pour comprendre le socle idéologico-religieux du salafo-djihadisme, ce paradigme n'en présente pas moins quelques limites. D'une part, l'idée d'un continuum sociologique entre salafisme et djihadisme ne transparaît pas dans l'analyse des trajectoires biographiques des jeunes partis rejoindre l'État islamique. La multiplication des recherches qualitatives sur les soldats de Dieu tend plutôt à mettre en

1. Voir Romain Caillet, Pierre Puchot, *Le combat vous a été prescrit. Une histoire du djihad en France*, Paris, Stock, 2017.

2. L'étymologie arabe de *bilād al-Šām* est à chercher dans la dénomination arabe de « droite » et « gauche ». La notion signifie littéralement « terre de la main gauche » : en effet, pour les Arabes du Hijaz faisant face à l'Est, la terre du Šam se trouve logiquement à gauche. Ainsi, le Yémen, qui se trouve alors à droite, porte un nom qui signifie littéralement « terre de la main droite ».

exergue une relative déconnexion de ces jeunes aux instances de socialisation religieuse chère aux salafistes (mosquées, associations...). La quête d'orthopraxie inhérente aux courants rigoristes n'apparaît pas comme un marqueur saillant des parcours de jeunes partis dans les contrées syro-irakiennes dont beaucoup étaient à peine majeurs et se sont convertis consécutivement à des carrières délinquantes ou suite à des expériences carcérales. De même, si l'on se place dans une perspective quantitative, l'importance du décalage numérique entre le nombre de salafistes présent sur le territoire national (estimé entre 30 000 et 50 000) et le nombre de djihadistes français (entre 1 500 et 2 000) invalide l'idée que le premier courant serait l'antichambre sociologique naturelle du second. En ce sens, si salafisme et djihadisme puisent dans un univers de références communes en termes de corpus idéologique et textuel, ce dernier semble avoir connu un net processus d'autonomisation dans sa variante daechienne[1]. Une autre critique émise contre ce paradigme religieux concerne sa dimension tautologique. En présentant une vision très mécaniste du processus de radicalisation (*les individus deviennent violents car ils suivent une idéologie violente*), il tend à éluder toutes les conditions psychosociales très documentées qui participent à la cristallisation du phénomène. Cette grille de lecture semble plus opératoire pour saisir les profils des doctrinaires et des leaders qui par leurs connaissances religieuses et linguistiques vont fasciner un vivier « d'exécutants » moins outillé du point de vue idéologique et intellectuel. Ce magnétisme des leaders religieux semble se perpétuer jusque dans les prisons au sein desquels ils continuent d'exercer leur pouvoir symbolique à travers des activités de prosélytisme et de conversion[2].

1. Mohamed-Ali Adraoui, « Le djihadisme est en cours d'autonomisation », *Le Monde*, 11 aout 2016.

2. Sur les dimensions empiriques de l'influence prosélyte en milieu carcéral voir le témoignage https://www.youtube.com/watch?v=6MfWAeRqybU

« Chacun sa tombe ! Chacun sa tombe ! »

Notre intervention se déroule au Service pénitentiaire d'insertion et de probation de Seine-Saint-Denis dans le cadre d'un atelier collectif réunissant 8 personnes sous main de justice. Les thèmes d'intervention du jour concernent les sujets « Immigration et colonisation » et sur le thème « Islam et radicalisation ».

Les discussions relatives à la thématique « Islam et radicalisation » tournent principalement autour du triptyque *hijra, djihad* et califat. Au fil des échanges, elles s'orientent progressivement vers le concept de *fitna* qui désigne basiquement la division ou la sédition. L'une des protagonistes du groupe tient à souligner que les musulmans ne doivent jamais être divisés et qu'ils forment une communauté totalement solidaire. Un débat oral s'engage alors autour de ce terme. Bien que je ne sois pas islamologue, je lui fais remarquer que beaucoup de notions religieuses mobilisées par le sens commun renvoient en réalité à des concepts complexes qui ont fait l'objet d'études approfondies par des savants religieux et des chercheurs arabisants ayant consacré de nombreuses années de leur vie à leur décryptage. Je lui précise également que d'une langue à l'autre il n'y a pas forcément de termes exactement équivalents et que chaque langue véhicule un imaginaire, un univers et des subtilités culturelles qui lui sont propres. Je cite notamment les travaux du linguiste et islamologue Mohamed Bajrafil qui intervient régulièrement auprès de ces publics. Pour illustrer mon propos, je lui rappelle que certains passages du Coran définissent la famille comme une *fitna*, c'est-à-dire une source de tensions. Le noyau familial étant sacré dans la culture islamique, la *fitna* peut donc dans certains cas faire référence à d'autres réalités que la simple idée, négativement connotée de sédition. Mais le ton de la discussion monte très rapidement. La jeune fille semble piquée par le fait que je lui rappelle que sa non-maîtrise de la langue arabe est un frein à la pleine compréhension de l'univers culturel arabo-musulman. À la suite de cela, elle me rétorque de façon véhémente que chacun devra rendre des comptes au moment final de sa mort et clôt la discussion de manière très péremptoire par les termes : « Chacun sa tombe, chacun sa tombe ! » Réaction faisant vraisemblablement référence à des lectures religieuses très en vogue parmi certains segments de la jeunesse musulmane et qui portent sur les descriptions détaillées des supplices réservés aux pêcheurs et aux mécréants[1]. Nous décidons avec le responsable de projet de ne pas aller plus loin dans cet échange tendu afin de maintenir la bonne continuité de l'atelier.

Carnet d'enquête, SPIP milieu ouvert, Saint-Denis, 11 juin 2021.

« Le voile à 18 ans c'est déjà trop tard ! »

L'intervention se déroule devant un petit groupe de 4 personnes au sein du QPR (quartier prévention de la radicalisation) de la prison de la Santé à Paris. Je délivre une conférence pour le compte de l'Institut d'études de l'islam et des Sociétés du monde musulman missionné pour intervenir auprès de ce public. À travers cette séance, je présente différents paradigmes explicatifs sur les racines de la radicalisation. Deux schémas explicatifs font consensus dans le groupe. Le premier tient aux justifications religieuses de leur comportement. Le second tient à la dimension politique de leurs actions. Ils justifient la légitimité de l'usage de la violence par des arguments religieux et géopolitiques. Le passage à la lutte armée est acceptable si elle vise à protéger des coreligionnaires des logiques de domination protéiformes qu'exercent des non-musulmans sur l'Oumma. La discussion tourne également autour de la laïcité et du port du voile. La laïcité et l'interdiction du port du voile sont clairement perçues comme des lois antimusulmanes. Je précise que la loi n'est pas islamophobe et qu'elle vise principalement à protéger les mineurs des formes de pression que pourrait exercer sur eux un environnement familial ou résidentiel coercitif. Ils s'opposent collectivement à mon propos. L'un d'eux soutenu par le groupe

1. Parmi les ouvrages les plus diffusés citons notamment Abd Azîz Ibn Abd Allah Ar-Râjihî, *Le Châtiment de la tombe*, Al-Bayynah, 2017 ; Husayn Yaqub Mohammad, *Demain la tombe*, Ed Al-Madina, 2006 ; Ibn Taymyya, *La Tombe et ses supplices*, Al-Bouraq, 1998.

dressa un parallèle entre liberté religieuse et liberté sexuelle. Plusieurs soulignent que la loi française considère qu'une mineure de 15 ans est suffisamment mature pour avoir des relations sexuelles avec un adulte mais insuffisamment mature pour se couvrir les cheveux au nom de principes religieux. Je suis quelque peu étonné par cet argument inattendu et recentre la discussion sur l'objectif de neutralité du principe de laïcité en rappelant qu'après 18 ans et dans l'enseignement supérieur les filles sont libres de porter les signes religieux qu'elles souhaitent. L'un des membres du groupe ajoute « qu'à 18 ans il est déjà trop tard ».

Carnet d'enquête, quartier prévention de la radicalisation, Centre pénitentiaire de Paris La Santé.

« Je suis partie vivre sous le califat »

Aurelia a quitté la France avec sa famille : « Je suis partie dans le Sham car je suis musulmane et l'obligation d'un musulman est de vivre dans un État islamique ou les lois appliquées sont la charia. Le califat a été déclaré en juillet et notre but est de vivre dans l'obéissance à Allah le plus loin possible des péchés pour ne pas plus pervertir notre âme. Ma religion ne me dit pas de vous renier si vous n'êtes pas musulmans mais de vous renier si vous êtes contre les musulmans ou si vous insultez ma religion donc chacun son idée. Si des gens meurent pour ceux qui prennent les décisions chez vous c'est que chez nous depuis plus d'un an c'est minimum 100 personnes par jour qui meurent pour la décision de vos dirigeants et je ne parle pas de combattants mais de civils. Donc un moment c'en est assez, il faut que ça cesse. C'est ceux qui prennent la décision de guerre les criminels je ne signale pas ceux qui se défendent, comme si on allait reprocher à des juifs d'avoir tué des Allemands pendant la Seconde Guerre mondiale. Pour que ça s'arrête faut que la France arrête de bombarder l'État islamique et se retire de la coalition c'est tout simple chez nous chacun vit sous sa propre religion les chrétiens etc. s'ils ne nous combattent pas on les laisse tranquille. Ça a toujours été comme ça dans la charia mais encore faudrait-il s'y intéresser pour le savoir. Je serai triste de votre destination comme je suis triste pour ma mère, je fais des prières pour votre guidée. »

Extrait d'échanges sur le réseau social Facebook entre un père et sa fille partie faire la hijra à Rakka

Les approches sociogénérationnelles : l'émotion

Une « islamisation de la radicalité »

D'autres approches s'opposent vigoureusement à cette lecture théologico-religieuse en faisant de la radicalité sociale le moteur principal du phénomène. Reprenant une formule d'Alain Bertho, Olivier Roy parle « d'islamisation de la radicalité ». Selon l'auteur, la majorité des djihadistes partis nourrir les rangs de l'État islamique n'avaient pas de réelle socialisation islamiste ou salafiste. Selon cette perspective, le facteur religieux apparaît plus comme un vernis qu'une structure et les viviers sociologiques salafistes et djihadistes se caractériseraient davantage par une césure que par un continuum. Les collectes des données biographiques relatives aux parcours des djihadistes tendent à mettre en exergue une relative déconnexion de ces jeunes aux instances de socialisation religieuse chère aux salafistes (mosquées, associations, etc.). La quête d'orthopraxie inhérente aux courants rigoristes n'apparaît pas comme un marqueur des parcours de jeunes. Beaucoup étaient de jeunes majeurs qui ont rejoint les contrées syro-irakiennes peu de temps après leur conversion religieuse. Rik Coolsaet abonde dans ce sens en soulignant :

> En 2015, le juge d'instruction français Marc Trévidic signalait que « La religion n'est pas le moteur de ce mouvement et c'est ce qui fait sa force ». Il avait constaté que « ceux qui partent faire le djihad agissent à 90 % pour des motifs personnels : pour en découdre, pour l'aventure, pour se venger, parce qu'ils ne trouvent pas leur place dans la société, … Et à 10 % seulement pour des convictions religieuses : l'islam radical ». Europol a fait le même constat après les attentats en France en 2015 : comme moteur de mobilisation djihadiste, la religion

> est devenue de moins en moins importante. Contrairement à la génération al-Qaïda, la génération Daech le plus souvent n'a retiré de l'Islam que quelques concepts et slogans à l'emporte-pièce, suffisant pour donner un sens et un semblant de justification à leur démarche. Ce fut aussi la conclusion de Pierre Hendrickx, président du tribunal correctionnel à Bruxelles, lors du jugement de la cellule terroriste de Verviers (responsable d'un attentat avorté en janvier 2015). Hormis deux d'entre eux, aucun des protagonistes ne disposait d'une connaissance solide de l'islam ou même d'une pratique religieuse régulière. Leur comportement allait à l'encontre des « préceptes de l'Islam partagés et respectés par l'immense majorité des musulmans. [...] Leurs mobiles prétendument religieux apparaissent donc comme de purs prétextes pour se livrer à des actes violents sous le glacis autojustifiant d'une religiosité très superficielle »[1].

Pour résumer, l'islam de ces militants de l'EI apparaîtrait davantage comme un vecteur d'expression que comme une structure solidement constituée.

La haine du père

Pour Olivier Roy, qu'ils soient des convertis ou des héritiers de l'immigration de culture musulmane, ces jeunes se retrouvent dans une révolte générationnelle, rompent avec leurs parents et ce qu'ils représentent en termes de culture et de religion. Ils parlent français, partagent la même « culture jeune » et vaquaient aux mêmes occupations, rap, alcool, discothèques avant leur radicalisation. Ils « fricotent » assez souvent avec la petite délinquance et la prison. Jusque dans leur attitude et leur allure, ils sont plus proches des jeunes de leur temps, insérés dans une culture occidentale globalisée, que des salafistes dont ils ne portent presque jamais les attributs, hormis la barbe parfois. La *taqiyya*, ou dissimulation, prônée par les théoriciens du djihad, n'est jamais appliquée, car les jeunes radicalisés revendiquent pleinement leur nouvelle condition sur les réseaux sociaux.

1. Rik Coolsaet, « Terrorismes et radicalisations à l'ère post-Daech », art. cité, p. 330.

Autre facteur notable, les djihadistes français sont décalés par rapport à leur environnement parental, d'où la fréquente stupéfaction de leur entourage proche, voire leur scepticisme initial. C'est une radicalisation qui se cristallise à l'extérieur du milieu familial, à l'opposé, donc d'un processus communautaire. La plupart se considèrent comme convertis, qu'ils soient issus d'un milieu musulman ou non, c'est-à-dire que même lorsqu'ils ont évolué dans un espace familial où les valeurs islamiques constituaient déjà la norme, leur nouvelle religiosité est vécue comme une rupture. Ils se rallient à un islam qui leur permet une rupture religieuse, mais surtout générationnelle, culturelle et politique. Cette opposition anthropologique et culturelle trouve un terreau particulièrement fertile parmi la jeunesse issue de l'immigration postcoloniale. Issus le plus souvent des zones rurales pauvres des anciennes colonies, leurs parents ont été souvent socialisés dans des environnements culturels de tradition orale et une religion musulmane relativement poreuse au syncrétisme et aux emprunts culturels (malékisme maghrébin, maraboutisme africain). Leur langue parlée est un arabe dialectal, ou toute langue vernaculaire, éloigné du prestige symbolique que véhicule l'arabe littéraire des grands savants religieux. À l'opposé, la génération des enfants a grandi à la périphérie des grandes villes industrielles et a reçu une éducation occidentale.

Considérés dans les années 1960 et 1970 comme une main-d'œuvre idéale, car docile et bon marché, de nombreux pères ont été progressivement déclassés à la suite des grandes vagues de délocalisation industrielle des années 1990 et 2000. Incapables de subvenir aux besoins familiaux, leur dégradation sociale a engendré un effondrement symbolique de la figure paternelle dans la sphère familiale. L'identité du père étant fondamentalement associée à sa fonction professionnelle. Parfois, et à l'instar de ce qu'observent les sociologues de la délinquance, le père est tout simplement absent (divorcé, décédé...). Farhad Khosrokhavar qualifie ces configurations familiales marquées par le déclin de la figure paternelle de foyers « décapités ». Dans tous les cas, la binarité (culturelle/symbolique) entre la génération des parents et celle des enfants représente un terrain propice pour les processus d'altérisation. Dès lors, les jeunes vont rechercher des contre-modèles symétriques, destinés à contrebalancer ce sentiment de déclassement symbolique. L'islam oral et « folklorique » des parents est rejeté au profit d'un islam « pur » et une orthopraxie nourrie des textes et vidéos de savants musulmans.

Pour Olivier Roy, cette rupture intergénérationnelle prend la coloration d'une opposition idéologique, comparable à celle qui prévalait entre les militants allemands d'extrême gauche (Bande à Baader) et la génération de leurs parents qu'ils tendaient à déprécier voire à mépriser en raison de leurs accointances supposées avec le régime national socialiste ou de leur passivité, face à l'exploitation économique que subissaient les masses ouvrières. Ancien djihadiste, David Vallat résume ainsi cette tension intergénérationnelle : « L'islam de ton père, c'est celui que les colons ont laissé, l'islam de ceux qui courbent l'échine et qui obéissent. Nous, notre islam, c'est celui des combattants, du sanglant, du résistant[1]. » Pour ces raisons, il serait vain de chercher à proposer un « islam modéré » à ces acteurs car, par définition, c'est la radicalité elle-même qui les attire. Un apprenti djihadiste interrogé par des fonctionnaires de police avait déclaré : « Moi, le Coran, je m'en tape, ce qui m'intéresse, c'est le djihad[2]. » Cette déclaration, qui passerait pour blasphématoire pour la plupart des musulmans, résume en partie l'état d'esprit qui domine de nombreux combattants. Plus que la connaissance des références coraniques, c'est la soif de violence qui constitue le moteur de leur engagement. Le rapport à la mort est un autre indicateur de rupture avec la galaxie salafiste traditionnelle. À l'instar des autres monothéismes, le suicide est fermement condamné par l'immense majorité des croyants, alors qu'il est assumé dans la plupart des attaques terroristes. Souvenons-nous des propos de Mohamed Merah encerclé par les policiers du RAID et indiquant au négociateur « aimer la mort comme lui aime la vie », justifiant ainsi son désir de mourir. Dans toutes les opérations terroristes (*Charlie*

1. David Vallat, *Terreur de jeunesse*, Paris, Paris, Calmann-Lévy, 2016, p. 31.

2. Interview de Peter Harling, « Moi, le Coran, je m'en tape », RTL Info Belgique, 27 novembre 2015, https://www.rtl.be/info/monde/france/-moi-le-coran-je-m-en-tape-les-jeunes-djihadistes-dirige-par-une-soif-de-violence-pas-par-l-islam-774457.aspx

Hebdo, Bataclan, etc.), la mort est systématiquement programmée. Cette fascination pour la mort et si possible une mort hypermédiatisée, structure profondément l'identité et les aspirations de cette génération de djihadistes[1]. Merah portait une caméra GoPro fixée sur sa poitrine au moment de ses exactions. Les frères Kouachi visionnaient la chaîne d'information en continu BFM TV lors de leur encerclement par les gendarmes du GIGN. Pour Roy, l'effondrement des idéologies d'extrême gauche a érigé le djihadisme en seule véritable idéologie de contestation globale, face aux logiques de domination occidentale.

Le modèle théorique de Farhad Khosrokhavar se rapproche de ce paradigme en rappelant que la radicalisation djihadiste résulte souvent d'un processus de « sacralisation de la haine[2] ». L'absence d'utopie fédératrice et la crise du modèle républicain laissent le champ libre à toute idéologie susceptible de proposer un horizon ou une transcendance. Les sentiments d'humiliation et de vengeance apparaissent comme des éléments moteurs dans ces processus. L'expérience carcérale et les voyages initiatiques vers les divers théâtres du djihad (Afghanistan, Yémen, Syrie...) vont souvent contribuer à renforcer les convictions des combattants. La volonté d'acquérir une posture héroïque, même négative, est un carburant et un marqueur récurrent des parcours des radicalisés. Ces systèmes explicatifs se rejoignent dans le sens où les acteurs vont chercher à adopter une grille de lecture du religieux qui fait écho à un ressenti intime, caractérisé par le ressentiment et le désir de vengeance. Dans ces conditions, il n'est pas si surprenant de voir de nombreux djihadistes être passés par des établissements pénitentiaires. L'adhésion aux thèses djihadistes est souvent postérieure à des trajectoires familiales et sociales complexes génératrices de failles protéiformes[3] (identitaires, narcissiques, affectives). Le discours djihadiste dans sa déclinaison daechienne a la faculté de catalyser ces frustrations

1. Olivier Roy, *Le Djihad et la Mort*, Paris, Seuil, 2017.

2. Farhad Khosrokhavar. « Qui sont les jeunes jihadistes français ? », *Rhizome*, 59/1, 2016, p. 69-73.

3. Elyamine Settoul, « Kelkal, Merah, Kouachi, ces grenades françaises que l'Islam radical dégoupille », *Mediapart*, 19 janvier 2015.

et de redonner un espace de sens en désignant simultanément un responsable des échecs et en proposant un horizon sacralisé. L'adhésion idéologique transforme miraculeusement la haine de soi en haine de l'autre et érige le *loser* sans relief, victime passive de la justice des hommes, en soldat de la justice divine.

L'approche sociogénérationnelle s'avère particulièrement féconde pour saisir le profil sociologique type du djihadiste « exécutant ». D'un autre côté, elle semble moins opératoire pour définir les profils des « cerveaux » c'est-à-dire des cadres, certes minoritaires, chargés de concevoir les stratégies d'embrigadement et de mettre en place les filières de recrutement. L'arsenal idéologique extrêmement élaboré déployé par les propagandistes de l'EI tend également à être sous-mobilisé dans la compréhension du processus d'enrôlement. De même, si les grands médias occidentaux ont insisté sur les images les plus violentes et les plus sanguinaires relayées par l'EI, il faut garder à l'esprit que la grande majorité de la communication produite par l'organisation n'était pas axée sur la radicalité mais plutôt sur la banalité et la licéité de la vie sous le califat. Enfin, ce paradigme interprétatif tend à présenter le djihadisme comme un choix presque contraint ou comme la dernière idéologie disponible sur le marché de la contestation radicale[1]. Or, d'autres mouvances contestataires appellent à une remise en cause radicale de l'ordre établi et des politiques de domination impérialiste, néocoloniales (altermondialisme, etc.).

« Ce que j'aime, c'est la baston ! »

L'entretien que nous menons avec le détenu se fait en compagnie de l'aumônier musulman de la prison. Le prisonnier arrive après nous handicapé par une blessure à la jambe (coup de pied-de-biche reçu au niveau du mollet selon ses propos). Le jeune a été condamné pour plusieurs faits de bagarres sur la ville d'Orléans d'où il est originaire. Il se révèle très prolixe sur ses histoires et embrouilles de quartier. Il arrive avec deux ouvrages

1. Catherine Calvet, Anastasia Vécrin, interview d'Olivier Roy, « Le djihad est aujourd'hui la seule cause sur le marché », *Libération*, 3 octobre 2014.

sous le bras, un extrait du Coran ainsi qu'un petit livret relatif au bon comportement du prophète. Il discute de ces lectures avec l'aumônier qui les approuve mais lui suggère également d'élargir son champ d'intérêt et sa curiosité à d'autres lectures. Le jeune avoue être réfractaire à toute autre lecture : « Les lectures religieuses et la lecture de manière générale c'est pas trop mon truc. » Le détenu fait preuve de forfanterie, déroulant devant nous ses multiples « exploits » de quartier, bastons, crainte qu'il inspire à l'extérieur mais aussi à l'intérieur des murs de la prison : capacité à influencer les surveillants de la pénitentiaire (notamment à Saran près d'Orléans), facilité à obtenir des téléphones dans divers établissements. L'aumônier l'écoute attentivement puis lui prodigue quelques conseils sur la nécessité de canaliser sa violence mais ses paroles semblent stériles face à l'immaturité du jeune. Il évoque un ouvrage, *Cauchemar de la mécréance*[1], comme preuve de la nécessité de se rattacher à Dieu. Il insiste sur l'importance de la religion mais tout se passe comme s'il y avait déconnexion entre les orientations religieuses professées par l'aumônier qu'il dit vouloir sincèrement respecter et sa forte appétence pour l'action et la violence. Cette situation finit par nous plonger dans une sorte de malaise (de l'aumônier et de moi-même). Nous nous séparons du détenu en ayant le sentiment de n'avoir plus rien à nous dire. En sortant de la pièce, j'échange brièvement avec l'aumônier et nous partageons l'intime conviction que ses conseils n'ont eu aucun effet sur ce jeune.

Carnet d'enquête, Centre pénitentiaire du Craquelin, Châteauroux.

Le goût des vidéos violentes

Jean-Daniel Bons a grandi à Cayenne en Guyane. Sa conversion à l'islam s'est faite après l'obtention de son baccalauréat lorsqu'il a rejoint son demi-frère Nicolas dans la ville de Toulouse afin de s'inscrire en BTS Comptabilité. Son demi-frère a été à

1. https://www.iqrashop.com/Le-cauchemar-de-la-mecreance-Harun-Yahya-Livre-livres-Islam-Occident-p2205-.html

l'origine de sa conversion religieuse : « Il était fasciné par les sports et avait développé une dépendance pour les vidéos de guerre et de violence mises en ligne par Daech. Nicolas l'incitait aussi à regarder des vidéos de torture de Guantanamo. Il pouvait passer des nuits entières à les regarder ça ne le dérangeait pas au contraire. La religion pour lui c'était assez secondaire contrairement à son demi-frère. Lui, c'était plus l'action qui le motivait. »

Entretien réalisé avec Dominique Bons, Toulouse, ancienne sous-officier des armées.

Les interprétations en termes de militantisme politique : la politisation

La violence comme réponse à l'impérialisme occidental

D'autres chercheurs décentrent leur regard en mettant l'accent sur les ressorts politiques et géopolitiques du phénomène. Selon ces interprétations, les deux paradigmes précédemment évoqués (dévotion, émotion) tendent à dépolitiser les motivations des acteurs impliqués dans ces mouvances. Or, pour les tenants de cette approche, les violences terroristes dont sont victimes les sociétés occidentales ne seraient que la résultante de logiques de domination impérialiste et néocoloniale. Pour les défenseurs de l'approche politique, ces formes de domination se déploient tant du point de vue international, à travers l'interventionnisme « abusif » des puissances militaires occidentales au sein de pays arabo-musulmans qu'à l'échelle nationale avec les phénomènes de discrimination que subissent les populations identifiées comme arabo-musulmanes[1]. La relative impunité dont jouit Israël dans le processus de colonisation des territoires

1. François Burgat, « Djihadisme : Kepel et Roy oublient l'essentiel. Une troisième voie est nécessaire », *L'Obs*, 7 juillet 2016 ; id., *Comprendre l'islam politique. Une trajectoire de recherche sur l'altérité islamiste, 1973-2016*, Paris, La Découverte, 2016.

palestiniens, la « falsification » de preuves destinées à justifier des interventions militaires (Colin Powell en 2003 au Conseil de sécurité de l'ONU) ou encore « l'ingérence déstabilisatrice » des puissances occidentales dans les affaires intérieures de nations majoritairement musulmanes (Afghanistan, Libye) produiraient nécessairement des sentiments d'indignation et d'humiliation. Ceux-ci finissent par engendrer des formes de contre-violence.

Selon cette perspective, le djihadisme ne serait qu'une réponse aux formes de violences physiques et symboliques exercées par les puissances occidentales, à l'égard de ces sociétés depuis des décennies, voire des siècles si l'on remonte aux périodes des croisades. L'usage du slogan « Vos guerres, nos morts », visant à pointer le cynisme des nations dominantes dans le jeu politique international reflète précisément cette corrélation. Pour les tenants de cette lecture néocoloniale, les logiques de domination affectant les nations musulmanes se déploient également en occident et en particulier en Europe où les stigmatisations à l'encontre des minorités musulmanes connaissent, à des degrés variables, un fort développement. Les formes de relégation sociale, territoriale ou symbolique qu'expérimentent les citoyens de confession musulmane (ou identifiés comme tels) constituent un terreau propice à la marginalisation et au repli identitaire. En France, les débats périodiques et souvent « houleux » autour de l'application du principe de laïcité en sont un exemple particulièrement illustratif. Les mouvements populistes/nationalistes qui instrumentalisent les thématiques identitaires et ethnicisent les enjeux sociétaux tendent à se développer un peu partout en Europe. Ces derniers ciblent de plus en plus les populations d'origine extra-européenne ou musulmane en les présentant comme la source de problématiques sociales protéiformes (insécurité, chômage, radicalisation, etc.) et en les marginalisant des communautés nationales[1]. Pour Burgat, cette mise en périphérie traduit un dysfonctionnement des mécanismes de la représentation

1. La crise migratoire des années 2010 a été révélatrice de cette tendance. Certains États européens n'ont pas hésité à effectuer une distinction entre réfugiés musulmans et non musulmans dans leur politique migratoire.

politique[1]. Les chercheurs défendant une lecture politisée du phénomène s'intéressent également au militantisme et aux trajectoires des acteurs djihadistes. Les réactions de certains anciens militants d'Action directe sont à cet égard assez révélatrices de la pertinence d'une approche comparative. Ex-dirigeant du groupe d'extrême gauche Action directe, Jean-Marc Rouillan n'avait pas hésité à tenir des propos laudateurs à l'égard des auteurs de l'attentat de *Charlie Hebdo*, soulignant qu'« Ils s'étaient battus très courageusement[2] ».

Selon cette perspective théorique, Xavier Crettiez appelle à désessentialiser le phénomène djihadiste en identifiant des parallèles avec d'autres mouvances telles que les groupes ethnonationalistes (Corses, ETA Basque) ou les mouvements d'extrême gauche (Action directe...). À rebours des représentations dominantes, les approches en termes d'engagement politique démontrent que certains djihadistes ont bénéficié d'une socialisation militante construite à travers des voyages au sein de pays musulmans (Égypte, Yémen, Pakistan...), pérégrinations au cours desquelles ils se lançaient dans des apprentissages théoriques (langue arabe, sciences islamiques) ou pratiques (sport de combat, maniement des armes...). À l'instar des militants basques qui se présocialisaient dans le syndicalisme lycéen ou étudiant, ces séjours à l'étranger leur ont permis de se confronter à des militants plus aguerris et d'aiguiser leurs connaissances politiques et géopolitiques.

Le califat comme projet révolutionnaire

La pleine compréhension des lectures politisées des dynamiques djihadistes implique également de se décentrer et de prendre en considération la perspective de l'Autre, du musulman vivant dans un contexte majoritairement islamique. Si les

1. Assemblée nationale, *Mission d'information sur les moyens de Daech*, Rapport d'information n° 3964, Audition de François Burgat, 12 janvier 2016.

2. Propos qui lui ont valu une condamnation judiciaire pour apologie de terrorisme.

médias occidentaux ont mis l'accent sur les dimensions les plus archaïques de l'EI, il faut également tenter de saisir ce qu'il revêt dans l'imaginaire d'une partie des sociétés majoritairement musulmanes. Le projet politique de l'EI a été perçu comme une alternative et une utopie de bonne gouvernance permettant de se défaire des impasses de l'autoritarisme. La cyberpropagande et les réseaux sociaux ont promu le califat comme un modèle de gouvernance idéal, un système porteur d'égalitarisme, de fraternité, des valeurs aux antipodes de la corruption endémique et de l'absence de perspectives qui caractérisent nombre de sociétés arabo-musulmanes. Scott Atran rapporte dans ce sens que le succès de l'EI tient en grande partie à sa dimension révolutionnaire et à sa capacité à répondre aux aspirations de pans entiers de la jeunesse musulmane. Il souligne :

> Si l'État islamique avance dans diverses régions en difficulté, c'est pour une raison simple : il ne se borne pas à promettre un changement révolutionnaire, il le met en action. Il renverse l'ordre politique et économique, en suivant, pour la conduite de la société, un code moral radicalement différent[1].

En ce sens, il invite à appréhender cette volonté d'édification d'une nouvelle société sur un mode positif. Les bâtisseurs de ce projet révolutionnaire sont aussi des artisans de l'Histoire qui instrumentalisent la nostalgie d'un glorieux passé afin de construire un monde nouveau, d'abolir les frontières coloniales et de se libérer du joug occidental. Spécialiste du monde ouvrier et des quartiers populaires, Éric Marlière évoque également ce monde nouveau en identifiant les lignes de continuité entre le communisme et Islam. Pour le sociologue, le succès du djihadisme s'explique par sa capacité à se poser en nouvelle idéologie des « damnés de la terre » et précise que si la violence politique a changé de support idéologique (communisme *vs* Islam), elle n'a pas changé de programme. Il repère plusieurs dénominateurs communs entre les deux projets idéologiques. Outre la volonté

1. Scott Atran, *L'État islamique est une révolution*, Paris, Les Liens qui libèrent, 2016.

commune de mettre fin aux injustices, ils partagent un projet messianique d'émancipation de l'homme :

> Les enjeux messianiques proposés par la théologie musulmane peuvent constituer un élément fédérateur face aux discriminations pour de nombreux jeunes dits « de cités », mais aussi pour d'autres jeunes appartenant à des milieux plus aisés lorsque l'avenir paraît sombre. L'islam proposerait un nouveau grand récit universel dans lequel les hommes seraient départagés uniquement à travers les actes d'adoration envers leur créateur et non par la sélection sociale opérée par les institutions, que beaucoup de jeunes estiment biaisées. L'islam partage donc avec le communisme un projet messianique d'émancipation de l'homme : émancipation de l'exploitation économique et des rapports de domination de la bourgeoisie par le communisme, délivrance de la corruption, de la tromperie et de la duperie des élites associées au diable par l'islam[1].

Le paradigme politique a le mérite de désessentialiser la cause djihadiste et de démontrer que, contrairement à une certaine vulgate, il n'y a pas de spécificité islamique irréductible. En identifiant des lignes de convergence avec des formes d'activisme puisées dans d'autres territoires idéologiques (séparatismes, ultra-gauche...), il met en lumière certains ressorts essentiels des mobilisations. L'analyse des parcours biographiques de certains combattants témoignent à l'évidence de l'existence de processus de politisation qui sont d'autant plus intéressants à déchiffrer qu'ils demeurent souvent inexplorés voire éludés par les pouvoirs publics[2]. Elle présente néanmoins quelques angles morts. D'une part, il est possible de se demander si cette vision mécaniste (violence/contre-violence) ne tend pas justement à surpolitiser les vecteurs conduisant au départ des jeunes dans ces contrées. Si le djihadisme est une contre-violence en réaction aux politiques agressives de certaines puissances

1. Éric Marlière, « Du communisme à l'islam. Réflexions sur la violence politique », *Esprit*, 12, 2019, p. 97-104.

2. Les bibliographies relatives à la documentation institutionnelle (CIPDR...) tendent également à refléter cette tendance à dépolitiser les processus d'engagement djihadiste.

occidentales, comment expliquer que même des nations réputées peu enclines à toute forme d'interventionnisme et d'ingérence militaire au sein de l'espace arabo-musulman ont été également la cible de ces violences ? Des pays comme la Suède (Stockholm, 2017), la Norvège (Konsberg, 2021) ou encore le Canada (Toronto, 2006 ; Ottawa, 2014 ; Saint-Jean-sur-Richelieu, 2014 ; Edmonton, 2017) ont été victimes d'attaques djihadistes. Par ailleurs, la plupart des travaux sociologiques ont établi une forte corrélation entre le niveau d'instruction des individus et leur degré de politisation. De manière générale, plus le capital culturel des individus est faible et plus leur sentiment d'incompétence politique tend à augmenter. Or, les rares cartographies quantitatives disponibles sur la sociologie des djihadistes français mettent en relief une population très faiblement qualifiée du point de vue scolaire[1]. Les fréquentes situations de décrochage scolaire interrogent sur leur degré de connaissance réelle des enjeux souvent complexes qui structurent le Moyen-Orient. Par conséquent, même si les investigations sociologiques précitées ont pu mettre en exergue l'existence d'un discours politico-idéologique plus ou moins élaboré, les caractéristiques sociales et les modes de socialisation de la majorité des djihadistes français de l'EI[2] n'en font pas des militants politiques classiques. Cette grille de lecture tend à surpolitiser un enrôlement qui, dans nombre de cas, relevait basiquement de logiques grégaires, de désir d'escapisme ou d'effet d'émulation entre *bunch of guys*[3] issus de mêmes territoires (fratrie, copains de quartiers...). Pour le dire autrement, les militants véritablement politisés semblent numériquement marginaux. Ce constat n'empêche en rien l'expression de positionnements politiques ou d'une rhétorique

1. C'est ce que traduit notamment l'étude de Marc Hecker, « 137 nuances de terrorisme. Les djihadistes de France face à la justice », *Études de l'Ifri. Focus stratégique*, 79, avril 2018.

2. Sur ce sujet, il semblerait que l'échantillon de l'étude menée par Xavier Crettiez sur les djihadistes français incarcérés traduise une surreprésentation de combattants liés à Al-Qaïda (au détriment de l'EI).

3. Marc Sageman, *Leaderless Djihad : Terror Networks in the Twenty-First Century*, Philadelphie, University of Pennsylvania, 2008.

de la vengeance développée *via* des lectures ou à travers le visionnage de sites Internet.

Autre élément, les données sociologiques disponibles ne démontrent pas de fort ancrage postcolonial. Nombre de combattants partis se battre dans les contrées syro-irakiennes sont des convertis (30 %) dont les parcours de vie étaient parfois très éloignés des expériences de discriminations vécues par les descendants de l'immigration postcoloniale (pauvreté, racisme, contrôle au faciès, etc.). La faiblesse du marqueur colonial s'exprime encore dans le fait qu'aucune investigation sociologique n'a pu mettre en exergue une quelconque surreprésentation des Franco-Algériens, immigration de loin la plus concernée par les contentieux mémoriels, liés à l'héritage colonial. Enfin, le rapport au conflit israélo-palestinien, si central dans les griefs exprimés par le militantisme anti-impérialiste, est également intéressant à analyser. Lors des combats armés, le contingent international de l'EI s'est *de facto* retrouvé à lutter contre les ennemis chiites du Hezbollah proches de Bachar el-Assad, lesquels constituent dans le même temps la seule force militaire susceptible de perturber la suprématie militaire israélienne dans cette région. Enfin, on remarquera que l'État d'Israël a été relativement épargné par le terrorisme global prôné par l'EI[1].

Lorsque le fondateur d'Action directe parle des « militants » de l'EI

André Olivier, ex-militant et membre fondateur d'Action directe, est incarcéré depuis 1987. Responsable de la petite bibliothèque de la maison centrale de Saint-Maur près de Châteauroux, il est amené à côtoyer des codétenus condamnés pour des actions en lien avec le terrorisme. Lorsque nous le questionnons sur sa perception de l'organisation de l'État islamique, il revendique ouvertement une certaine connivence avec

1. L'une des rares attaques contre l'État Hébreu s'est produite sur le plateau du Golan en novembre 2016.

la cause djihadiste qu'il justifie ainsi : « Avec l'EI, nous avons un ennemi commun qui est l'État français et sa politique néocoloniale. Là où nous divergeons c'est au niveau de la méthode. Les militants de l'État islamique usent d'une violence tous azimuts contre les citoyens qui finit par être contre-productive puisqu'elle finit par solidariser ces derniers avec l'État. Nous considérons de notre côté que le véritable ennemi c'est l'État et seulement l'État. » Ainsi, si le militant d'extrême gauche ne partage pas la doctrine de l'ultra-violence prônée par l'organisation djihadiste, il n'en reconnaît pas moins certaines affinités en termes d'objectifs.

Carnet d'enquête, Maison centrale de Saint-Maur.

Combattre l'impérialisme occidental !

Ibrahim a d'abord fréquenté le mouvement quiétiste Tabligh[1] dans une mosquée parisienne. Par la suite, il s'est rapproché des mouvances salafistes qu'il trouvait plus stimulantes du point de vue intellectuel : « Les salafistes discutent de tous les sujets et recherchent beaucoup plus la science que les tablighis. Ils analysent tous les thèmes de la société et même la politique et c'est ce qui m'attirait aussi. » Après un périple qui le conduit notamment au Caire et au Yémen, il s'intéresse de manière croissante aux enjeux géopolitiques qui traversent l'espace arabo-musulman. Il affirme avoir lu certains ouvrages de François Burgat décryptant les logiques de domination occidentale à l'intérieur du monde musulman. Appréhendé et torturé par les forces de sécurité égyptiennes, il est finalement extradé en France où il est incarcéré. Après 18 mois de prison, il décide de rejoindre le groupe AQMI (Al-Qaïda au Maghreb Islamique) au nord du Mali

1. Le *Tabligh* est un mouvement de revivalisme islamique créé en 1927 par le théologien indien Muhammad Ilyas dans les Indes britanniques. Il est fondé sur six principes : la croyance en un Dieu unique, Allah ; la prière avec concertation et dévotion ; la science et le rappel perpétuel de Dieu ; l'amour et la générosité envers toutes les créatures ; le bien et l'intention sincère ; et la prédication. Son credo repose sur l'idée essentielle que le missionnariat religieux est le moyen le plus efficace de faire « revenir » le musulman à l'islam.

où, dit-il, « les armées françaises "néocoloniales" ont débuté une opération militaire ».

Carnet d'enquête, Maison centrale de Saint-Maur

Forsane Alliza : Pour que les musulmans retrouvent leur dignité !

Mohamed est membre du groupe Forsane Alliza (« Les Cavaliers de la fierté »), groupuscule islamiste créé en 2010 et dissous en 2012. Les actions de leurs militants consistaient essentiellement en des manifestations pour dénoncer ce qu'il appelle la criminalisation des femmes voilées, la politique menée par Nicolas Sarkozy, la politique israélienne et de manière plus générale les discriminations vécues par les musulmans. Mohamed critique aussi la docilité de ces derniers. Il déclare : « Ce qui m'a écœuré, c'est cette forme d'à-plat-ventrisme que j'ai vu au sein de la communauté musulmane. Des pseudo-citoyens qui baissent toujours la tête pour essayer d'obtenir des miettes de droits, vis-à-vis de l'État. C'est cette attitude de révérence vis-à-vis d'une population qui serait sur l'échelle de la société, plus légitime de vivre dans ce pays, plus légitime à accéder au bonheur, tout simplement, tandis que l'indigène, qui est né parfois en France ou qui est issu de l'immigration, qui appartient peut-être à la deuxième ou la troisième génération, lui doit se taire [...]. J'ai de l'admiration pour Saladin et le Che [Che Guevara]. J'aurais très bien pu rejoindre des zadistes avec qui j'ai des affinités ou les altermondialistes car leur combat m'attire. »

Carnet d'enquête, Maison centrale de Saint-Maur, entretien réalisé avec Claire de Galembert.

La focale de l'emprise mentale : la manipulation

L'EI comme organisation sectaire

Certaines théorisations envisagent l'adhésion aux thèses de l'EI sous le prisme d'une dérive sectaire et focalisent davantage leur attention sur les stratégies élaborées par les recruteurs de djihadistes. Ces approches psychologisantes mettent l'accent sur les méthodologies d'emprise mentale déployées par les propagandistes, via les réseaux sociaux et notamment l'usage de techniques algorithmiques destinées à cibler certains profils d'utilisateurs (militants de causes humanitaires, politiques, etc.). Pionnière sur cette thématique auprès des pouvoirs publics, Dounia Bouzar a largement contribué à diffuser ce paradigme de l'emprise mentale[1]. L'anthropologue déconstruit le narratif de l'embrigadement et dégage huit mythes qui sont le projet *Daeshland* qui promet un monde fraternel, égalitaire et qui vise à combler la souffrance sociale, l'engagement *Lancelot* pour ceux désireux de protéger les plus faibles face aux forts, l'enrôlement *Forteresse* pour les personnes en quête de pureté, le mythe de la *Belle au Bois dormant* (amour idéal et protection), *Mère Teresa* (altruisme), *la mort* (pulsion suicidaire), le *Sauveur* (sauver les siens) et enfin le mythe *Zeus* pour ceux en quête de toute-puissance. Selon elle :

> On se trouve là face à une emprise mentale de type sectaire. Voilà pourquoi, plutôt que de tenir un discours rationnel à ces jeunes, j'essaie de jouer sur l'affect. Je tente par exemple de faire surgir en eux une émotion ou un souvenir pour les extraire progressivement de leur endoctrinement[2].

La Miviludes[3] définit ainsi une « dérive sectaire » :

1. Dounia Bouzar, *Ils cherchent le paradis. Ils ont trouvé l'enfer*, Paris, L'Atelier, 2014.

2. Marie Boeton, « Comment "désendoctriner" les jeunes tentés par le djihad ? », *La Croix*, 15 octobre 2014.

3. Mission interministérielle de vigilance et de lutte contre les dérives sectaires. Mission rattachée aux services du Premier ministre.

> Il s'agit d'un dévoiement de la liberté de pensée, d'opinion ou de religion qui porte atteinte à l'ordre public, aux lois ou aux règlements, aux droits fondamentaux, à la sécurité ou à l'intégrité des personnes. Elle se caractérise, par exemple, par la mise en œuvre, par un groupe organisé ou par un individu isolé, quelle que soit sa nature ou son activité, de pressions ou de techniques ayant pour but de créer, de maintenir ou d'exploiter chez une personne un état de sujétion psychologique ou physique, la privant d'une partie de son libre arbitre, avec des conséquences dommageables pour cette personne, son entourage ou pour la société.

Les techniques sectaires visent à créer des états de sujétion psychologique dont l'efficience sera d'autant plus grande que l'individu présente des facteurs de vulnérabilité. La période adolescente est propice au glissement vers ce type de dérives car elle cristallise plus fréquemment l'envie d'aventure, la quête d'adrénaline, le besoin d'adhérer sans réserve à un idéal fantasmé ou encore la volonté de s'opposer à son milieu d'origine. Cependant, il serait erroné d'en conclure que ces processus n'impactent que des personnes vulnérables. Gerald Bronner a décrypté les modalités par lesquelles des individus, quel que soit leur profil socioculturel, peuvent adhérer aux idées les plus délirantes. Il rappelle que la force du processus provient de sa dimension incrémentielle, c'est-à-dire de son caractère progressif. La victime adopte de manière graduelle et segmentée les croyances de son nouveau groupe jusqu'à les accepter dans leur totalité. Chaque passage de palier implique d'avoir accepté tous les éléments du palier précédent. Il illustre ce mécanisme à travers la parabole de la grenouille :

> On dit que si vous plongez une grenouille dans une casserole remplie d'eau froide, elle y restera paisiblement. Augmentez la température d'un degré, elle ne le percevra pas, puis de deux, puis de trois, et ainsi de suite, très progressivement, jusqu'à atteindre l'ébullition. La grenouille ne se sera aperçue de rien, elle sera morte ébouillantée.

Le processus d'emprise mentale est donc un phénomène toujours graduel et progressif. Selon la Miviludes, 5 des 10 critères suivants doivent être réunis pour attester d'une véritable emprise mentale[1] :

1. rupture avec les modalités antérieures des comportements, des conduites, des jugements, des valeurs, des sociabilités individuelles, familiales et collectives. C'est la rupture des liens familiaux, sociaux, amicaux et professionnels ;

2. occultation des repères antérieurs et rupture dans la cohérence avec la vie antérieure. Il s'agit d'une déstabilisation mentale provoquant la perte des repères habituels ;

3. acceptation par la personne que sa personnalité, sa vie affective, cognitive, relationnelle, morale, et sociale sont modelées par les suggestions, les injonctions, les ordres, les idées, les concepts, les valeurs, les doctrines imposées par un tiers ou une institution, conduisant à une conformation à un modèle imposé ;

4. adhésion et allégeance inconditionnelle, affective, comportementale, intellectuelle, morale et sociale à une personne ou à un groupe ou à une institution, conduisant à : une loyauté exigeante et complète, une obéissance absolue, une crainte et une acceptation des sanctions, l'impossibilité de revenir à un mode de vie antérieur, ou de choisir d'autres solutions, étant donné la certitude imposée que le nouveau mode de vie est le seul légitime ;

5. une mise à disposition complète, progressive et extensive de sa vie auprès d'une personne ou d'une institution. Cette mise à disposition concerne aussi bien la vie physique que psychique ;

6. une sensibilité accrue dans le temps, aux idées, aux concepts, aux prescriptions, aux injonctions et ordres, à un « corpus doctrinal », avec éventuellement une mise au service de ceux-ci dans une démarche prosélyte ;

7. dépossession des compétences d'une personne avec anesthésie affective, altération du jugement, perte des repères, des valeurs et du sens critique ;

1. Jean-Philippe Parquet, « Les 10 critères de l'emprise mentale », Unadfi (Union nationale des associations de défense des familles et de l'individu, victime de sectes), 22 août 2014, https://www.unadfi.org/prevention/cles-pour-comprendre/la-notion-de-derive-sectaire/les-10-criteres-de-l-emprise-mentale-selon-le-professeur-philippe-jean-parquet/

8. altération de la liberté de choix ;

9. imperméabilité aux avis, attitudes, valeurs de l'environnement avec impossibilité de se remettre en cause et de promouvoir un changement. Discours binaire et antisocial considérant le monde extérieur à l'entreprise sectaire comme malveillant et diabolique ;

10. réalisation d'actes gravement préjudiciables à la personne qui, antérieurement, ne faisaient pas partie de sa vie. Ces actes ne sont plus perçus comme dommageables ou contraires aux valeurs et aux modes de vie habituellement admis dans notre société. Ces actes peuvent constituer des infractions pénales, tels que le viol, les tortures, l'exercice illégal de la médecine, l'escroquerie, le travail dissimulé, etc.

L'adhésion à des idées qui peuvent aller jusqu'à l'aberration peut également être rendue possible par la transmission ou une exposition cognitive intense. La fréquentation assidue d'un milieu culturel et psychologique, en circuit relativement fermé, c'est-à-dire dépourvu de concurrence cognitive facilite et favorise considérablement ce processus. L'absence de concurrence cognitive signifie la neutralisation de toute voix discordante ou opposée. Cet écosystème peut être un groupe politique, religieux, associatif. L'idéal pour ces groupes est de développer un entre-soi très puissant, de vivre de manière recluse, en circuit fermé, afin de maintenir au maximum l'insularité cognitive[1] des acteurs. Dans cette configuration, toutes critiques et toutes sources d'information exogènes sont bannies de la vie du groupe. Les leaders tendront également à discréditer stratégiquement tout l'environnement social, familial antérieur. De nombreux recruteurs de l'EI se sont déployés sur les réseaux sociaux pour harponner des profils de jeunes susceptibles de remplir les différentes missions de leur organisation. Ces derniers ont souvent ciblé des profils de personnes démontrant une sympathie pour les causes des djihadistes ou une appétence pour l'humanitaire et l'aide aux pays musulmans. Une fois la prise de contact

1. Gérald Bronner, *La Pensée extrême. Comment des hommes ordinaires deviennent des fanatiques*, Paris, Denoël, 2009.

établie, ces « influenceurs » de ressources humaines tissaient des liens avec les personnes ciblées. Ces relations interpersonnelles facilitées par la démocratisation des outils de communication s'intensifiaient à travers le transfert massif de messages destinés à renforcer l'adhésion idéologique précédemment décrite. Certains récits de jeunes impliqués dans ces processus font état de la réception de dizaines de messages quotidiens *via* différents réseaux (SMS, WhatsApp, Telegram...).

Conditionner pour mieux contrôler

L'étude de la socialisation imposée aux soldats de l'EI met en lumière l'utilisation d'autres techniques afin de conditionner physiquement et psychiquement les individus. Ainsi, les témoignages de parents ayant pu maintenir le contact (Skype, WhatsApp...) avec leurs enfants présents dans les contrées syro-irakiennes insistent sur leur état de fatigue physique ainsi qu'une vie systématiquement marquée par la contrainte collective. Il leur était presque impossible d'échanger individuellement avec leur progéniture. Si la fatigue physique peut s'interpréter comme une conséquence des conditions de vie locales et de l'activité guerrière, elle apparaît aussi comme un but recherché par les groupes sectaires afin d'imposer efficacement leurs principes et leurs croyances. De même, en empêchant leurs membres de s'isoler, ils permettent au groupe d'assurer un autocontrôle plus fort sur les différents éléments le constituant. De cette manière, le groupe fonctionne en circuit fermé, ce qui favorise son renforcement idéologique. La sous-alimentation, la privation de sommeil ou encore la coercition du groupe sont des méthodes largement utilisées par les sectes afin d'abaisser la résistance physique de leurs membres et accroître leur docilité. Les méthodes de formation militaire puisent parfois dans ces techniques pour dresser les corps des soldats (*drill*, restriction du sommeil...). Elles aident à neutraliser leur esprit critique et favorisent chez les individus l'incapacité de remettre en cause les schémas de pensée et d'action imposés par le groupe d'appartenance.

L'utilisation de substances médicamenteuses fait également partie de la panoplie des groupes sectaires. Bien que ce soit sujet à controverse, il semblerait que certains groupuscules djihadistes aient eu recours à l'usage de certaines drogues (Captagon) pour la réalisation d'actions de guerres (opérations kamikazes notamment). En développant leur résistance physique et en abaissant leur sensation de fatigue ou de faim, ces drogues de la famille des amphétamines contribuent à donner un sentiment de toute-puissance et d'invulnérabilité à ses consommateurs.

Largement mobilisée après 2015 dans les dispositifs institutionnels de lutte contre la radicalisation, l'approche en termes d'emprise mentale[1] s'avère pertinente pour décrypter les nouvelles techniques d'influence et de manipulation développée par les recruteurs des groupes sectaires sur Internet. Avec la place croissante de ces technologies conversationnelles dans la vie des *digital natives*, ces processus vont être amenés à se développer dans les années à venir. Ils amènent les acteurs sociaux à s'interroger sur l'importance de l'éducation à l'outil Internet. Les dimensions sectaires de l'enrôlement djihadiste ont également été très soulignées par des parents de combattants désireux de mettre l'accent sur le fait que leurs enfants étaient autant coupables que victimes. Néanmoins cette approche théorique n'en demeure pas moins discutable pour saisir toute la diversité des déterminants de l'engagement. On sait aujourd'hui que l'immense majorité des djihadistes sont partis de leur propre chef sans avoir été victime de manipulation mentale. Dans leurs dépositions devant les juges, beaucoup insistaient sur le fait qu'ils n'avaient aucunement subi de « lavages de cerveau » ou de contraintes psychologiques de la part de recruteurs. L'approche tend en outre à désislamiser le phénomène et à sous-estimer tout l'arsenal idéologique élaboré par l'EI. La focale conduit à reléguer les aspects doctrinaux de l'organisation de l'EI.

Enfin, une autre limite de la typologie proposée par Dounia Bouzar concerne le cantonnement des femmes à des motivations

1. Cela peut s'expliquer en grande partie par le fait que l'anthropologue Dounia Bouzar a été un partenaire privilégié du CIPDR après 2015.

de nature sentimentale comme le mythe de la *Belle au Bois dormant* (amour idéal et protection) ou de nature humanitaire à travers le mythe de *Mère Teresa* (altruisme). Or, la multiplication des enquêtes spécifiquement consacrées au djihad féminin témoigne au contraire d'une appétence de ces dernières pour la violence.

Le chef Anas leur a mangé le crâne !

Kévin a été condamné à la suite de sa participation à la filière terroriste Cannes-Torcy. Cette filière est la résultante de la rencontre de deux groupes distincts, celui de Cannes et celui de Torcy, qui se sont développés séparément avant de se rencontrer fin juin 2012, c'est-à-dire à peine deux mois et demi avant le premier attentat, commis le 19 septembre 2012 contre une épicerie juive à Sarcelles. Les membres du groupe ont des origines nationales, culturelles et linguistiques très variées : neuf sont fils de migrants provenant du Maghreb, trois de parents d'origine française, deux d'origine laotienne, trois d'origine africaine (deux du Congo et un du Mali), un d'origine antillaise et enfin un dernier, dont le père est sud-américain et la mère, française. Kévin se convertit à l'islam à la suite de ses amis qui fréquentaient la mosquée de Torcy. Sa conversion n'est pas prise au sérieux par ses parents. La filière Cannes-Torcy est dirigée par le leader Jérémie Louis-Sidney *alias* Anas. Âgé de 33 ans au moment de sa mort, Anas était plus âgé que tout le reste du groupe et exerçait une véritable emprise sur les plus jeunes. Un témoin du procès dira qu'« il s'entourait de jeunes parce que c'était plus facile de leur faire le lavage du cerveau. Anas a mangé le crâne de tous les autres[1] ».

Les propos de Kévin se font hésitants et à voix basse. Sa conversion religieuse semble autant influencée par la fascination qu'exerce Anas, aîné et leader de la filière, que par le souhait de rejoindre la communauté émotionnelle que forme le groupe d'amis. En ce sens, nous nous trouvons typiquement face à une configuration de type « *bunch of guys* » au sein de laquelle l'appartenance au groupe a presque plus d'importance que les projets

1. Bartolomeo Conti, « Constitution d'un groupe djihadiste français. La filière Cannes-Torcy », *Esprit*, 10, 2018, p. 59-73.

du groupe. Au cours des entretiens menés avec les surveillants de la prison, ces derniers nous ont révélé être très attentifs quant au devenir de Kévin qu'ils perçoivent comme quelqu'un de très vulnérable en raison de sa forte disposition à se laisser influencer. L'incarcération n'a pas mis fin à ce trait de personnalité. Ils nous ont d'ailleurs confié avoir sollicité certains détenus issus du grand banditisme afin de le protéger de l'influence néfaste que pourraient avoir certains prisonniers musulmans prosélytes.

Carnet d'enquête, maison d'arrêt de Saint-Maur, Châteauroux, juin 2018.

Omar Omsen : « Sa voix me hantait quotidiennement ! »

Avant de faire l'objet d'un mandat d'arrêt international pour terrorisme, Omar Omsen a eu un parcours de délinquant. Il a été incarcéré pour tentative de meurtre dans les années 1990 puis pour des braquages à répétition, dont un à Monaco, dans deux bijouteries. Après plusieurs séjours en prison, il se convertit à l'islam et devient salafiste. À partir de 2010, il se lance dans le prosélytisme religieux afin de convertir un maximum de jeunes dans sa ville de Nice et les inciter à quitter la France pour la Syrie. Son activité cible principalement des jeunes de quartiers en manque de repères. Sa propagande devient particulièrement efficace lorsqu'il se met à diffuser ses propres vidéos, comme la série documentaire intitulée *19HH* (qui serait une référence aux 19 terroristes impliqués dans les attaques du 11 septembre 2001 et une représentation des tours jumelles) et où il prétend raconter l'histoire de l'humanité et de l'islam. L'un des jeunes condamné par la justice dira de lui au magistrat : « On était comme aveuglés par lui parce qu'il en imposait devant nous. Mais c'était un grand manipulateur qui ne connaissait pas grand-chose à la religion [...]. Un spécialiste du lavage de cerveaux. Sa voix continue encore de me hanter[1]. »

1. Marc Leplongeon, « Terrorisme : Omar Diaby hante toujours les palais de justice », *Le Point*, 5 avril 2016.

Le paradigme des hybrides : la pulsion

Des profils de « terroristes-délinquants »

Si la variété des profils sociologiques de djihadistes est une donnée frappante, force est de constater qu'un nombre important des protagonistes européens provient du monde de la petite criminalité. La théorie des hybrides[1] explore cette évolution sociologique en la replaçant dans un contexte de montée en puissance des entités non étatiques. Selon la théorie des hybrides, l'effondrement du modèle wesphalien[2] marqué par l'abaissement des logiques de régulation étatique et le développement des acteurs transnationaux a favorisé une interpénétration croissante entre les champs de la criminalité organisée et les phénomènes de violence politique. La perspective criminologique aborde cette notion d'hybridation comme une transformation majeure des entités violentes depuis la fin du monde bipolaire. Les statistiques relatives aux antécédents judiciaires des djihadistes sont à cet égard implacables. Le rapport de Peter Neumann et Anna Salinas De Frias indique dans ce sens que

> les autorités allemandes ont remarqué que deux tiers de leurs 669 combattants terroristes présents en Syrie avaient des antécédents de délinquance et qu'un tiers avaient déjà été condamné. D'après le parquet fédéral belge, la moitié des « djihadistes » du pays avait un casier judiciaire avant de partir en Syrie [...]. Des fonctionnaires de la Norvège et des Pays-Bas ont confirmé qu'au

1. Jean-François Gayraud, *Théorie des hybrides. Terrorisme et crime organisé*, Paris, CNRS Éditions, 2017.

2. Modèle qui s'appuie sur trois principes fondamentaux qui sont la souveraineté externe (aucun État ne reconnaît d'autorité au-dessus de lui et tout État reconnaît tout autre État comme son égal), la souveraineté interne (tout État dispose de l'autorité exclusive sur son territoire et la population qui s'y trouve et aucun État ne s'immisce dans les affaires internes d'un autre État) et de l'équilibre des puissances (aucun État ne doit disposer des forces lui permettant de s'imposer à l'ensemble des autres États et tout État s'efforce à ce qu'aucun autre État ne parvienne à l'hégémonie).

moins 60 % des « djihadistes » de leur pays versaient auparavant dans la délinquance. D'où le terme de « supergang » employé par Alain Grignard, commissaire de la police fédérale de Bruxelles, pour qualifier Daech[1].

En France, l'imbrication entre criminalité et violence politique s'est d'abord incarnée en 1995 avec l'affaire Khaled Kelkal. Affilié au GIA algérien, Kelkal a été le prototype du nouvel acteur terroriste traversant successivement les étapes de la délinquance, l'incarcération, la radicalisation et l'adoption de la violence comme moyen d'action[2]. Après lui, Mohammed Merah déclenchera, à partir de 2012, un cycle de violences terroristes perpétrées par des acteurs présentant très fréquemment les mêmes caractéristiques sociales notamment le fait d'être issu de l'immigration, de provenir de zones urbaines sensibles et d'être passé par la délinquance de droit commun. Le passage par ce sas de la délinquance est un marqueur très récurrent. Les attentats de Madrid du 11 mars 2004 qui ont causé près de 191 morts ont été le fait de membres d'Al-Qaïda largement impliqués dans le vol et le trafic de stupéfiants. De même, avant de recruter plusieurs dizaines de djihadistes en Belgique, Khalid Zerkani a eu un long parcours de délinquance. Ce dernier encourageait les vols d'objets de toute sorte, afin de soutenir et alimenter sa filière d'acheminement de combattants vers les contrées syro-irakiennes. La redistribution massive du produit de ses rapines lui avait valu le surnom de Papa Noel[3]. Une étude focalisée sur les attentats perpétrés en Europe et en Amérique entre juin 2014 et juin 2017 conclut similairement que 57 % des auteurs avaient un passé criminel[4]. En France, l'étude de

1. Chiffres cités par Peter Neumann, Anna Salinas de Frias, *Rapport sur les liens entre le terrorisme et la criminalité transnationale organisée*, Comité d'expert sur le terrorisme, Conseil de l'Europe, Direction de la société de l'information et de la lutte contre la criminalité, 10 mai 2017.

2. Alain Bauer, « Les mutations du terrorisme », *Pouvoirs*, 158/3, 2016, p. 97-113.

3. Zerkani Khalid, « Papa Noël » et mentor du djihad en Syrie, *La Libre. Be*, 20 janvier 2016.

4. Lorenzo Vidino, Francesco Marone, Eva Entenmann, « Fear Thy Neighbor : Radicalization and Jihadist attacks in the West », Milan, Ledizioni, 2017, p. 16

Marc Hecker met également en exergue le poids des trajectoires délinquantes dans le vivier des combattants de Dieu. Sur 126 cas d'individus jugés pour des affaires de djihadisme, 50 avaient fait l'objet d'au moins une condamnation, 15 n'avaient jamais été condamnés, mais avaient été signalés aux services de police[1], 22 avaient été condamnés à des peines de prison ferme, dont 4 ont cumulé des peines équivalant à plus de 2 ans de prison.

En 2019, le think-tank Globsec publie un rapport sur la France intitulé *From Criminals to Terrorists and Back ?*, indiquant que sur 78 djihadistes français arrêtés pour des infractions terroristes, tués ou en fuite depuis 2012, 97 % étaient connus soit pour des faits de radicalisation ou pour des faits ne relevant pas du terrorisme. 49 % avaient déjà été condamnés, la plupart pour des délits mineurs (vols, agressions et vol avec violence, recel, trafics illicites) et 19 % étaient des multirécidivistes. Ce sont donc essentiellement de petits délinquants au début de leur carrière[2]. Certains ont pu connaître des expériences carcérales. La prison représente un espace propice à l'adoption de discours ou de comportements violents, car elle agrège de nombreux individus en rupture avec la société. Le sentiment de défiance, voire de haine qu'ils cultivent à l'encontre de l'État et de ses symboles génère une ouverture cognitive susceptible d'être exploitée par des recruteurs. En outre, la promiscuité entre délinquants issus d'horizons divers favorise des possibilités d'échange, de réseautage voire de transfert de compétences. Le terreau de la radicalisation devient particulièrement fertile lorsqu'à ce sentiment d'échec et de haine vient se conjuguer l'absence de perspective de réinsertion postcarcérale. La théorie des hybrides ne se cantonne pas aux itinéraires individuels, mais s'étend aux organisations et structures. Pour Gayraud, le processus d'hybridation est graduel et se déploie selon des degrés divers, de la simple

1. Marc Hecker, « 137 nuances de terrorisme », art. cité, p. 21-22.

2. « From Criminals To Terrorists And Back ? », Globsec, 7 janvier 2019, disponible à l'adresse https://www.globsec.org/wp-content/uploads/2019/01/From-Criminals-To-Terrorists-And-Back-Quarterly-Report-France-Vol-2.pdf,

https://www.globsec.org/wpcontent/uploads/2018/09/GLOBSEC_WhoAreTheEuropeanJihadis.pdf

relation d'échange ponctuel à la convergence, la coopération, voire la symbiose, c'est-à-dire la fusion totale entre les dimensions politique et criminelle de l'entité. Il finit par faire émerger des groupes difficilement classables composés d'acteurs désireux de réaliser des profits économico-financiers et d'individus mus par des motifs politico-idéologiques.

Le concept d'hybridation invite à penser les organisations djihadistes sous le prisme d'entités dont la fonction réelle serait avant tout la prédation de ressources et qui tirent précisément leur force de leur capacité à combiner des modes opératoires et des justifications protéiformes : criminels, terroristes, militantisme politique… Ainsi, si les Talibans constituent un mouvement religieux fondamentaliste, ils n'hésitent pas à développer en parallèle une narco-économie, fondée sur la production et l'exportation d'opium[1]. De même, depuis les années 1980, certaines sources avancent que le mouvement chiite du Hezbollah aurait massivement investi dans l'industrie illégale de stupéfiants en Amérique du Sud. Depuis sa création en 1997, le groupe Al-Qaïda au Maghreb islamique a fondé une véritable économie sur la contrebande de cigarettes et de produits contrefaits. Entre 2004 et 2012, les rançons obtenues à la suite des diverses prises d'otages leur auraient rapporté près de 90 millions d'euros. La légitimation de ces trafics illicites du point de vue religieux s'appuie sur l'argument selon lequel ils sont avant tout destinées à lutter contre des mécréants et des ennemis de l'Islam véridique. Anwar al-Awlaki, le fondateur du magazine en ligne *Inspire*, a conforté cette idée en répétant à ses disciples que l'appropriation des biens de ses ennemis était non seulement licite mais, parfois même, recommandée[2].

1. Ron Moreau, « The Taliban's New Role as Afghanistan's Drug Mafia », *Newsweek*, 12 juin 2013 ; Matthew Levitt, « Iranian State Sponsorship of Terror », témoignage de Levitt, audition conjointe de la Commission des affaires étrangères, 16 février 2005.

2. Thomas Joscelyn, « Anwar al-Awlaki : Jihadists should steal from Disbelievers », *Long War Journal*, 17 janvier 2011.

Entre vie califale et trafic divers

Les comportements des djihadistes sur les territoires contrôlés par l'État islamique reflètent assez nettement cette propension à accommoder enrichissement économique, assouvissement de pulsions primaires (viols...) et justification théologique. La spoliation massive des biens des populations civiles syriennes ou irakiennes ou la contraction de prêts bancaires auprès de banques occidentales se sont ainsi vues « halalisés » en les assimilant à un effort de guerre ou à de la *ghanima*, c'est-à-dire un butin confisqué aux mécréants. Le trafic d'antiquités est un autre exemple de la propension lucrative de l'EI. Les grands médias avaient relayé de nombreuses images de destruction d'œuvres d'art représentant des figures humaines ou des animaux au nom du principe de non-idolâtrie cher à certains courants islamistes. Pourtant de nombreux rapports attestent du pillage systématique des musées et des sites archéologiques syro-irakiens à des fins lucratives[1]. La plupart des pièces de grande valeur auraient été stockées en vue d'être exportées et commercialisées parfois dans des marchés internationaux. Il en va de même pour la contrebande de cigarettes. Officiellement prohibées par le socle idéologique de l'EI, les cigarettes ont fait l'objet de trafics et de reventes à l'international[2]. La mise en esclavage sexuel des femmes yézidies est un autre exemple de la propension des djihadistes à chercher à satisfaire leurs pulsions criminelles. La dimension syncrétique de cette religion antéislamique a été mobilisée pour légitimer les exactions et des pratiques de viols systématisées. Un groupe de discussion de revente en ligne, appelé « Le grand centre commercial de l'État islamique », a agrégé jusqu'à 754 membres. Les combattants pouvaient y acheter des femmes ou des enfants,

1. Claude-Henry Dinand, « Le trafic d'antiquités au Moyen-Orient : du nettoyage culturel au financement du terrorisme international », *Les clés du Moyen-Orient*, 7 juin 2016, https://www.lesclesdumoyenorient.com/Le-trafic-d-antiquites-au-Moyen-Orient-du-nettoyage-culturel-au-financement-du.html

2. Centre d'analyse du terrorisme, *Le Financement de l'État islamique*, *op. cit.*, p. 19.

avec des descriptions détaillées de leur âge ou de leur apparence physique, ainsi que des armes ou des voitures. L'engagement djihadiste autorise non seulement les combattants à conserver un style de vie transgressif mais le rend de surcroît totalement licite du point de vue religieux. D'une certaine manière, la théorie des hybrides se défait de la dichotomie « radicalisation de l'islam » ou « islamisation de la radicalité » pour proposer une grille d'interprétation définissant une forme « d'islamisation de la criminalité ». La lecture en termes d'hybridation tend à reléguer les dimensions idéologico-religieuses au profit d'une lecture économico-financière.

Khaled Kelkal : le prototype de l'hybride

Khaled Kelkal (1971-1995) constitue l'archétype du terroriste hybride. Né à Mostaganem en Algérie, il grandit au sein d'une famille nombreuse à Vaux en Velin dans la banlieue lyonnaise. Ses capacités scolaires prometteuses l'amènent à fréquenter un lycée huppé de la ville de Lyon mais dans lequel il se sent totalement en décalage. En situation de décrochage scolaire, il tombe dans une spirale de délinquance. En 1990, il est condamné à quatre années de prison pour des faits de piraterie routière. C'est au cours de son incarcération qu'il prend contact avec des islamistes algériens du GIA et qu'il se fanatise progressivement.

Khalid Zerkani, mi-délinquant mi-djihadiste

Khalid Zerkani ne disposait d'aucun revenu ou allocation. L'enquête avait révélé qu'il avait convaincu de nombreuses personnes d'effectuer des vols à la tire ou de bagages pour lui, principalement à la gare du Midi. Au cours des perquisitions, des ordinateurs, téléphones, appareils photos et billets de devises étrangères ont été retrouvés. Il a fourni d'importantes sommes d'argent à ceux qui partaient vers la Syrie. De quoi justifier son surnom de « Papa Noël ».

« Tout était gratuit c'était *all inclusive* ! »

« Faut dire la vérité. On était bien en Syrie fin 2013. Il n'y avait pas trop de combats à cette époque, juste des tours de garde sur les *checkpoints*. On avait tendance à être regroupés en fonction de la nationalité et de la langue. Nous les Français on était dans les mêmes quartiers de la banlieue d'Alep. On s'était installés dans une grande maison confortable. Tout était gratuit, l'électricité, le gaz c'était *all inclusive*... On n'avait rien à faire pour subvenir à nos besoins. »

Carnet d'enquête, Fresnes, entretien avec Sylvain.

Si cette approche théorique a le mérite de pointer l'imbrication indéniablement croissante des liens entre diverses formes de criminalité et le terrorisme, elle tend dans le même temps à surdéterminer le poids des considérations financières et lucratives au détriment des facteurs idéologiques. Certes, les actes de prédation des djihadistes sur leur califat embryonnaire sont avérés et bien documentés, mais la réduction des processus d'engagement à des velléités de nature criminelles ne permet pas de restituer le cœur des motifs de départ de nombreux combattants. La théorie des hybrides, pertinente pour décrypter le fonctionnement interne de nombreux groupes violents, à travers le monde (Farc de Colombie, cartel mexicain de La Familia), semble moins opérante pour décrypter des mouvances djihadistes dont les militants se sont parfois considérablement appauvris pour mener à bien leurs objectifs opérationnels. Ce fut le cas d'Oussama Ben Laden, leader charismatique d'Al-Qaïda. Issu d'une famille milliardaire saoudienne[1], il a délaissé son confort matériel pour coordonner des actions violentes dans l'austérité des zones montagneuses de la frontière afghano-pakistanaise. Il faut aussi rappeler qu'une large partie des combattants de l'EI entretenaient une appétence et une fascination particulière vis-à-vis de la mort. Cette

1. Le Saoudi Bin Ladin Group est une entreprise de construction BTP fondée en 1931 par Mohammed bin Awad Ben Laden, le père d'Oussama Ben Laden.

configuration psychologique s'inscrit en discordance avec des stratégies d'enrichissement matériel et financier. Pour l'immense majorité des combattants, la quête du salut et l'accès au *firdaws*[1], c'est-à-dire le plus haut niveau de paradis, primaient très largement toute autre forme de rétributions terrestres (matérielles, financières). La promesse du paradis céleste apparaît comme la véritable récompense. Elle fournit une issue grandiose à une vie de déclassé et agit de ce fait comme un formidable réparateur d'ego pour des individus longtemps enchâssés dans la mésestime d'eux-mêmes. La mort en martyrs les extrait de la banalité et leur permet d'accéder à un statut héroïque pourvoyeur d'une reconnaissance éternelle.

L'un des principaux enseignements de cette diversification des modes d'entrée dans l'engagement violent est le constat d'une dynamique d'autonomisation du djihadisme[2]. L'EI a réussi à développer des stratégies de communication et de recrutement qui ne font plus de l'*ethos* salafiste et de l'orthopraxie religieuse un préalable ou une condition *sine qua non* de l'engagement djihadiste. Désireuse d'élargir toujours plus son armée de combattants afin d'instaurer la terreur et rétablir le mythique califat, l'organisation n'a pas hésité à revendiquer des actions violentes commises par des acteurs dont les styles de vie et les mœurs (sexualité, rapport à l'alcool...) se situaient aux antipodes des normes islamiques (Omar Mateen, Mohamed Lahouaiej-Bouhlel).

L'articulation interne du pentagone théorique

Ce pentagone théorique des processus de radicalisation rend compte des disparités internes du processus de djihadisation.

1. « Plus haut niveau de paradis dans l'islam où demeurent les prophètes [...] les pieux, les pauvres et les martyrs », dans Myriam Benraad, *L'État islamique pris aux mots, op. cit*, p. 169.

2. Mohamed-Ali Adraoui, « Salafism, Jihadism and Radicalisation : Between A Common Doctrinal Heritage and The Logics of Empowerment », dans Johan Leman, Serafettin Pektas (dir.), *Militant Jihadism : Today and Tomorrow, op. cit.*, p. 31.

Chaque paradigme éclaire un pan du phénomène sans en restituer toute l'intelligibilité. Les enquêtes menées sur les revenants des zones de guerre tendent à démontrer l'enchevêtrement des motivations des acteurs. Selon la singularité des parcours individuels, le moteur de l'enrôlement pourra être essentiellement religieux, politique ou prendre la forme d'une quête d'aventure, d'adrénaline, etc.[1]. La sophistication de la propagande de l'EI a joué un rôle prépondérant dans l'élargissement du spectre des profils recrutés. Le vivier des recrues apparaît comme une mosaïque sociologique agrégeant des acteurs aux itinéraires sociaux et aux attentes très hétérogènes. À la lumière des investigations disponibles, il semble néanmoins possible de dégager quelques lignes de force. Le paradigme religieux (« radicalisation de l'islam ») semble essentiellement opérant pour ce qui concerne les recruteurs et de manière plus générale les leaders. Leur plus grande connaissance des références coraniques, hadithiques, de la langue arabe ou des enjeux géopolitiques qui structurent le Moyen-Orient leur confèrent une forme de domination symbolique sur la masse des sans-grade qui composent les combattants et les exécutants. Le vivier des exécutants beaucoup plus important du point de vue numérique s'inscrit précisément dans le paradigme sociogénérationnel (« islamisation de la radicalité »). Peu qualifiés, souvent en proie à une forte dépréciation d'eux-mêmes et en quête de repères, ces sans-grade incarnent le profil sociologique dominant parmi les combattants français partis rejoindre l'EI[2].

Les approches en termes de violences politiques/contre-violence sont appropriées pour saisir l'imaginaire collectif des combattants. La perception d'un espace arabo-musulman dominé et maltraité par les puissances occidentales « impérialistes » représente une « toile de fond » qui est quasi unanimement ressentie par les djihadistes. L'EI instrumentalise efficacement la puissance

1. Xavier Crettiez, Bilel Ainine, *Soldats de Dieu. Paroles de djihadistes incarcérés*, La Tour-d'Aigues, L'Aube, 2017.

2. Rappelons ici que d'un espace national à l'autre les contingents ne présentent pas forcément les mêmes caractéristiques sociologiques (niveau socioéducatif, proportion de convertis, féminisation, etc.).

mobilisatrice du désir de vengeance contre l'occident. Les deux derniers paradigmes ont une portée moins analytique et plus descriptive. Ils s'avèrent heuristiques pour décrypter et comprendre les nouvelles techniques de propagande et de recrutement (emprise mentale) et la culture interne des groupes djihadistes (hybrides). Il faut également se départir d'une approche statique de ces paradigmes. L'analyse des trajectoires de djihadistes illustre l'importance d'avoir une vision diachronique qui prenne en compte les effets potentiels de la socialisation religieuse sur les représentations du monde des individus. De fait, les motivations exprimées par les jeunes après leurs départs dans les contrées syro-irakiennes ne sont pas forcément celles qui ont favorisé le déclic de l'engagement initial. Tel jeune a pu vouloir rejoindre l'EI pour l'aventure/l'adrénaline et revenir imprégné de croyances salafo-djihadistes. La confrontation selon des temporalités plus ou moins longues à des groupes violents va souvent permettre d'acquérir un *ethos* djihadiste[1] (langage, techniques du corps, hexis). De manière inversée, certains candidats ont pu partir exaltés par des discours idéologiques et revenir des zones de guerre totalement désabusés ou écœurés par les réalités de la vie califale. Ces constats empiriques invitent à adopter une perspective diachronique et longitudinale permettant d'identifier les dynamiques de changement et les évolutions protéiformes qu'est susceptible de produire une immersion prolongée dans des groupes idéologiquement radicalisés. L'objectivation de ces mutations discursives et comportementales représente l'un des défis des acteurs en charge de développer les dispositifs de désengagement de la violence.

Rhétorique de la vengeance et héroïsation sacrificielle

Au-delà des divers registres explicatifs, la notion de vengeance vécue comme « une justice destinée à réparer le tort

1. Voir Thomas Hegghammer, *Jihadi Culture. The Art and Social Practices of Militant Islamists*, Londres, Paperback, 2017.

fait aux musulmans, leur humiliation et leur oppression[1] » apparaît comme un élément transversal de la rhétorique djihadiste. L'Occidental identifié comme une figure d'altérité radicale et le responsable de tous les maux qui affectent les nations musulmanes est déshumanisé. Dès lors, les conditions psychologiques sont réunies pour une revanche qui sera d'autant plus cruelle que l'individu a traversé (objectivement ou subjectivement) des épisodes d'humiliation, de mépris et de rabaissement. Lors de ses assassinats, Mohamed Merah avait justifié ses actions en déclarant à ses victimes : « Tu tues mes frères, je te tue. » De même, les terroristes impliqués dans l'attaque du Bataclan avaient clairement revendiqué : « Ce qui vous arrive, c'est votre faute. On vient venger nos frères de Syrie. » Par ses actions à l'Hyper Cacher de Vincennes, Amedy Coulibaly déclarait vouloir infliger à des Juifs ce que subissaient les Palestiniens sur leur territoire. La volonté d'assouvir une soif de vengeance n'est pas l'apanage des djihadistes. Brenton Tarrant, l'auteur de l'attentat contre la mosquée de Christchurch qui a fait 51 morts (15 mars 2019), usait de la même rhétorique en se posant en défenseur d'une « race blanche » supposément menacée par le risque génocidaire que ferait courir l'immigration de culture musulmane au continent européen. Ses actions étaient motivées par la volonté de mettre fin aux agressions des immigrés sur les peuples blancs[2]. L'acte terroriste est toujours justifié comme l'ultime sursaut du juste face à l'oppression, la menace ou l'injustice. Le terroriste se perçoit comme une victime tandis que sa victime est désignée comme le véritable coupable. Chez les djihadistes de l'EI, cette vengeance s'accompagne le plus souvent d'un puissant désir d'héroïsation sacrificielle. Au-delà des aires culturelles, les figures guerrières sacrificielles ont de tout temps exercé une véritable fascination parmi les peuples. Qu'il concerne les chevaliers du Moyen Âge,

1. Myriam Benraad, « La vengeance, ressort mobilisateur de l'État islamique », *Politique étrangère*, 4, 2017, p. 55.

2. Voir l'analyse de Jean-François Mayer, « Nouvelle-Zélande. Un terroriste contre les « envahisseurs ». Analyse critique du manifeste de Brenton Tarrant », https://www.terrorisme.net/2019/03/15/nouvelle-zelande-analyse-manifeste-de-brenton-tarrant/#post-2077-footnote-8

les samouraïs ou les kamikazes qui effectuaient des missions suicides au cours de la Seconde Guerre mondiale, le guerrier stoïque préférant la mort à une vie déshonorée a toujours suscité une forme d'admiration. Le désir d'identification à ces figures est d'autant plus fascinant qu'il constitue également un facteur d'ennoblissement pour des jeunes profondément travaillés par la mésestime d'eux-mêmes.

Pour aller plus loin

Atran Scott, *L'État islamique est une révolution*, Paris, Les Liens qui libèrent, 2016.

Bonelli Laurent, Carrie Fabien, *La Fabrique de la radicalité. Une sociologie des jeunes djihadistes français*, Paris, Seuil, 2018.

Bouzar Dounia, *Français radicalisés. Ce que révèlent l'accompagnement de 1 000 jeunes et leurs familles*, Paris, L'Atelier, 2018.

Bronner Gérald, *La Pensée extrême. Comment des hommes ordinaires deviennent des fanatiques*, Paris, Denoël, 2009.

Burgat, François, *Comprendre l'islam politique. Une trajectoire de recherche sur l'altérité islamiste, 1973-2016*, Paris, La Découverte, 2016.

Caillet Romain, Puchot Pierre, *Le Combat vous a été prescrit. Une histoire du jihad en France*, Paris, Stock, 2017.

Crettiez Xavier, Ainine Bilel, *Soldats de Dieu. Paroles de djihadistes incarcérés*, La Tour-d'Aigues, L'Aube, 2017.

El-Karoui Akim, Hodayé Benjamin, *Les Militants du djihad. Portrait d'une génération*, Paris, Fayard, 2021.

Gayraud Jean-François, *Théorie des hybrides. Terrorisme et crime organisé*, Paris, CNRS Éditions, 2017.

Kepel Gilles, Jardin Antoine, *Terreur dans l'Hexagone. Genèse du djihad*, Paris, Gallimard, 2017.

Marlière Éric, *La Fabrique sociale de la radicalisation*, Paris, Berger-Levrault, 2021.

Rougier Bernard, *Les Territoires conquis de l'islamisme*, Paris, Puf, 2019.

Roy Olivier, *Le Djihad et la Mort*, Paris, Seuil, 2016.

Sageman Marc, *Leaderless Djihad : Terror Networks in the Twenty-First Century*, Philadelphie, University of Pennsylvania, 2008.

Chapitre 5

Le djihadisme au prisme du monde militaire

L'intérêt de focaliser notre attention sur le champ militaire provient de ce que ce dernier constitue un laboratoire d'observation particulièrement pertinent pour décrypter la diversité des processus de radicalisation. D'une part, on y retrouve à des degrés divers la plupart des paradigmes explicatifs identifiés dans le pentagone théorique de la djihadisation. D'autre part, les analyses sociologiques relatives à l'engagement militaire fournissent des outils conceptuels pour saisir l'univers mental et les attentes spécifiques de certains pans de la jeunesse attirés par l'idéologie djihadiste.

Souvent présentés à travers le prisme d'une simple relation d'adversité idéologique « djihadistes contre croisés », l'engagement militaire dans une armée régulière et l'engagement djihadiste entretiennent en réalité des liens beaucoup plus complexes et ambivalents, des interactions faites de porosités, de perméabilités et d'affinités électives. L'examen minutieux des parcours de djihadistes ayant pu entretenir un lien avec le monde militaire est intéressant pour saisir les ressorts profonds de leur engagement et des origines de leurs bifurcations biographiques. Le décryptage de ces trajectoires sociales met en lumière une variété de configurations. Si les « combattants de Dieu » apparaissent dans l'imaginaire collectif comme les figures les plus antagoniques des militaires, qu'ils soient occidentaux ou issus de nations majoritairement musulmanes, la réalité sociale appelle à plus de nuances et se laisse de facto difficilement enfermer dans cette représentation binaire. En effet, loin de se restreindre à une simple relation d'opposition, l'univers militaire et les sphères djihadistes peuvent se concurrencer, s'attiser ou même se compléter. Après une rapide description de cette opposition fondamentale entre les armées régulières et les sphères djihadistes, nous mettrons en lumière trois types de configuration. Les armées peuvent tour à tour apparaître comme un espace socioprofessionnel potentiellement attractif pour des individus en quête de sens, une étape parfois stratégique de leur parcours de radicalisation et, dans certains cas très rares, le lieu de cristallisation de leur radicalité. Pour illustrer et incarner ces dynamiques, nous mobilisons des données collectées dans le cadre d'une recherche doctorale consacrée à l'engagement militaire de jeunes issus de l'immigration[1]. Pour ce qui est des ex-militaires devenus djihadistes, nous puisons les informations dans des entretiens réalisés au fil de nos interventions sur divers terrains (prisons...) ainsi que la presse ouverte pour les cas les plus médiatiques.

Les armées comme cible naturelle des djihadistes

De manière logique, les militaires occidentaux ont toujours représenté une cible privilégiée des groupes djihadistes. Cet antagonisme naturel a été réaffirmée par certains théoriciens du djihad qui prônent désormais une violence tous azimuts contre les forces militaires occidentales qu'elles soient déployées dans des territoires majoritairement musulmans ou au sein même de leurs nations. Ainsi, lors de la tragédie survenue en février 2012 à Toulouse et Montauban, Mohamed Merah avait tué trois soldats

1. Cette étude doctorale réalisée en collaboration avec le ministère de la Défense nous avait permis d'effectuer des observations ainsi que des entretiens approfondis avec de jeunes candidats aux métiers militaires présentant comme dénominateur commun d'être issus de l'immigration et de provenir le plus souvent de zones urbaines défavorisées. Elyamine Settoul, *Contribution à une sociologie des armées. Analyse des trajectoires des militaires issus de l'immigration*, thèse, Paris, IEP, 2012.

français et blessé un autre en raison de leur engagement sur le théâtre d'opérations afghan. En mai 2013, Cédric Cordiez, soldat au 4e régiment de chasseurs de Gap, est agressé à Paris tandis que Lee Rigby, soldat britannique du régiment royal des fusiliers, est tué à Londres par Michael Adebolajo et Michael Adebowale. En octobre 2014, le Canadien Michael Zehaf-Bibeau abat un caporal devant le monument commémoratif de guerre à Ottawa. Quelques jours auparavant, deux soldats étaient renversés à Saint-Jean-sur-Richelieu au Québec, dont l'un succomberait à ses blessures. En mars 2016, Ayanle Hassan Ali s'attaque au centre de recrutement des armées de Toronto et blesse deux militaires avec un couteau. Le 3 février 2017, Abdallah El-Hamahmy attaque des soldats de l'opération Sentinelle au Carrousel du Louvre. Le 18 mars 2017, Zyed Ben Belgacem ouvre le feu sur des policiers et s'attaque à des militaires en patrouille à l'aérogare d'Orly avant d'être abattu par ces derniers.

Ce type d'attaques a également pris pour cible les forces de police. En septembre 2014, l'Australien d'origine afghane Numan Haider poignardait deux agents antiterroristes et prévoyait de décapiter des officiers de police. En décembre de la même année, Bertrand Nzohabonayo blesse trois policiers du commissariat de Joué-les-Tours. En juin 2016, Larossi Abdallah tue à l'arme blanche un couple de policiers à Magnanville. Perpétrées par des acteurs désireux de venger leurs coreligionnaires victimes des « armées de croisés » à travers le monde, ces attaques illustrent la mise en pratique des préconisations d'Al-Souri et Abu Bakr Naji. Cette réorientation stratégique de l'EI consistant désormais à mener la guerre au cœur même des sociétés occidentales a engendré un redéploiement sans précédent de soldats sur le territoire national. Après la vague d'attentats de 2015, le nombre de militaires mobilisés pour sécuriser la société (opération Sentinelle) a même dépassé celui des soldats projetés en opérations extérieures. Pour ce qui concerne le mode opératoire, il est quasi systématiquement le même : un individu agissant le plus souvent de manière isolée se procure une arme (arme blanche ou arme à feu) et agresse des militaires en raison de ce qu'ils représentent symboliquement dans l'imaginaire des djihadistes, c'est-à-dire le bras armé de puissances dominatrices, « impies » et fondamentalement hostiles aux sociétés musulmanes.

Le drapeau ou le djihad !

Si, comme on a pu le constater, les institutions militaires constituent une cible privilégiée des djihadistes, l'exploration des parcours biographiques de certains soldats de Dieu illustre des relations plus équivoques. À l'évidence, les liens entre les armées et les phénomènes de radicalisation sont plus denses et plus complexes qu'il n'y paraît. L'étude des cas empiriques restitués ci-dessous retrace toutes ces ambivalences. Car si les institutions militaires occidentales incarnent fondamentalement l'ennemi à abattre, elles apparaissent dans le même temps comme des espaces potentiellement attractifs pour des jeunes en quête de sens, de repères ou de valorisation narcissique. Aussi paradoxal que cela puisse paraître, le monde des armées est un univers qui attire les jeunes susceptibles de basculer dans une radicalisation de type djihadiste. Les investigations consacrées aux trajectoires d'engagement militaire de jeunes offrent quelques clés de compréhension de ce phénomène. Notre recherche doctorale avait notamment permis de dégager une typologie à trois entrées de leurs logiques d'engagement. Le premier groupe appelé « les Initiés » était constitué de profils de jeunes ayant gravité autour de l'univers militaire par l'intermédiaire de leur milieu familial. Certains comptaient des militaires parmi leurs ascendants (tirailleurs, Harkis...) ou parmi les membres de leur famille de leur pays d'origine (Maghreb, Afrique subsaharienne...). Leurs motivations à l'engagement s'appuyaient sur un fort attrait pour les valeurs qui fondent les spécificités de l'*ethos* militaire (patriotisme, autorité, sens du sacrifice). Un deuxième type d'engagés, appelés « les Stratèges », était composé de jeunes scolairement qualifiés cherchant à échapper à des phénomènes de discriminations et de déclassement au sein du marché de l'emploi civil, ou qui trouvaient dans le métier des armées une opportunité de valoriser symboliquement leur cursus scolaire/académique. La dernière catégorie, qualifiée d'engagés « en rupture », qui nous intéresse davantage, rassemblait des jeunes marqués par des trajectoires scolaires et familiales difficiles voire chaotiques. Ces derniers percevaient les armées comme une chance d'intégration sociale leur permettant de valoriser des ressources spécifiques et de s'extraire d'une spirale d'échec et de mésestime d'eux-mêmes. Parmi les marqueurs sociologiques récurrents figuraient des situations de décrochage scolaire assez précoce, une volonté de valorisation de leur capital corporel[1] ou encore un fort attrait pour les jeux vidéo. Les références patriotiques (patriotisme, nation...) étaient quasi absentes de leurs discours.

Durant cette recherche, nous avions dégagé les principales caractéristiques biographiques des engagés « en rupture ». La mise en perspective avec les conclusions des enquêtes sociologiques consacrées aux mouvances djihadistes nous semble heuristiquement pertinente. Le premier parallèle réside au niveau des trajectoires d'engagement. L'enrôlement des engagés « en rupture » prenait souvent la forme d'une bifurcation biographique, c'est-à-dire que la prise de décision était rarement le fruit d'une longue réflexion d'un point de vue temporel. Ce virage biographique pouvait se cristalliser à la suite d'un moment de crise, un événement familial douloureux (séparation, décès...) ou positif (rencontre amoureuse...). Il pouvait également avoir une dimension grégaire lorsque plusieurs personnes issues d'un même groupe s'engageaient quasi simultanément dans le métier des armes. Dans cette configuration, le choix était souvent marqué par l'urgence. De même, de nombreux djihadistes ont rejoint les contrées syro-irakiennes quelques semaines ou quelques mois après leur conversion religieuse. Les réactions de stupéfaction parentale consécutives à leur départ témoignent du caractère brusque de ces virages biographiques. La multiplication des investigations sociologiques a également permis de mettre en lumière l'appétence des djihadistes pour les activités valorisant

1. Elyamine Settoul, « Classes populaires et engagement militaire : des affinités électives aux stratégies d'intégration professionnelle », *Lien social et politiques*, 74, automne 2015, p. 102-103.

la virilité, la force et la cohésion autant de valeurs cardinales de l'*ethos* militaire. Avant de commettre ses actions dans la région de Toulouse, Mohamed Merah avait par exemple tenté d'intégrer les armées puis le corps de la Légion étrangère. Il a été rejeté une première fois en raison de ses antécédents judiciaires puis a effectué, sans les terminer, les tests de sélection de la Légion Etrangère. Les raisons qui l'ont poussé à abandonner les tests de sélection du prestigieux corps d'armée demeurent inconnues à ce jour. Hasna Ait Boulahcen, impliquée dans les attaques du 13 novembre 2015, déclarait régulièrement à ses amis qu'elle rêvait de rejoindre les armées françaises[1]. Parmi les membres de la filière Cannes-Torcy condamnés en 2017 pour avoir lancé une grenade contre une épicerie cacher à Sarcelles, quatre personnes avaient entretenu un lien avec l'institution militaire. Deux avaient tenté d'intégrer sans succès les armées françaises. Mehdi, dont la mère est décédée lorsqu'il avait treize ans, a passé les tests physiques et psychotechniques pour intégrer l'institution (avril 2012) mais a été finalement jugé trop instable et trop impulsif. Il rencontre et intègre le groupe Cannes-Torcy peu de temps après cet échec au recrutement. Alix, un autre élément de ce groupe, avait également essayé d'incorporer les armées[2].

Ces cas de djihadistes attirés par la sphère militaire constituent des exemples particulièrement médiatiques mais le phénomène est plus large et concernerait *a minima* plusieurs dizaines de cas. Certains ont simplement exprimé le souhait de rejoindre les armées tandis que d'autres ont effectivement passé et réussi les tests de sélection. Ce fut le cas de deux membres de la filière Cannes-Torcy qui ont intégré les armées avant d'en être écartés. Zyed a, selon ses termes, réalisé son rêve en intégrant la marine en 2009 mais en est évincé après avoir été condamné à six mois de prison en raison de sa proximité avec le groupuscule.

1. Florence Aubenas, Nicolas Bastuck, Simon Piel, « Hasna Ait Boulahcen, entre vodka et niqab », *Le Monde*, 21 novembre 2015.

2. Bartolomeo Conti, « Rise and Fall of a Jihadist Neo family : The Cannes-Torcy Cell, in Family and Djihadism : The French Experience », dans Jérôme Ferret, Farhad Khosrokhavar (dir.), *Family and Jihadism : A Socio-Anthropological Approach to the French Experience*, Londres/New York, Routledge, 2022.

Après cette expulsion, il semble trouver dans la religion une autre forme de socialisation structurante. Yassine s'est également engagé en 2009 dans la Grande Muette. Ce choix professionnel qui a généré un grand sentiment de fierté chez son père est stoppé net lorsqu'il est condamné pour avoir fréquenté la même organisation.

L'attrait de l'engagement radical

La transmission de ressources comparables

Au-delà de leurs antagonismes, engagement militaire et engagement djihadiste ont comme propriété commune de pouvoir transmettre des ressources très comparables. Ces deux formes d'engagement permettent aux individus de sortir de leur statut de sans-grade et de s'inscrire dans une filiation prestigieuse. Il y a dans les deux configurations une logique de rite de passage et une forme de renaissance positive. Cette dimension initiatique d'acquisition d'une nouvelle identité est perceptible à travers une multitude d'éléments tels que des changements vestimentaires (uniforme, qamis), patronymiques (arabisation du nom, changement de nom dans la Légion étrangère), physiques (barbe, coupe militaire). Chaque régiment militaire véhicule une histoire qui valorise le passé à travers une culture, des chants, des traditions et des signes héraldiques très spécifiques. L'uniforme militaire a en effet la propriété de déstigmatiser l'individu qui le porte en l'extrayant des statuts dépréciatifs auxquels la société peut l'assigner (jeunes de quartiers, banlieusards, beurs...).

Il en va de même avec l'enrôlement djihadiste qui inclut tous ses membres dans une famille historique et symbolique (l'Oumma). En devenant des soldats de Dieu, les acteurs ont souvent la sensation de quitter un statut social dépréciatif ou insignifiant pour accéder à une sorte d'aristocratie des croyants. Les djihadistes étant dans leur imaginaire la « communauté des sauvés ». Sur ce défaut d'enracinement, Tobie Nathan observe que, parmi les candidats au djihad, beaucoup expérimentent des défauts de transmission intergénérationnelle. Il développe l'hypothèse d'une plus grande perméabilité à cette idéologie chez les jeunes dont les histoires familiale et personnelle sont doublement marquées par des déficits d'appartenance culturelle au sein de la première génération (parents migrants) et une filiation flottante au niveau de la seconde. Le discours des jeunes candidats aux métiers militaires (dits « en rupture ») relayait parfois ce sentiment de malaise existentiel. L'approfondissement des entretiens faisait fréquemment ressortir un mal-être identitaire caractérisé par la sensation de ne pouvoir trouver sa place nulle part. Écartelés entre une culture parentale qui leur est le plus souvent étrangère et une société dans laquelle ils ont grandi qui les renvoie à leur altérité, ils s'apparentaient aux âmes errantes décrites par Tobie Nathan. Ce double décalage les conduisait parfois à se replier et à développer une vision très manichéenne du monde. Celle-ci s'accompagnait de discours de victimisation auto-entretenus par les interactions qu'ils tissent avec leurs pairs pris dans les mêmes problématiques.

Les engagements militaires et djihadistes ont donc comme propriété commune de transmettre des identités positives et de pallier des déficits affectifs et narcissiques en offrant une fraternité. Celle-ci peut se décliner sous la forme d'une communauté de croyants (Oumma) ou une fraternité d'arme (*katiba* ou régiments). L'inclusion au sein d'un groupe religieux ou militaire procure à la fois un sentiment de sécurité et de force collective particulièrement recherché par des jeunes en quête d'identité et de repères. Pour les individus, cette communauté émotionnelle est d'autant plus fascinante et addictive qu'ils se sentaient isolés et marginalisés avant leur inclusion au sein de leur nouveau groupe d'appartenance. L'intégration dans les sphères religieuse ou militaire engendre également des conséquences physiques. Qu'ils soient travaillés par l'aguerrissement militaire ou modelés par la socialisation salafo-djihadiste, les corps subissent un puissant formatage. À l'instar du métier des armes qui impose des exercices physiques aux nouvelles recrues (footing matinal, parcours du combattant, drill...), le fidèle va se voir inculquer des techniques du corps[1]. La réalisation des prières quotidiennes dès l'aube (*fajr*) ou encore l'observance du mois de jeûne (ramadan) représentent autant de pratiques ascétiques qui vont rythmer, stabiliser et in fine ordonner la vie du croyant.

Ces affinités électives entre des acteurs et des institutions totalement opposées dans les imaginaires collectifs nous conduisent à concevoir l'enrôlement djihadiste sous un angle très spécifique. Chez cette catégorie de combattants, les forces motrices initiales de l'engagement ne résident plus tant dans des dimensions idéologico-religieuses que dans une volonté, souvent non verbalisée, de construction identitaire articulée autour de la quête d'un cadre structurant et d'un désir de valorisation narcissique. La volonté de rompre avec des sociabilités potentiellement néfastes transparaît également au fil des interviews. Le quartier d'origine est souvent décrit comme un territoire magnétique qui freine voire empêche toute réelle émancipation. Le parcours d'Othmane qui a participé au djihad en Bosnie est intéressant à plus d'un titre. Arrêté en 1991 pour insoumission au service national, il se retrouve engagé de force dans un régiment très largement projeté dans la première guerre du Golfe. Il raconte avec moult détails son itinéraire social :

> Le 24 février 1991 je dois quitter le lycée pour faire l'armée. Et tu avais des militaires qui revenaient de la guerre du Golfe et eux, leurs vêtements étaient restés couleur sable. Cela m'avait marqué. Nous on était un bataillon disciplinaire qu'avec des jeunes de banlieues qui ne voulaient pas faire l'armée, ils les ont mis là-bas. Et en arrivant les gars nous disent : « Ouais, nous on a écrasé des Arabes. On leur a mis une branlée. Les mecs de Saddam... » On a fermé le réfectoire et on les a tabassés. Ils n'ont pas vu arriver le truc ! Qui est-ce qui a mis le feu ? C'est moi ! Je suis allé voir les copains de chambrée et je leur ai dit : « Oh ! Voyez comment ils parlent de nous ? Ces enfoirés de leur race. » Ils disent qu'ils ont écrasé des Arabes ! Ferme la porte. » Ils étaient six. Ils sont ressortis tout nu. On les a tabassés. On leur a dit qu'on était avec Saddam. Imagine-toi, des soldats français en train de tabasser d'autres soldats français. [...]. L'horreur, c'était de saluer le

1. Marcel Mauss, *Sociologie et anthropologie*, Paris, Puf, 1995, p. 365.

drapeau français et chanter la Marseillaise. La plupart ne pouvaient pas, n'y arrivaient pas. Un jour, alors que je faisais le ramadan dans la 10e division blindée à Reims, le cuisinier avait refusé de me servir. Il s'est fait engueuler par l'adjudant-chef qui leur a dit : « Quand il vient, vous le servez. Il fait le ramadan. Vous le respectez. » Donc, j'ai sympathisé avec lui et au bout de deux mois, j'ai vraiment commencé à apprécier la vie de militaire. C'était une vraie rupture avec ma vie de quartier. J'étais plus dans les travers du quartier. Je n'étais plus un banlieusard. J'avais des repères et tout était clair pour moi (dans l'armée). L'armée a canalisé ma violence. Elle m'a appris à me maîtriser, à riposter de manière proportionnée. Après, il y a les simulations de combat, il y a les parcours du combattant, Les parcours nocturnes. Et à un moment donné, toute cette violence que j'avais en moi, elle était canalisée. [...] C'était fini le coup où je démarrais au quart de tour parce que tu parles avec moi de travers ou tu me regardes de travers. Tout ça, c'était fini ! Tu as un contexte et c'est dans ce contexte que tu inscris ta violence. Et c'est à ce moment-là que je me suis senti vraiment bien dans l'armée. Putain, j'en ai encore des émotions rien que d'en parler !...
J'avais coupé avec le quartier, quand j'y revenais je m'emmerdais. Je voyais mes potes en train de fumer, de boire... C'était plus mon truc. J'étais passé à autre chose. J'ai fait une première demande d'engagement. On me l'a refusé. J'en ai fait une deuxième et une troisième. Elles m'ont toutes été refusées à cause de l'insoumission de départ. J'ai supplié le bureau de recrutement de me prendre ! Je leur ai dit « reprenez-moi, je ne veux plus rester au quartier ». Ils me répondaient : « Y a rien à faire ! On ne peut plus vous recruter. » J'étais complètement dégoûté ! Après six mois je suis revenue au quartier et rebelote, les petits larcins. Aujourd'hui j'ai 45 ans et si on me dit « ça te dit de repartir à l'armée ? », je fonce dès demain matin ! Parce que, la vie civile ne m'a pas donné le cadre que j'ai trouvé dans l'armée. Là-bas j'étais quelqu'un... J'étais tellement révolté, écorché vif que j'avais besoin de ce cadre et de cette autorité. Au quartier, tu ne réponds à personne et tu n'as aucun compte à rendre à qui que ce soit. L'armée m'a donné une perspective d'avenir, chose que le quartier ne te donne pas ! Tu te lèves le matin. Tu sais que l'après-midi tu vas voir les potes mais le lendemain tu ne sais pas ce qu'il en sera. Alors qu'à l'armée tout est rythmé. Tu as ton agenda qui est fixé. Au quartier, il n'y

a pas d'agenda. Si tu veux, tout ça, ça m'a complètement ruiné. Ça a été encore pire après l'armée. Je suis devenu hyper-hardcore. Je suis devenu Blackpower mais en version arabe ! *Arabe Power !* J'étais devenu un identitaire arabe[1].

La trajectoire d'Othmane est représentative d'une jeunesse tiraillée entre des comportements de rupture voire de rébellion à l'égard des institutions et dans le même temps un désir de cadre coercitif et de contenance. Sa réticence initiale quasi allergique à l'égard des symboles nationaux tels que drapeau et la Marseillaise laisse progressivement la place à du respect et même de l'affection. Il trouve dans le règlement de l'institution militaire un cadre et une contenance qui lui permettent de rompre avec le désœuvrement et l'oisiveté de son quartier d'origine. Il en est rétrospectivement conscient lorsqu'il déclare : « L'armée avait réussi à me cadrer. » Ses vaines tentatives de réengagement dans les armées se soldent par un retour au quartier qui le resocialise avec ses anciennes fréquentations et radicalise son discours identitaire.

Son parcours social reflète un désir d'engagement total qui le rapproche du paradigme sociogénérationnel préalablement défini. Chez ces profils de jeunes attirés par la sphère militaire, le moteur fondamental n'est pas tant le socle doctrinal djihadiste que la volonté d'intégrer un collectif structurant et source de rétributions qui viendront pallier des failles protéiformes (narcissiques, identitaires, affectives...). En poussant la réflexion, il est même possible de se demander dans quelle mesure les vertus intégratives des armées ne contribuent pas à assécher les velléités d'une jeunesse qui pourrait être tentée par les sirènes d'autres logiques d'engagement radical. Par la transmission de repères et la structuration identitaire qu'elle impose, l'institution militaire participerait indirectement à réenraciner et d'une certaine manière à « déradicaliser » une partie de la jeunesse.

1. Entretien réalisé et transmis par Maria Mourani.

Devenir soi-même ! Nietzsche, l'EI et les armées

Si, pour les partisans de l'EI, Dieu est tout sauf mort, il est intéressant de constater comment les cadres de cette organisation ont, de manière paradoxale, développé un registre discursif et incitatif qui emprunte par certains aspects à une conception nietzschéenne de l'accomplissement de soi. Ainsi Nietzsche écrit :

> Si le grand penseur méprise les hommes, c'est leur paresse qu'il méprise, car c'est elle qui leur donne l'allure indifférente des marchandises fabriquées en série, indignes qu'on s'y intéresse ou qu'on cherche à les éduquer. L'homme qui ne veut pas appartenir à la masse n'a qu'à cesser d'être indulgent à son propre égard ; qu'il suive sa conscience qui lui crie : « Sois toi-même ! Tu n'es pas réellement ce que maintenant tu fais, penses et désires. »

On retrouve cette idée dans la communication des maîtres à penser du djihad. L'engagement djihadiste permet de s'extirper d'une Oumma jugée passive, léthargique et foncièrement inféodée au bon vouloir des « croisés ». Le philosophe allemand poursuit :

> Toute âme jeune entend cet appel jour et nuit, et tressaille ; car elle pressent la mesure de bonheur qui lui est destinée de toute éternité quand elle pense à sa véritable émancipation : bonheur auquel d'aucune manière elle ne parviendra tant qu'elle restera dans les chaînes de l'opinion courante et de la peur. Et quelle vie sans espoir et dépourvue de sens peut s'ouvrir sans cette libération ! Il n'existe pas dans la nature de créature plus sinistre et plus répugnante que l'homme qui s'est dérobé à son propre génie et qui louche maintenant à droite à gauche, en arrière et de tous les côtés. Personne ne peut bâtir à ta place le pont qu'il te faudra toi-même franchir sur le fleuve de la vie – personne, hormis toi. Il est vrai qu'il existe d'innombrables sentiers et d'innombrables ponts et d'innombrables demi-dieux qui veulent te conduire à travers le fleuve ; mais le prix qu'ils te demanderont, ce sera le sacrifice de toi-même ; il faut que tu te donnes en gage et que tu te perdes. Il y a dans le monde un seul chemin que personne ne peut suivre en dehors de toi. Où mène-t-il ? Ne le demande pas, suis-le[1].

1. Friedrich Nietzche, *Considérations inactuelles* (1874), III, Paris, Gallimard, 1988.

Dans cet extrait on retrouve a minima quatre éléments pouvant entrer en résonance avec l'imaginaire et la sociologie des djihadistes. D'une part, la jeunesse qui caractérise l'essentiel du vivier djihadiste, le sacrifice de soi à travers le martyr (*chahid*), le chemin qui, transposé dans la matrice djihadiste, peut être celui du sentier de Dieu (*Fissa bil illah*) et l'acceptation de sa destinée (*mektoub*). Dressant un parallèle entre la notion de djihad et la conception nietzchéenne de l'homme, Sanekli Monia écrit :

> En fait l'homme moderne selon Nietzsche a perdu le sens de la vie le jour où il a perdu le gout pour les conquêtes et les gloires. L'homme moderne s'est tellement sclérosé avec la raison et la logique jusqu'à perdre le vrai rapport à la vie et à son corps qui n'est qu'un rapport de volonté, de domination et de commandement instinctif et naturel. Le repère fondamental pour Nietzsche est anthropologique et généalogique renvoyant aux sociétés primitives et à la santé originaire qui faisait que les ancêtres de l'homme jouissaient d'une santé naturelle de par la force de leur instinct. Les guerres, les conquêtes, l'extension du champ du pouvoir et l'accroissement des forces sont des données naturelles qui ont structuré toute culture noble et toute supériorité hiérarchique[1].

Pour la philosophe, la modernité a vu le triomphe d'Apollon face à Dionysos c'est-à-dire la victoire de la décadence et de l'inactivité au détriment du goût de la conquête et de la puissance. Or à travers son ambition califale, l'EI promet à ses jeunes combattants des guerres, des rêves d'extension que sa devise trop souvent méconnue, « Rester ou s'étendre » (*Baqiyya wa-Tatamadad*), illustre de façon éclatante. Du côté des acteurs du ministère de la Défense, la référence au philosophe allemand a été encore plus explicite puisque ces derniers n'ont pas hésité à faire de l'assertion « Devenez vous-même » le slogan de leur campagne nationale de recrutement au cours de la période 2010-2012. La communication des services des ressources humaines des armées fait écho aux évolutions sociétales et à l'état d'esprit de

1. Monia Sanekli, « Nietzsche l'islam et la globalisation », *African Sociological Review*, 17/1-2, p. 128-132.

cette génération Y[1]. Le ressort patriotique n'est plus un facteur de motivation suffisamment efficace pour séduire cette jeunesse. Désormais l'argumentaire se focalise essentiellement sur des promesses d'épanouissement individuel et des valeurs « hypermodernes » qui relèguent l'esprit sacrificiel et l'effort collectif au profit du développement personnel, du plaisir et de la consommation.

Affiche de la campagne nationale de recrutement 2010-2012 du ministère de la Défense

Les armées comme espace de socialisation

Une autre configuration concerne les individus radicalisés qui ont connu une expérience militaire au fil de leur parcours. Dans un rapport spécifiquement consacré à ce sujet, le Centre d'analyse du terrorisme estime à environ une trentaine le nombre d'ex-militaires français partis rejoindre l'EI. Il convient de rappeler ici que cette configuration est loin d'être inédite pour les pays majoritairement musulmans. Le chef du commando responsable

1. Génération née entre 1984 et 1996 qui a grandi à l'époque de la généralisation d'Internet (*digital natives*).

de la prise d'otage de La Mecque en 1979, Juheiman Al-Otaibi, était un ancien caporal de la garde saoudienne. Khalid Islambouli, l'assassin du leader égyptien Anouar El-Sadate et membre du djihad islamique, était un officier d'artillerie de l'armée nationale. L'Algérien Abderakak El-Para (le parachutiste), assassin présumé des moines de Tibéhirine, a déserté l'Armée nationale populaire où il était engagé dans les troupes aéroportées pour rejoindre le Groupe salafiste pour la prédication et le combat (GSPC).

Il faut également rappeler que de nombreux membres de l'état-major de l'EI entretenaient un lien organique avec les armées irakiennes de Saddam Hussein. Après la prise de pouvoir par les chiites en 2005, de nombreux officiers supérieurs irakiens évincés du haut commandement militaire se sont retrouvés sans activités ni fonctions. L'engagement au sein de l'organisation leur a offert de nouvelles perspectives. Les pays occidentaux font face à des dynamiques comparables. Au Canada, Steven Vikash Sand a appartenu au Régiment royal du Canada durant quatre années avant d'être arrêté en juin 2006 à Toronto pour des projets d'activités terroristes en lien avec un groupe islamiste. Aux États-Unis, le sous-officier Ikaiga Kang a été condamné à vingt-cinq années de prison pour avoir prêté allégeance à l'EI et lui avoir transmis des documents[1].

Avec la massification de l'enrôlement djihadiste promue par l'EI, ces profils se sont multipliés. Par l'importance de leurs contingents de djihadistes, les pays européens sont particulièrement affectés par cette problématique. Lionel Dumont avait effectué son service militaire au 4e RIMA de Fréjus avant de s'engager et de partir à Djibouti avec le 5e régiment interarmes d'outre-mer où il a participé à l'intervention multinationale Oryx sous l'égide de l'ONU (1992-1993). Il a rejoint le Gang de Roubaix en 1993. Ainsi, Erwan Guillard, ex-militaire parachutiste engagé durant six mois, est parti faire le djihad en Syrie entre 2013 et 2014. En janvier 2015, Djebril Amara, ex-matelot réformé pour raisons médicales (dépression), est arrêté pour avoir fomenté un attentat contre la base militaire

1. Jennifer Sinco Kelleher, « Hawaii-Based Soldier who Tried to Help Islamic State Gets 25-Year Sentence », *Army Times*, 4 décembre 2018.

de Fort Béar. Ancien caporal de l'armée française où il a été spécialiste radio durant neuf années, Manuel Broustail est arrêté à l'aéroport de Fès le 6 mars 2016, en possession de plusieurs armes blanches. Mehdi Kamallah a travaillé durant cinq années pour les armées françaises comme opérateur de tourelle avant de déserter et de rejoindre l'EI. Tous ces acteurs ont été condamnés par la justice française. Lionel Dumont a été rattrapé après une cavale de quatre années. Détenu à la prison de Sedequin où il a écopé d'une peine à perpétuité, il a été libéré en 2022. Erwan Guillard s'est rendu de lui-même aux autorités et a été condamné à douze années de réclusion. Manuel Broustail a été incarcéré à la suite d'une condamnation de deux ans et demi par la cour de justice de Rabat. Mehdi Kamallah a été condamné à huit années de prison. Les raisons qui sont à l'origine de leur départ de l'institution militaire ne sont pas toujours connues mais semblent résulter d'une conjonction de facteurs dont la hiérarchie et l'enchaînement ne sont pas toujours clairement identifiables.

Choc moral et bifurcations biographiques

Plusieurs facteurs peuvent expliciter la réorientation d'un militaire vers un projet djihadiste. Un des éléments récurrents rétrospectivement relatés par les djihadistes est la confrontation à un choc moral c'est-à-dire une expérience sociale résultant le plus souvent

> d'un événement inattendu ou d'une modification imprévue, plus ou moins brusque, de l'environnement des individus ; elle implique une réaction très vive, viscérale, ressentie physiquement parfois même jusqu'à l'écœurement, la nausée, le vertige ; elle conduit celui qui y est confronté à jauger et juger la manière dont l'ordre présent du monde semble s'écarter des valeurs auxquelles il adhère ; enfin, cette expérience sociale suscite un sentiment d'épouvante, de colère, de nécessité de réaction immédiate, qui commande un engagement dans l'action[1].

1. Christophe Traïni, « Choc moral », dans Olivier Fillieule (dir.), *Dictionnaire des mouvements sociaux*, 2e éd., Paris, Presses de Sciences Po, 2020, p. 104-110.

Ce fut vraisemblablement le cas de Lionel Dumont qui se dit révolté par l'inaction des soldats occidentaux face aux atrocités commises en Somalie (1992-1993). On retrouve ces chocs moraux parmi les témoignages de nombreux ex-militaires partageant l'idéologie de l'EI. Ainsi Rodrigue Da S. qui a intégré le 1er régiment de chasseurs parachutistes de Pamiers décide de déserter lorsque son sergent-chef lui aurait montré des vidéos faisant apparaître des soldats en train de tirer sur des civils en Côte d'Ivoire[1]. Incapable de rejoindre les rangs de l'organisation djihadiste, il décide de planifier des opérations sur le territoire national. Issu d'un couple franco-tunisien, Medhy a écopé d'une peine de cinq ans de prison pour avoir rejoint le Pakistan en compagnie de deux autres personnes. Il relate la profonde déception qu'a été pour lui la confrontation avec certains militaires :

> Un jour je rentre dans ma chambre et je vois quelqu'un qui se drogue ! à l'armée ! c'est-à-dire que le mec il prend de la cocaïne ! Le matin après un footing de feu, le mec se met à fumer des joints toutes les cinq minutes. Malheureusement c'est la grande drogue de ce siècle. Et un autre qui prend de l'héroïne devant moi ! Avec une cuillère en faisant chauffer et la paille ! Et là je me dis je suis où là ?! je suis à l'armée ? Je suis où là ?! C'est ça les soldats qui vont défendre la France ? J'étais un peu choqué ! je voyais aussi les gens comment ils se comportent. Comme je vous ai dit je suis déjà allé en Côte d'Ivoire, j'ai vu le comportement de certains soldats qui étaient mariés ! Franchement j'étais choqué ! ils allaient voir des prostitués comme s'ils avaient fait ça toute leur vie. Malheureusement moi, ça m'avait complètement écœuré quand j'ai commencé à apprendre ma religion.

Incorporés au sein de l'armée de terre, Andy D. et Ridouane B. ont vu leur comportement se métamorphoser à la suite d'opérations extérieures avec les armées françaises, respectivement au Tchad et au Liban[2]. Radié du 3e régiment parachutiste d'infanterie de marine de Carcassonne en avril 2012

1. Manon Chemel, *Les Militaires français et le djihad*, Centre d'analyse du terrorisme, 2019, p. 3.
2. Témoignage de sa mère.

pour désertion, Andy B. rejoint l'Irak où il serait mort à la suite d'une attaque de drone. Ridouane B. s'est engagé au sein de l'armée de terre en septembre 2008 avec le grade de caporal-chef et a été réformé en 2015. Son Opex de 7 mois au Liban l'aurait radicalement transformé et conduit à un état dépressif durant une année et demie.

Les discriminations comme carburant à la radicalisation

Un autre carburant du processus de radicalisation est le sentiment d'évoluer dans une sphère professionnelle insuffisamment inclusive. Plusieurs soldats évoquent les armées sous le prisme d'une institution qui a des difficultés à faire une place aux soldats français de confession musulmane. Au travers de leurs récits, tout se passe comme s'ils devaient choisir entre leur militarité et leur islamité, les deux étant prétendument inconciliables. La sensation d'avoir évolué dans un milieu discriminant et raciste est relatée par Lionel Dumont, qui affirme que sa conversion à l'islam cristallisait de nombreuses tensions. Mehdi Kamallah explique que sa pratique rigoureuse de l'islam et le port de la barbe posaient un problème à sa hiérarchie. Younes déplore similairement l'attitude de ses collègues de régiment. Sa rupture avec l'institution militaire aurait été accélérée par les paroles d'un chant militaire affirmant « nous ferons flotter le drapeau français sur les terres de l'Islam ». C'est précisément au cours de son expérience militaire qu'il se familiarise avec une certaine littérature salafo-djihadiste et qu'il aurait développé des sentiments anti-français. On retrouve ces sentiments de discriminations chez Erwan Guillard. À son procès, il déclara avoir quitté les armées car il ne « supportait pas la mentalité, les alcooliques et le racisme antimusulman » et le fait qu'on ait tué « des musulmans en Centrafrique, en Afghanistan et au Mali ». Sa radicalisation aurait débuté à la fin de l'année 2009 suite à sa conversion *via* un membre de sa famille. Il tenta à deux reprises de rejoindre les contrées syro-irakiennes et y parvint la seconde fois. Passant tour à tour du groupe Jabhat Al-Nosra (Al-Qaïda) à l'EI, il restera dix mois sur zone avant de rentrer en France où il sera condamné à 11 ans de prison. Zyed et Yassine, de la filière terroriste Cannes-Torcy, avaient également intégré les armées. Zyed qui a passé cinq années dans la marine affirmait qu'il était « prêt à mourir pour la France » mais que l'ambiance professionnelle était foncièrement raciste à l'égard des musulmans et que son islamité l'aurait empêché de connaître une véritable promotion hiérarchique. Yassine s'est engagé à deux reprises au sein des armées mais rencontre des difficultés d'adaptation à la rigueur de la culture militaire. Il mentionne également des faits de racisme intra militaire. Sa gravitation autour de la filière Cannes-Torcy l'a conduit à être condamné et donc à quitter le métier des armes. Incapable de se réintégrer socialement après son expérience carcérale, il se marie et rejoint la Syrie où il meurt rapidement. Le projet d'attaque de Djebril Amara apparaît aussi comme un désir de vengeance contre une institution qui ne l'a pas estimé suffisamment compétent pour embarquer sur un navire de guerre et qui l'a cantonné à un statut de guetteur à fort Béar.

Selon ses propos Mehdy a été progressivement ostracisé lorsqu'il a commencé à se poser des questions sur le bien-fondé des interventions militaires françaises :

> À l'armée, c'est simple, on te dit que tu défends la France contre les méchants, mais en fait quand on étudie un peu plus l'histoire ou l'anthropologie on comprend que c'est beaucoup plus compliqué que ça. Du coup je me suis questionné sur l'intérêt d'aller en Opex en Afghanistan. Entre-temps j'ai rencontré les aumôniers musulmans pour échanger avec eux. Ça s'est ébruité je ne sais pas comment dans la presse et là dans le régiment on a commencé à me poser des questions : pourquoi tu ne veux pas partir combattre en Afghanistan ? Certains me faisaient de petites réflexions, m'appelaient « le terroriste » alors que j'étais tout sauf ça. Mais tout de suite, étiquette, étiquette, étiquette... Entre le comportement des soldats entre eux, ma situation privée avec ma conjointe qui n'allait pas du tout, je me suis dit je devrais peut-être changer même si l'armée me plaisait énormément.

L'exposition à des chocs moraux ainsi qu'à des vexations racistes conduit ces soldats à l'adoption progressive d'une nouvelle grille d'interprétation du monde et d'un discours au sein duquel les musulmans font systématiquement figure de boucs émissaires. Dans les différents extraits, le choc moral est lié à des enjeux qui mêlent des facteurs d'ordre religieux et géopolitique. Les acteurs reprochent aux militaires français le fait de tuer ou de laisser tuer leurs coreligionnaires et en filigrane la légitimité des opérations extérieures dans lesquelles ils sont mobilisés. Les fondements de leur indignation s'inscrivent donc dans le prolongement des paradigmes religieux (nécessaire allégeance à l'Oumma) et (géo)politique (illégitimité de l'interventionnisme occidental) sans que l'on puisse toujours clairement séparer les deux dimensions. Les questionnements prennent parfois une teneur existentielle. Mehdy avoue s'être posé de profondes questions avant son départ vers des pays musulmans afin d'y apprendre sa religion :

> En revenant de Côte-d'Ivoire en 2008-2009, je me pose de plus en plus de questions. Et j'avais un ami de très longue date qui s'était converti à l'islam à ce moment-là. En Côte-d'Ivoire je me suis dit, mais moi qu'est-ce que j'attends en fait ? Des gens ils se convertissent à côté de moi, ils ne sont pas du tout musulmans... c'étaient des juifs, des anciens chrétiens, des ceux-ci des ceux-là, des athées... et qu'est-ce que je fais moi ? En gros, c'est quoi le but de ma vie ? Et d'ailleurs c'est un peu peut-être le but de tout le monde de savoir... religieux ou pas... de comprendre un peu le but de son existence et celui des autres, certains se réfugient dans la religion, d'autres se réfugient dans telles ou telles pensées, et justement cette réflexion-là, c'était vraiment le début. C'était en Côte d'Ivoire, surtout en revenant de Côte d'Ivoire... Qu'est-ce que je vais faire de ma vie maintenant ? J'ai un enfant, c'est quoi mon parcours de vie... quelle est la prochaine étape ?

Quoique cet aspect soit peu recensé, plusieurs ex-militaires paraissent avoir choisi le chemin du djihad dans une perspective de satisfaction pulsionnelle. Ces pulsions peuvent être de nature meurtrière, lucrative ou sexuelle. Ainsi, avant même sa conversion à l'islam, Ali (pseudo) a choisi d'intégrer les armées afin de pouvoir satisfaire ses désirs de meurtre. Ses motivations ne résidaient pas dans des aspirations patriotiques mais dans le « simple attrait pour le meurtre légal rémunéré[1] ». Les exécutions lui procurent du plaisir et son recrutement en tant que bourreau pour l'administration du califat lui offre l'opportunité d'assouvir pleinement sa soif de sang. De son côté, originaire de la ville de Lunel, Abdellilah Himich a passé deux ans au sein de la Légion étrangère et a participé à une opération extérieure (Opex) en Afghanistan pendant six mois. En 2011, il est interpellé en possession d'1 kg de cocaïne à la gare du Nord. Il est condamné à 3 ans d'emprisonnement dont 1 an avec sursis pour trafic de stupéfiants. Après son incarcération il tente de se réinsérer socialement mais quitte un modeste job dans la sécurité pour rejoindre des groupes djihadistes dans les contrées syro-irakiennes.

La volonté de satisfaire des pulsions sexuelles peut également entrer en ligne de compte. La mise en esclavage sexuel des femmes yézidies a certainement constitué un facteur incitatif supplémentaire pour de nombreux soldats désireux d'habiller leurs pulsions d'un vernis religieux légitimateur. Originaire de Toulouse, Mustapha Merzoughi a servi au sein du service des essences des armées durant près d'une décennie (2000-2010). Soldat peu fiable en raison de ses difficultés d'adaptation à la discipline, il était présenté comme une personne bipolaire, instable et très influençable par ses camarades militaires. Sa trajectoire de radicalisation semble davantage connectée à un processus d'emprise mentale qui a pu être activé par une tierce personne. La mutation cognitive progressive de ces soldats est potentiellement favorisée par une rencontre ou la présence d'un leader charismatique. Lionel Dumont était certainement, comme le reste du groupe du Gang de Roubaix, fasciné par la personnalité de Christophe Caze, le brillant étudiant en médecine devenu leader de ce groupe djihadiste. Les radicalisations d'Andy D. et de Ridouane B. semblent avoir été largement encouragées par Sedat H., leur professeur de langue arabe et de religion, qui les conduira physiquement jusqu'à la frontière syrienne.

1. David Thomson, *Les Revenants*, *op. cit.*, p. 268-269.

Lorsque ce vecteur d'influence n'est pas physique, il peut être virtuel. Après avoir été réformé, Djebril Amara participe à des forums sur l'islam sur Internet et visionne assidûment des vidéos de propagande djihadiste. Avec la multiplication des sites de propagande en ligne, il est de plus en plus aisé de consulter des productions (audio, vidéo...) justifiant la lutte armée contre les mécréants.

Tous ces profils de militaires devenus djihadistes sont préoccupants dans la mesure où les savoirs et techniques qu'ils ont acquis au sein des armées (maniement des armes, techniques de combat, etc.) sont susceptibles de constituer des ressources stratégiques pour l'accomplissement d'actions terroristes. La détention de ce capital de connaissances a souvent accéléré leur promotion hiérarchique au sein de l'EI.

Des djihadistes radicalisés dans les armées

Bien que relativement rare, une autre configuration concerne les processus de radicalisation ayant entraîné un passage à la violence (ou une tentative) à l'intérieur même des armées. Ces configurations ont trouvé à s'exprimer de manière extrême à deux reprises au sein des armées américaines. En mars 2003, le caporal-chef Hasan Karim Akbar (né Mark Fidel Kools puis converti à l'islam) tuait deux collègues officiers et blessait 14 autres soldats en lançant quatre grenades dans leurs tentes du camp de Pennsylvania, au Koweït. En novembre 2009, le commandant Nidal Malik Hasan tuait 13 soldats et faisait 31 blessés au sein de la base de Fort Hood, au Texas. L'exploration des parcours familiaux et socioprofessionnels de ces deux soldats américains permet néanmoins de dégager plusieurs lignes de force. D'une part, il s'agit de militaires psychologiquement fragiles. Le dossier médical du premier mentionne des troubles psychiatriques (schizophrénie, paranoïa), tandis que le second semble être entré dans un processus graduel de dépression puis de radicalisation. De fait, l'exploration du parcours familial et socioprofessionnel de Nidal Malik Hasan avant la fusillade au sein de la base de Fort Hood traduit une lente dépression étalée sur plusieurs années. Après avoir terminé en 1995 des études universitaires en biochimie, il intègre un programme de formation en médecine financé par l'État américain, et choisit la spécialité psychiatrie. Ses parents décèdent au cours de cette période. Diplômé en médecine à partir de 2003, il se plaint peu après de subir un harcèlement quotidien et de nombreuses insultes de la part de ses collègues militaires. C'est à ce moment qu'il signale sa volonté de ne pas être projeté en Irak et en Afghanistan, car cela lui poserait des problèmes de conscience. Désireux de rompre son contrat professionnel avec l'institution militaire qui a financé sa formation académique, il se heurte à une série d'oppositions administratives. Malgré plusieurs tentatives auprès d'avocats militaire et civil à qui il propose de rembourser l'intégralité de ses frais universitaires, l'état-major américain programme sa projection en Afghanistan. En déficit de psychiatres opérationnels sur le théâtre, l'institution militaire lui impose de partir en OPEX. Entre-temps il semble s'être rapproché de l'idéologie djihadiste via la consultation de sites propagandistes et notamment la revue Inspire lancée par Anwar Al-Awlaki proche d'AQPA (Al-Qaïda dans la péninsule Arabique). Parfaitement bilingue en anglais et arabe, Al-Awlaki donne dans son magazine des instructions aux aspirants terroristes souhaitant passer à l'acte seul. Il aurait influencé près de 90 personnes dans leur passage à l'action violente. Dans leurs témoignages, les deux soldats rapportent également de grandes difficultés d'intégration liées à leur confession religieuse. Bien que disposant de plusieurs signaux, les chaînes de commandement semblent avoir négligé ou sous-estimé la gravité de ces problématiques.

En France, de tels cas ne se sont jamais manifestés. Néanmoins, en janvier 2009, un militaire du rang issu du 1er régiment d'infanterie de Sarrebourg refuse d'être projeté en Afghanistan en raison de motifs religieux. Selon ce caporal, sa foi musulmane lui interdirait d'aller combattre ses coreligionnaires. Son témoignage fait état d'un profond malaise existentiel fondé sur des difficultés familiales (conflit avec sa femme) et le sentiment de ne pas trouver sa place dans un environnement professionnel qu'il juge discriminant et raciste. Mustapha Mezroughi pourrait également être classé dans cette catégorie de soldats instables. Bipolaire et influençable, il aurait certainement pu faire usage de violence contre ses frères d'arme s'il avait subi l'influence d'une tierce personne. Le parcours du matelot Djebril Amara est également intéressant. Titulaire d'un baccalauréat STG, il a servi dans la Marine comme matelot de 1re classe. Au cours de son engagement, Djebril Amara (19 ans à l'époque des faits) avait été affecté comme guetteur au sémaphore de Béar, dans les Pyrénées Orientales, entre 2013 et 2014, avant d'être réformé de l'armée pour « trouble d'adaptation au métier de militaire » à la suite de plusieurs arrêts maladie. Suite à cette déconvenue qu'il vit comme une humiliation, il surinvestit Internet et rencontre par l'intermédiaire de jeux vidéo deux personnes avec lesquelles il se lie d'amitié et élabore le projet de partir en Syrie. Ces derniers utilisent la messagerie cryptée Telegram. Leur expédition avorte car le plus jeune d'entre eux est signalé par sa mère qui obtient une mesure d'interdiction de sortie du territoire de la préfecture de Valenciennes. C'est alors que Djebril Amara aurait suggéré de s'attaquer au sémaphore de Béar qu'il connaît bien pour y avoir travaillé. Ils projetaient de mener leur action au cours de la nuit de la Saint-Sylvestre, et de décapiter l'officier commandant le poste. Ils avaient prévu de filmer la scène pour l'envoyer au groupe EI dont ils voulaient rejoindre les rangs. L'analyse du parcours de Djebril Amara révèle à la fois une profonde déception liée à son incapacité à réaliser son rêve de devenir militaire sur un navire de l'armée française ainsi que plusieurs périodes de dépression attestées par des arrêts maladie. C'est au cours de cette période d'isolement qu'il se rapproche simultanément de la religion via Internet et prend ses distances avec sa famille.

Les différentes trajectoires précédemment décrites ont comme dénominateur commun d'être celles d'individus en situation de plus ou moins grande fragilité sociale et psychologique, voire psychiatrique. Le partage d'un sentiment de frustration, de stigmatisation et d'isolement paraît également une constante de ces itinéraires sociaux. Tous se retrouvent dans la position paradoxale de vivre une situation d'anomie dans une institution militaire théoriquement hyper-socialisante. Le glissement vers la radicalisation est toujours progressif et certains indices du malaise étaient perceptibles avant le passage à l'acte. Ce socle expérientiel fournit une ouverture cognitive qui, lorsqu'elle entre en interaction avec des vecteurs de diffusion idéologique (sites internet, recruteurs physiques...), peut cristalliser des risques de basculement. Un autre élément à souligner entre les configurations américaine et française tient aux différences des systèmes de recrutement militaire. Pour parvenir à combler les objectifs annuels de recrutement, le ministère de la Défense américain n'a pas hésité à abaisser les standards relatifs aux résultats de tests psychotechniques et à accepter des candidats atteints de troubles psychologiques.

Le métier des armes comme révélateur du pentagone de la djihadisation

L'exploration des interactions entre sphères militaires et radicalisation est particulièrement instructive pour saisir les ressorts profonds qui mènent les acteurs à user de violence. On y retrouve à des degrés divers l'ensemble des approches théoriques du pentagone de la djihadisation (dévotion, émotion, politisation, manipulation et pulsion). Si les armées occidentales symbolisent l'ennemi ultime des djihadistes, elles apparaissent simultanément comme des espaces socioprofessionnels potentiellement attractifs pour des jeunes en quête de sens et de repères. Le paradigme sociogénérationnel est opératoire pour décrypter les parcours de jeunes désireux de rejoindre le métier des armes afin d'y trouver un cadre structurant et valorisant du point de vue narcissique. Les deux champs (militaire et djihadiste) présentent la propriété commune de combler efficacement des carences identitaires et de rehausser l'estime de soi. Par ses vertus intégratives, l'institution militaire contribue à transmettre des repères aux jeunes et à les réenraciner dans un collectif qui tranche avec les situations d'anomie ou d'oisiveté qui pouvaient caractériser leur vécu ante-militaire. De ce fait, nous formulons ici l'hypothèse que les armées contribueraient indirectement à neutraliser (très en amont) de potentielles spirales de radicalisation.

Ce parallèle entre deux formes d'engagement *a priori* totalement antagoniques n'est intelligible que si l'on adopte une grille de lecture processuelle de leurs trajectoires sociales. Cette grille d'interprétation doit prendre en considération le rôle des interactions, des rencontres et des émotions dans les parcours individuels. Ces jeunes, souvent issus de milieux familiaux instables voire chaotiques, s'apparentent à des « âmes errantes en quête de propriétaire ». Lorsque ces profils échouent à intégrer l'univers militaire pour diverses raisons (immaturité, instabilité...) ou à y perdurer, ils peuvent être séduits par d'autres formes d'engagement radical qui leur fourniront des ressources identitaires et symboliques comparables. Ces segments de jeunes s'inscrivent principalement dans la dynamique d'« islamisation de la radicalité » décrite par Olivier Roy. Leur endoctrinement religieux est toujours postérieur à un malaise existentiel caractérisé par une profonde quête de sens. L'exploration des interactions militaro-djihadistes met également en lumière la pertinence des paradigmes religieux et géopolitiques. Cette catégorie concerne davantage les soldats qui se sont réellement confrontés à l'expérience militaire et qui adoptent une grille de lecture du monde qui va progressivement interroger et délégitimer leur statut de militaires engagés pour les armées occidentales. Ces militaires qui renient leur engagement pour rejoindre les contrées du djihad développent un argumentaire qui agrège indistinctement des registres religieux et géopolitique. Les deux niveaux étant étroitement corrélés puisqu'il s'agit d'une part de combattre pour leurs coreligionnaires afin de sauver l'Oumma au nom du principe de l'Alliance et du désaveu (*Al-wara wal bara*) mais également de dénoncer l'illégitimité des opérations militaires occidentales au sein de l'espace arabo-musulman (Afghanistan, Syrie, Mali...). Ces bifurcations biographiques sont souvent (mais pas systématiquement) renforcées par des comportements discriminatoires au sein des armées. Elles peuvent aussi être alimentées par des chocs moraux qui remettent profondément en cause leurs certitudes initiales. L'attractivité du socle idéologique djihadiste s'avère d'autant plus efficace que l'individu expérimente des lignes de fracture à l'intérieur de sa sphère professionnelle. Plus il est relégué dans une position d'altérité symbolique, plus son sentiment d'appartenance au groupe s'affaiblira et plus il sera susceptible d'être perméable aux discours binaires portés par les djihadistes (« eux » contre « nous »).

Le paradigme de l'emprise mentale s'incarne essentiellement à travers les trajectoires de soldats qui ont pu être manipulés par une tierce personne les ayant conduits à commettre des actions violentes contre leurs frères d'arme. Ils sont souvent le fait de personnes atteintes de troubles psychologiques ou psychiatriques. Les cas les plus dramatiques ont été recensés dans le contexte des armées américaines avec les tragédies du camp de Pennsylvania (23 mars 2003) et celle de fort Hood (5 novembre 2009). Enfin, le désir de satisfaction pulsionnelle transparaît dans certains parcours d'ex-militaires ayant rejoint les théâtres de guerre après des parcours de délinquance avérée. Qu'il s'agisse de l'application massive de la peine de mort (décapitations, crucifixions...), de la mise en esclavage sexuel des Yézidies ou encore de la confiscation de biens matériels des populations locales, le système politico-juridique de l'entité califale a offert un terrain d'expression tout trouvé aux individus désireux d'assouvir leurs instincts les plus basiques. Nonobstant les ressorts profonds de leurs motivations à rejoindre le djihad, tous ces ex-militaires constituent des ressources stratégiques particulièrement recherchées par les organisations terroristes. Leur promotion hiérarchique au sein de l'organisation de l'EI a souvent été accélérée par la détention de ce capital de connaissances (entraînement physique, maniement des armes...). Ce fut par exemple le cas d'Abou Souleymane, ancien légionnaire promu à la tête d'une brigade de combattants et disposant de son propre camp d'entraînement près de la ville de Deir Ez Zor en Syrie.

Enfin, une dernière configuration n'a pas été évoquée ici. Elle concerne ceux qui ont pu vouloir rejoindre stratégiquement les armées afin de se préparer militairement au combat djihadiste. Bien qu'il soit difficile d'objectiver le phénomène quelques cas existent. Ainsi Philippe H. incarcéré dans la prison de Rouen explique dans un courrier adressé à l'aumônier musulman : « Je voudrais vous dire que je suis content de vous avoir rencontré.

Comme j'ai dit l'islam a besoin de soldats pour défendre l'honneur des musulmans. J'ai fait l'armée et je voulais servir cette cause non pas contre la France mais à l'étranger car il y a beaucoup d'injustice en Irak et en Syrie et en Palestine[1]. » Younes, connu aussi sous le nom d'Abu Walid al-Faransi, s'est également engagé au sein des armés avec l'objectif secret d'acquérir un savoir-faire militaire et le réinvestir au service du djihad.

Ce projet d'infiltration stratégique des armées par des groupuscules idéologiques est beaucoup plus documenté dans les mouvances d'extrême droite. En 2020, l'Allemagne avait dissous un régiment entier de forces spéciales en raison de sa proximité avec les milieux néonazis. D'autres mouvances d'extrême droite inspirées par le concept américain de *Racial Holy War* conçoivent le passage par les institutions armées comme un premier pas nécessaire afin de préparer leurs militants aux combats intercivilisationnels qui se dessineraient pour les années à venir (immigrés, africains, musulmans...).

Mezroughi, bipolaire, instable et recruteur pour l'EI

Mustapha Mezroughi (appelé Abou Omrane Al-Faransi), 37 ans, est un ancien militaire français (2000-2010) condamné à mort par la justice irakienne pour appartenance au groupe État islamique. Il a participé à l'intervention française en Afghanistan où ses collègues le décrivaient comme un soldat bipolaire et très instable. Il se serait formé religieusement en Syrie et aurait essentiellement participé au recrutement de candidates au départ vers l'EI.

Être un serviteur parmi les serviteurs d'Allah

Younès a servi dans les forces spéciales françaises avant de déserter. Après avoir lu le chapitre consacré au djihad dans le recueil de hadiths Sahih Al-Boukhari, Younès renforce

1. Courrier adressé à l'aumônier musulman de la prison de Rouen.

progressivement son adhésion religieuse en constatant le haut rang dont jouissent les martyrs auprès d'Allah. Il précise : « La louange est à Allah qui m'a ouvert les yeux et qui m'a sorti des ténèbres vers la lumière. Je me souviens exactement des pensées qui m'ont traversé l'esprit en les voyant. J'ai vu des tueurs de talibans, des ennemis de l'islam. J'ai eu l'impression de faire un saut de 800 ans en arrière et d'atterrir au Moyen Âge. J'ai vu des croisés, sans exagérer, ils avaient des têtes de chevaliers, à la seule différence qu'au lieu de porter une soutane blanche, ils étaient habillés du treillis réglementaire noir et vert français et de l'insigne de l'unité [...] Le bâtiment de notre unité portait le nom d'un des leurs qui avait été tué durant la Guerre d'Algérie. J'ai aussi appris que notre unité commando avait été dissoute après la guerre d'Algérie pour crime de guerre [...]. Et cerise sur le gâteau ils nous ont donné un livre de chants militaires. L'un d'eux disait : "Nous ferons flotter le drapeau français sur les terres de l'islam." [...] J'ai continué mon cheminement vers Allah et j'ai renforcé la base de ma religion. Je lisais et relisais quotidiennement le Coran ainsi que la biographie du prophète[1]. »

Ali, ancien militaire et bourreau de l'EI. Mon objectif ?
« tuer un maximum de gens »

Ali est un ancien soldat devenu djihadiste. Il a intégré la *shorta* de l'EI, c'est-à-dire un organe de police religieuse chargé de réprimer les actes passibles d'amputation ou de peines de mort : viols, vols, meurtre, espionnage, sorcellerie, adultère, blasphème ou homosexualité. Sa nouvelle fonction de bourreau pour le proto-État lui permett d'« hallaliser » des pulsions meurtrières qui tiennent de la psychopathologie. Son objectif était de rentrer en France pour « tuer un maximum de gens ». Avant sa conversion à l'islam, il confesse n'avoir eu aucun respect pour la vie. Désormais, seule la vie des « vrais » musulmans lui importe.

1. David Thomson, *Les Revenants*, *op. cit.*, p. 270-271.

Pour aller plus loin

Chemel Manon, *Les Militaires français et le djihad*, Centre d'analyse du terrorisme, décembre 2019.

Rapport d'information sur les services publics face à la radicalisation, MM. les députés Diard et Poulliat, juillet 2019.

Settoul Elyamine. « Le drapeau ou le djihad ! Regard comparé sur les logiques d'engagement militaire et djihadiste », *Confluences Méditerranée*, 106/3, 2018, p. 135-146.

Settoul Elyamine, « L'ambivalence des connexions entre engagement militaire et mouvances djihadistes », *Les Champs de Mars*, 33/2, 2019, p. 135-152.

Chapitre 6

Réponse publique et stratégies de désengagement

Une réponse publique à tâtonnements

La prise de conscience de l'importance des phénomènes de radicalisation au sein de la société française émerge dans les sphères politiques à partir de 2013. Confrontés à la massification des départs de jeunes vers des théâtres de guerre et à la multiplication d'actions djihadistes rendues sidérantes par leur caractère protéiforme (attentats kamikazes, attaques au couteau, véhicules béliers...), les acteurs publics vont progressivement développer une stratégie destinée à juguler le phénomène. Le premier document développant une véritable réflexion sur le sujet est le rapport *Prévention de la radicalisation*[1] du Secrétariat général de la défense et de la sécurité nationale (SGDSN) rédigé par le préfet Yann Jounot. Cette analyse réalisée par un spécialiste des questions de sécurité met en exergue le retard des Français sur les questions de prévention de la radicalisation. Alors que de nombreuses nations occidentales vont élaborer des plans de lutte à la suite des attaques commises sur leur sol au cours des années 2000 (États-Unis 2001, Espagne 2004, Grande-Bretagne 2005), la France, qui a été épargnée par les actions djihadistes jusqu'à l'affaire Merah en 2012 demeure éloignée de ces préoccupations. À l'exception des acteurs du ministère de la Justice confrontés à

1. Yann Jounot, « Prévention de la radicalisation », rapport du Secrétariat général de la Défense et de la Sécurité nationale, 30 octobre 2013 (déclassifié en 2017).

des enjeux de prosélytisme en milieu carcéral, aucune stratégie de prévention n'est réellement programmée. Le rapport préconise en conséquence de rattraper ce retard en posant les jalons des futurs plans d'action étatique pour la période 2014-2018 et en se rapprochant des instances européennes. Il met également l'accent sur l'importance de coupler la nécessaire réponse sécuritaire à des dispositifs sociaux axés sur des prises en charge individualisées des personnes radicalisées.

Cette première cartographie de la prévention de la radicalisation va pointer de nombreuses similitudes entre les dérives sectaires et les processus de radicalisation. C'est ainsi que la grille d'interprétation de l'emprise mentale va progressivement s'imposer et que des structures telles que la Miviludes (Mission de vigilance et de lutte contre les dérives sectaires) seront largement sollicitées pour former les fonctionnaires sur ces questions. Des acteurs associatifs tels que le Centre de prévention des dérives sectaires liées à l'islam (CPDSI) de l'anthropologue Dounia Bouzar vont également jouer un rôle clé. Créé en mars 2014, le CPDSI est mandaté par le ministère de l'Intérieur et le SG-CIPD pour intervenir comme équipe mobile d'intervention sur l'ensemble du territoire national. L'approche du CPDSI associe l'engagement djihadiste à un processus d'emprise mentale. La terminologie de l'association use très largement des notions d'endoctrinement, d'anesthésie affective, autant de concepts que l'on retrouve employée dans l'analyse des dérives sectaires.

Mais l'appréhension de la radicalisation comme dérive sectaire va progressivement être remise en cause. La Commission d'enquête sénatoriale sur l'organisation et les moyens de la lutte contre les réseaux djihadistes en France et en Europe[1] constituée le 9 octobre 2014 sous la présidence de Nathalie Goulet et André Reichardt va émettre des critiques en soulignant les limites d'une interprétation axée sur les notions d'endoctrinement ou d'embrigadement. La multiplication des recherches et des ouvrages tend

1. Nathalie Goulet, André Reichardt, *Commission d'enquête sur l'organisation et les moyens de la lutte contre les réseaux djihadistes en France et en Europe*, Rapport du Sénat, n° 388, avril 2015.

à déconstruire cette focale. Ainsi dans son rapport pour la Fondation d'aide aux victimes du terrorisme, Pierre Conesa insiste sur le volontarisme des jeunes dans l'adhésion à ces projets :

> L'adhésion individuelle paraît volontaire. Les cas d'abus de faiblesse punissables par la Loi de janvier 1996 sur les dérives sectaires, paraissent rares. Les ressorts des conversions et reconversions (retour à la religion) des salafistes interviewés paraissent être de trois ordres. Généralement jeunes au moment de leur conversion à l'islam (entre 13 ans pour la plus jeune et 17-20 ans pour les autres), ils traversent des crises multiples : crise d'identité ; crise du sens ; sentiment d'inutilité sociale, et parfois familiale. C'est à travers leur histoire personnelle que se révèlent leur rapport à la France, leur sentiment par rapport à ce qui se passe dans le monde arabo-musulman et enfin sur la création de l'EIIL[1].

Le rapport parlementaire pointera également l'absence d'audit sur les activités et les résultats déclarés par le CPDSI.

Pour contrer la dynamique de recrutement, le gouvernement arrête un plan de lutte contre la radicalisation violente et les filières terroristes présenté par le ministre de l'Intérieur en Conseil des ministres le 23 avril 2014. Articulé autour de 23 mesures, le plan visait à démanteler les filières d'enrôlement, à empêcher les déplacements générateurs de menaces, à coopérer plus efficacement sur le plan international. Il contient un volet préventif et d'accompagnement des familles. Le Secrétariat Général du Comité Interministériel de prévention de la délinquance est chargé du volet préventif de ce plan. Il valide la création d'une plateforme téléphonique destinée à assurer une écoute et une information ainsi qu'une orientation pour les familles et les proches qui s'inquiètent du basculement d'un jeune dans la radicalisation. Après un filtrage réalisé par le service en charge du numéro vert, les signalements avérés sont adressés au directeur de cabinet de la préfecture du lieu de résidence. La Direction générale de la sécurité intérieure et le Service central du renseignement territorial

1. Cité par Aurelia Olmi, *Socio-histoire du contre-djihadisme (1980-2018). Réponses publiques au phénomène du terrorisme et de la radicalisation : des directives européennes aux solutions françaises*, mémoire EHESS, 2018.

traitent ces informations. À la fin de l'année 2015, ce dispositif avait permis d'enregistrer 3 113 signalements de personnes en situation de basculement, qui ont pu être accompagnées, ainsi que leurs familles. Près de 23 % des signalements concernaient des mineurs, parmi lesquels les jeunes filles étaient majoritaires. Les femmes représentaient 40 % du total des signalements.

À partir de janvier 2015, l'État lance la campagne de contre-discours Stop-djihadisme afin de sensibiliser le grand public sur ces questions. Relayant une vision sectaire du recrutement djihadiste, la campagne trouve un écho relativement limité au sein de la population. Impulsée au niveau de l'État central, la politique de lutte contre la radicalisation s'est fondée sur un partenariat avec les acteurs déconcentrés (préfectures). Chaque préfecture a ainsi mis en place des cellules de prévention de la radicalisation et d'accompagnement des familles (Cepraf) visant à dresser un état des lieux de la situation locale afin de détecter, accompagner ou judiciariser les personnes identifiées comme « à risques ». Ces cellules départementales réunissant des professionnels issus de divers secteurs (police, gendarmerie, Caisse d'allocations familiales, Protection judiciaire de la jeunesse...) n'ont cessé de s'élargir et se déclinent diversement selon les contextes géographiques. Certains départements très concernés par la problématique organisent des rencontres très régulières, mobilisent beaucoup de professionnels tandis que d'autres, relativement épargnés, ont des cellules de taille plus modeste. Il faut noter les nombreuses tensions que n'a pas manqué de cristalliser la réunion d'agents de l'État aux ethos professionnels parfois très éloignés :

> En tant qu'assistante sociale, j'ai un devoir de secret professionnel par rapport aux familles que je suis. Mais quand des fonctionnaires de police vous interrogent afin d'avoir un maximum d'informations et dans une logique de contrôle, on est mal à l'aise. Si cette information arrive aux oreilles de la famille, comment se justifie-t-on ? C'est toute la relation de confiance avec la famille qui est détruite et ça bien sûr ce n'est pas le souci des forces de l'ordre[1].

1. Entretien réalisé le 18 avril 2020 avec une assistante sociale présente en Cepraf (Seine-Saint-Denis).

Mais au fil des mois et des années, il semblerait qu'un consensus et une culture commune aient progressivement vu le jour. Le partage d'informations à caractère secret lors de commissions et autres instances partenariales est autorisé par la loi notamment lorsque des risques sécuritaires avérés ou significatifs sont en jeu. L'agent doit essayer de peser objectivement le rapport bénéfices/risques de son signalement. Parallèlement au numéro vert et la campagne Stop-djihadisme, le gouvernement a souhaité mettre en place des centres de prévention Réinsertion et Citoyenneté. Inspiré du modèle des Epide[1], le premier centre de prévention et d'insertion à la citoyenneté s'est ouvert en juillet 2016 à Beaumont-en-Véron (Indre-et-Loire), sur le site de Pontourny. Ce dernier devait préfigurer l'ouverture de 13 autres centres à l'échelle nationale. Le parcours proposé dans ces internats semi-ouverts devait permettre aux bénéficiaires de prendre de la distance par rapport à leur idéologie, de développer leur sens critique et d'élaborer un projet professionnel. Le travail des équipes recrutées pour gérer ces centres devait se décliner selon quatre axes nommés « Plateformes thématiques pluridisciplinaires » qui mettent l'accent sur la distanciation, l'engagement citoyen, l'approche thérapeutique et l'insertion professionnelle. D'une durée de 10 mois maximum, le cursus commençait par une phase d'évaluation destinée à cerner la situation personnelle de l'intéressé et à comprendre les facteurs de sa radicalisation. L'initiative qui devait préfigurer l'ouverture de 13 autres centres au niveau national a rapidement tourné court. Aucune personne n'est restée plus de cinq mois. Le gouvernement a décidé de mettre fin à l'expérience en 2017. Les raisons de cet échec sont multiples :

> Confusion dans les objectifs, difficultés d'une prise en charge commune, complexité de la question religieuse, hésitations sur le mode de l'encadrement, controverses sur les conceptions de la

1. Créée en 2005, la mission première de l'Epide est de permettre aux jeunes les plus éloignés de l'emploi de s'inscrire dans une dynamique positive d'insertion et de les conduire à construire leur place, de façon durable, dans le monde du travail et dans la société, afin qu'ils deviennent acteurs de leur avenir.

radicalisation, surmédicalisation du centre, gestion inadaptée et budget insuffisant auront raison au bout d'un an seulement des efforts considérables déployés par les travailleurs sociaux, non sans amertume et souffrance[1].

Il faut ajouter à ces facteurs internes l'hostilité de la population locale à voir s'installer des « djihadistes en puissance ». La problématique a également fait l'objet d'initiatives locales. Des dispositifs tels que le Centre d'information et de prévention de la radicalisation (Ciprad) à Sarcelles ou le Centre d'action et de prévention de la radicalisation des individus (Capri) à Bordeaux traduisent un réel investissement des responsables locaux sur ces enjeux. Ce volontarisme des collectivités locales n'était pas forcément la règle. Beaucoup d'élus étant réticents à investir des ressources financières sur une thématique « risquée » en termes politiques. Cet élu de banlieue parisienne exprime clairement cette crainte : « La peur que l'on a de se lancer sur ce sujet de la radicalisation c'est que nos habitants pensent que si le maire organise un événement sur ce sujet c'est parce que sa commune est touchée par des fichés S ou des réseaux islamistes. » Ces variations locales dessinent *in fine* un paysage national très fragmenté en termes de réponse publique. L'effet de sidération nationale provoqué par les attaques a également généré une manne financière favorisant par là même la profusion de cabinets d'expertise spécialisés sur les questions de radicalisation/déradicalisation. Ce nouveau champ d'expertise a vu l'émergence de « spécialistes » et d'interlocuteurs dont les parcours professionnels, la légitimité scientifique voire la probité étaient parfois très discutables[2]. L'analyse rétrospective de la construction de la politique de contre-radicalisation permet de mettre en exergue plusieurs éléments. D'une part, un retard français manifeste dans la prise en charge de ces enjeux comparativement à d'autres

1. Jean-Pierre Gabrielli, « Ce que l'échec de l'expérience de Pontourny nous a appris sur la déradicalisation », *Slate*, 1er février 2021.

2. Plusieurs affaires judiciaires vont écorner des interlocuteurs missionnés par les pouvoirs publics de l'État. Sur une analyse sociologique de l'action publique, voir Romain Seze, *Prévenir la violence djihadiste. Les paradoxes d'un modèle sécuritaire*, Paris, Seuil, 2019, p. 84.

pays européens antérieurement touchés par ces problématiques. D'autre part, on observe un glissement progressif d'une politique à visée essentiellement sécuritaire vers l'élaboration d'une stratégie incluant des volets préventifs et sociaux inspirés des politiques européennes. Le caractère inédit du phénomène va complexifier la mise en place empirique des dispositifs. Ces derniers vont d'abord s'appuyer sur les structures existantes (Miviludes...) et évoluer progressivement au gré de tâtonnements et d'essais plus ou moins fructueux. Les premières prises en charge des jeunes radicalisés s'ancrent dans une approche cognitiviste qui les assimile avant tout à des victimes de mouvements aux techniques sectaires. La multiplication des enquêtes scientifiques relatives aux motivations et aux trajectoires sociales des djihadistes et la vague d'attentats survenus après 2015 remet progressivement en cause ce paradigme psychologisant.

La gestion des détenus radicalisés

La vague d'attentats survenus à partir de 2015 constitue un tournant majeur. La réalisation d'actions terroristes par des individus ayant séjourné sur zone va radicalement transformer le traitement des revenants. Ces derniers sont désormais systématiquement judiciarisés à leur retour en France. La gestion de centaines de combattants de retour de zones de guerre est un phénomène inédit pour l'administration pénitentiaire. Leur traitement carcéral a suscité de nombreuses interrogations notamment pour ce qui concerne l'organisation de leur détention. Fallait-il les regrouper dans l'objectif de les isoler des détenus de droit commun et limiter ainsi leur influence avec la menace de voir des leaders négatifs renforcer l'adhésion djihadiste sur les profils moins convaincus ou, au contraire, les disséminer afin de « diluer » leur radicalité – au risque de voir leur idéologie essaimer dans les esprits d'autres détenus ? La première option visant à les regrouper a été appliquée par la prison de Roumieh au Liban. Le regroupement de près de 300 djihadistes n'a fait que renforcer leur cohésion et galvaniser leur adhésion idéologique. Ces derniers ont fini par prendre le contrôle d'une aile de l'enceinte pénitentiaire, créant ainsi un véritable émirat islamiste capable de planifier des actions terroristes à partir de l'établissement[1].

Le choix qui a été privilégié dans l'Hexagone est celle de l'individualisation, à travers une évaluation spécifique de chaque détenu *via* les quartiers d'évaluation de la radicalisation (QER). Ces programmes incluant des professionnels de divers secteurs (sociologues, psychologues, éducateurs) ont pour objectif de cerner au mieux les profils des personnes afin de leur fournir le parcours de détention le plus adapté. Les djihadistes les plus prosélytes sont placés à l'isolement afin d'éviter qu'ils imposent leur influence sur des détenus plus fragiles. Le plan de lutte contre la radicalisation, lancé par le Président Macron le 23 février 2018, visait précisément à faciliter cette démarche en créant 1 500 places supplémentaires au sein des prisons françaises[2]. La question de leur gestion constitue aussi un défi sécuritaire. Cette dimension s'est accentuée depuis le 4 septembre 2016, date de la première attaque djihadiste commise à l'intérieur d'une maison d'arrêt. À cette occasion, le détenu Bilal Taghi attaquait deux surveillants de la prison d'Osny avec un poinçon artisanal. À la suite de cette affaire, deux autres djihadistes ont agressé des personnels de surveillance. En janvier 2018, l'islamiste allemand Christian Ganczarski poignardait trois surveillants de la prison de haute sécurité de Vendin-le-Vieil. Le 5 mars 2019, Michaël Chiolo, condamné à 30 ans de réclusion criminelle pour des faits de droit commun et considéré comme « radicalisé », poignarde deux agents de sa prison de Condé-sur-Sarthe (Orne) avec un couteau en céramique. En filigrane de ces agressions se pose la question des possibilités réelles de désistance des djihadistes. Flavien Moreau, le premier revenant de Syrie à avoir été jugé en France, est sorti le 13 janvier 2020 après avoir purgé la totalité

1. « "L'émirat islamiste" de Roumieh s'effondre sans effusion de sang », *L'Orient le Jour*, 13 janvier 2015.

2. « Prévenir pour protéger », Plan national de prévention de la radicalisation, Comité interministériel de prévention de la délinquance et de la radicalisation, 23 février 2018.

de sa peine. Il a été réincarcéré le 21 octobre de la même année pour escroquerie et port d'arme.

Confrontée à ce type de prisonniers depuis les années 1990 avec le GIA algérien, la filière bosniaque ou encore les membres d'Al-Qaïda, la Direction de l'administration pénitentiaire (DAP) a également eu affaire à des délinquants de droit commun, devenus auteurs de tueries sur le sol français au nom de la cause djihadiste (Chérif Kouachi, Amedy Coulibaly, Mohamed Merah). Aujourd'hui, selon les sources du Comité interministériel de prévention de la délinquance et de la radicalisation (CIPDR), les prisons françaises compteraient près de 517 détenus TIS (terroristes islamistes) issus de diverses mouvances (Al-Qaïda, EI...) et environ 1 000 DCSR (détenus de droit commun susceptibles de radicalisation)[1]. Cette dernière catégorie aux contours relativement flous traduit l'hybridation croissante qui s'opère entre phénomènes délinquants et violences terroristes. Il faut également compter, parmi la catégorie des TIS, les velléitaires, c'est-à-dire les acteurs arrêtés suite à des tentatives de départ sur les zones de conflits ou pour avoir voulu préparer des attentats sur le sol national.

La figure incertaine du « radicalisé » carcéral

L'enjeu de la radicalisation en milieu carcéral n'émerge véritablement qu'à partir des années 2000. Les premières recherches autour de l'islam en prison[2] pointent l'existence d'un prosélytisme religieux d'autant plus inquiétant pour la DAP que nombre d'attaques terroristes islamistes ont été commises par des acteurs ayant connu une expérience carcérale. En sus de ce constat, les études mettent en lumière l'insuffisante prise en compte organisationnelle des besoins des détenus de confession musulmane (notamment un déficit structurel d'aumôniers). L'aumônerie

1. https://www.cipdr.gouv.fr/prevenir-la-radicalisation/soutenir-et-suivre-les-intervenants/

2. Farhad Khosrokhavar, *L'Islam dans les prisons*, Paris, Jacob Duvernet, 2004.

musulmane créée en 2005 est alors implicitement pensée comme un rempart face à l'extrémisme religieux qui gagnerait certains établissements. À partir de 2008 et sous l'effet de l'européanisation des politiques de lutte contre la radicalisation, la figure catégorielle alors dominante du « prosélyte » va progressivement laisser place à celle plus vague du « radical »[1]. La volonté des politiques publiques européennes d'anticiper le passage à l'acte des acteurs conduit à la mise en place de grilles d'évaluation et d'analyse des niveaux de radicalité des détenus.

L'initiative de la prison de Fresnes de créer en 2014 l'Unité de prévention du prosélytisme (U2P) s'inscrit précisément dans cette stratégie anticipatoire. Mais si la volonté d'élaboration de procédures de détection des personnes radicalisées est grande, force est de constater l'absence de référentiel partagé sur la définition de la dangerosité radicale. Cette dernière englobant dans certains cas des logiques prosélytes ou des formes de rigorismes religieux essentiellement quiétistes. Les objectifs de repérage des détenus problématiques ont parfois conduit les personnels de surveillance à surdéterminer l'importance des signes visibles du religieux, alimentant par ce fait un sentiment de stigmatisation (et par là même une rupture de confiance) chez les personnes identifiées comme telles. Pris en étau entre la crainte d'afficher leur foi et celle d'être taxée de pratiquer la *taqiya*[2] lorsqu'ils la rendent discrète, les détenus musulmans éprouvent les plus grandes difficultés à trouver le juste positionnement. De fait, la définition des personnels de surveillance de la menace radicale tend à s'aligner sur les représentations du sens commun.

Après la vague d'attentats de 2015, le Premier ministre Manuel Valls fait le choix de généraliser l'expérimentation du regroupement menée à Fresnes. Cette décision se fondait sur le constat

1. Claire de Galembert, « Le "radical", une nouvelle figure de dangerosité carcérale aux contours flous », *Critique internationale*, 72/3, 2016.

2. Terme arabe qui désigne la dissimulation et qui a été une pratique essentiellement mobilisée par les musulmans chiites afin d'éviter de subir des persécutions de la part des pouvoirs sunnites. Aujourd'hui le mot est utilisé pour décrire la pratique consistant à dissimuler sa foi avant de préparer une attaque terroriste.

empirique déjà connu d'une récurrence des expériences carcérales dans les parcours des djihadistes. En 1995, Khaled Kelkal fut la première figure à incarner cette mutation sociologique du délinquant de droit commun en terroriste. C'est aussi en prison qu'Amedy Coulibaly, auteur des attentats de l'Hyper Casher et de Montrouge, aurait adhéré à l'idéologie islamiste radicale alors qu'il purgeait une peine pour des actes de délinquance. Il y rencontra l'un des frères Kouachi, auteur des attentats de *Charlie Hebdo*, et Djamel Beghal, tous deux incarcérés pour des faits en lien avec le terrorisme islamiste. Le Plan de lutte antiterroriste du 21 janvier 2015 voit la création de cinq unités dédiées (UD) inspirés du modèle de l'U2P de Fresnes afin « d'éviter, d'une part les pressions et la propagation du prosélytisme religieux radical et, d'autre part, de favoriser la prise en charge des personnes radicalisées[1] ». Le Contrôleur général des lieux de privation de liberté (CGLPL) émit dès 2015 plusieurs réserves sur le principe du regroupement des détenus radicalisés soulignant les risques à faire cohabiter des profils très hétérogènes en termes de délits et d'ancrage idéologique.

Ces unités dédiées seront par la suite renommées unités de prévention de la radicalisation (UPRA). Ces dernières apparaissent au début de l'année 2016 en région parisienne et dans le nord de la France. Elles se divisent en deux catégories : deux unités sont réservées à l'évaluation des prisonniers TIS (une à la maison d'arrêt de Fleury-Merogis, une au centre pénitentiaire de Fresnes) et trois unités à la prise en charge de ce public (maison d'arrêt d'Osny, maison d'arrêt de Fleury-Mérogis et centre pénitentiaire de Lille-Annoeullin). Ces unités étaient destinées à accueillir seulement un public d'hommes majeurs. La DAP a élaboré la doctrine d'emploi de ces unités dans une note en date du 10 février 2016 qu'elle a transmise aux directeurs interrégionaux des services pénitentiaires. Plusieurs principes ont alors été énoncés. Le placement en unité dédiée devait principalement concerner les détenus écroués pour des faits en lien avec

1. Propos du Premier ministre Manuel Valls lors de la conférence de presse « Mobilisation générale contre le terrorisme » tenue le 21 janvier 2015.

le terrorisme islamiste mais la DAP indiquait que le dispositif pourrait également s'étendre à des individus incarcérés pour des faits de droit commun mais repérés par le renseignement pénitentiaire comme radicalisés (DCSR). Elle a également préconisé l'encellulement individuel ainsi que la formation de personnels volontaires sur la thématique radicalisation. L'objectif des unités d'évaluation consistait à aider le personnel à mieux objectiver l'existence d'un risque de passage à l'acte violent fondé sur un motif extrémiste religieux, ainsi que le niveau de radicalité, d'imprégnation religieuse et d'influence, pour savoir quel est le risque de nuisance en détention ordinaire en termes de prosélytisme et de contrainte sur les autres personnes détenues. Après cette première étape d'évaluation, les UPRA de Fleury-Mérogis et d'Osny avaient vocation à accueillir, pour un semestre, les détenus considérés comme accessibles à une remise en question et l'UPRA de Lille-Annœullin, placée dans un ancien quartier de maison centrale très sécurisée, ceux considérés comme les plus réticents à toute prise en charge. La loi du 3 juin 2016 est venue consacrer la création des UPRA. Elle fournit une garantie procédurale en disposant que l'affectation en UPRA peut faire l'objet d'un recours devant le juge administratif.

Les revenants

À une échelle globale, les données du Soufan Group indiquent qu'en 2017, près de 5 600 personnes issues de 33 pays étaient rentrées chez elles. Au niveau européen, la RAN (Radicalization Awareness Network) estimait que 30 % des 5 000 djihadistes étaient revenus chez eux. Les experts observent que les taux de retour varient substantiellement selon les nationalités européennes[1]. Dans certains pays, tels que le Danemark, la Suède ou le Royaume-Uni, ce taux ne serait pas loin de 50 %. En

1. Voir les statistiques comparées. Entenmann Eva Van Ginkel Bibi (dir.), *The Foreign Fighters Phenomenon in the European Union. Profiles, Threats & Policies*, The Hague, International Centre for Counter-Terrorism (ICCT), avril 2016.

Russie, 10 % des 6 000 combattants (essentiellement Tchétchène) seraient rentrés dans leur pays d'origine. La France compterait actuellement près de 250 revenants dans ses prisons.

La neutralisation et la reprise du territoire de l'EI en décembre 2017 en Irak et en mars 2019 en Syrie ont favorisé le retour de milliers de combattants. Mais beaucoup de *foreign fighters* déçus ou se sentant floués par la propagande de l'EI ont fui les territoires syro-irakiens bien avant la déroute militaire de l'organisation. Aujourd'hui, la plupart des États sont confrontés à la gestion de ces revenants et développent leur propre stratégie. Les parcours de ces *returnees* européens estimés à environ 1 500 en 2018, sont très variables. Une grande partie est rentrée par vague en 2013-2014 et au tout début de l'année 2015. Les dissensions à l'intérieur des diverses factions djihadistes (Al-Nusra, EI) et les traumatismes consécutifs aux actes de torture et de guerre ont conduit de nombreux militants à prendre le chemin du retour. Les entretiens réalisés auprès de certains revenants tendent à mettre en exergue ce fort désenchantement[1]. Le décalage entre les attentes associées à l'utopie du califat et la confrontation à la réalité du fonctionnement de l'EI, a généré de fortes désillusions. Cette déception est nettement exprimée par un interviewé incarcéré :

> Quand je suis parti rejoindre le califat, je m'attendais à vivre dans un monde où la loi islamique serait vraiment respectée, où tout le monde serait au même niveau. Une fois là-bas on a vite vu que c'était très hiérarchisé entre les chefs et les autres, entre les différentes nationalités. En haut de la pyramide les chefs irakiens et syriens puis les Occidentaux et tout en bas les musulmans venus du monde musulman[2].

Un autre insiste sur les mensonges de la propagande de l'entité califale :

1. Amghar Samir Khadiyatoulah Fall, « Quitter la violence islamique. Retour sur le phénomène de désaffiliation djihadiste », *Revue du MAUSS*, 49/1, 2017, p. 125.

2. Condamné TIS parti en Syrie rencontré au centre de détention de Tarascon, mai 2019.

> Dans les vidéos on t'explique que tu pourras choisir ton activité. Que tu pourras aider les gens et faire de l'humanitaire si tu le souhaites. En fait tu ne choisis pas c'est eux qui le font pour toi. Moi il m'avait confisqué mon passeport [...]. Dans la propagande on te montre des hôpitaux high-tech, le seul hôpital que j'ai vu était un mouroir où seuls ceux qui avaient des dollars ou des euros pouvaient se soigner[1].

De manière générale, ils reviennent en traversant la frontière turco-syrienne où ils sont appréhendés par les autorités turques, internés, puis extradés vers leurs pays d'origine.

Capturés une fois arrivés sur le territoire turc, tous les djihadistes français sont placés entre les mains de la justice pour association de malfaiteurs terroristes (AMT). Ils sont par la suite regroupés dans différents établissements pénitentiaires, de la région parisienne (Fresnes, Fleury-Mérogis, Osny, Villepinte) pour des motifs de proximité géographique avec le parquet antiterroriste. L'incarcération systématique n'a pas toujours été de mise et une partie des premiers revenants (environ 70) sont en liberté et parfois surveillés par les services de renseignement. Les autorités ont changé d'attitude à leur égard, à la suite des attaques terroristes du Musée juif de Bruxelles (mai 2014) et de *Charlie Hebdo* (janvier 2015) respectivement perpétrées par Mehdi Nemmouche et les frères Kouachi. Comparativement à d'autres pays, l'approche française apparaît comme relativement répressive[2]. Dans certains pays, la judiciarisation n'est pas forcément automatique. Ainsi le Danemark incarcère peu ses combattants partis sur des zones de guerre. Cette mansuétude est également à mettre en lien avec la quasi-absence d'actions terroristes sur leur territoire national.

À l'instar des profils de personnes partis faire le djihad, ces revenants sont loin de représenter un bloc monolithique. Ils sont très divers en termes de parcours, de motivations et de

1. Condamné TIS parti en Syrie rencontré au centre pénitentiaire de Fresnes, novembre 2018.

2. « Dealing with Jihadist Returnees : A Tough Challenge », *CSS Analyses in Security Policy*, 210, juin 2017.

configuration psychologique. Farhad Khosrokhavar restitue ces profils selon une typologie à quatre entrées : les *traumatisés*, les *repentis*, les *indécis* et les *endurcis*. Les *traumatisés* rassemblent des personnes non préparées et ayant mésestimé le degré de violence des conflits locaux (choc de la guerre, décapitations...). Parallèlement à leur incarcération, ils bénéficient de soins médicaux spécifiques. Les *repentis* qui semblent majoritaires souhaitent réaliser leurs peines, se réinsérer et si possible tirer un trait final sur cette expérience. Fédérant des combattants aux personnalités moins affirmées, les *indécis* sont d'une certaine manière des « suiveurs » dont les comportements semblent varier en fonction de l'environnement direct dans lequel ils se trouvent. Enfin, les *endurcis* agrègent des personnes continuant de défendre le principe du djihad armé, mais qui ont pu être, pour des raisons diverses, déçus par la stratégie et/ou les mensonges de l'EI. Les velléitaires, c'est-à-dire ceux ayant échoué à se rendre sur zone se rangent également assez fréquemment dans cette catégorie. Sur cette catégorie un médiateur religieux nous précise : « Les velléitaires ont souvent tenté de rejoindre sans succès les zones de conflit. Du coup ils nourrissent une grande frustration et fantasment beaucoup sur le Sham et le califat[1]. » C'est bien évidemment cette catégorie des *endurcis*, minoritaire du point de vue numérique, qui rassemble les éléments les plus dangereux et les plus prosélytes. Les spécialistes s'accordent en effet à penser que les plus convaincus du bien-fondé du combat djihadiste sont restés sur les théâtres de conflits afin d'y mourir en martyrs. Notons que le sort judiciaire des femmes a progressivement évolué. Initialement perçues comme des suiveuses, voire des « victimes passives » de leur mari, elles subissent depuis la tentative d'attentat avorté de Notre-Dame de septembre 2016 le même traitement judiciaire que les hommes. Un tiers des ressortissants français présents dans les contrées syro-irakiennes étaient des femmes et elles représentent aujourd'hui environ 10 % des TIS.

1. Entretien avec un médiateur religieux de la prison de Fresnes, novembre 2018.

Le traitement judiciaire des terroristes islamistes

Les poursuites dont ils sont l'objet se fondent principalement sur le délit d'association de malfaiteurs en relation avec une entreprise terroriste (AMT). L'incrimination AMT est la plus retenue dans le cadre des enquêtes préliminaires et des informations judiciaires ouvertes au niveau du parquet antiterroriste car elle constitue la base de la législation nationale en matière de terrorisme. D'abord conçue comme une infraction délictuelle passible de 10 ans d'emprisonnement[1], l'entrée en vigueur de la loi du 23 janvier 2006 lui offre la possibilité de revêtir une portée criminelle. Les peines sont portées à 30 ans de réclusion criminelle[2]contre vingt ans auparavant. Depuis, davantage de poursuites sont engagées pour AMT criminelle, ouvrant alors la voie à un procès devant une cour d'assises spécialement composée de magistrats professionnels mais surtout à la possibilité d'adapter les réquisitions et la peine prononcée à la gravité des faits imputables aux mis en examen. Ces précisions terminologiques et procédurales permettent de bien comprendre le traitement judiciaire et la « vérité judiciaire » auxquels sont confrontés les acteurs de la chaîne pénale. La prise en charge en détention comme en milieu ouvert et la réinsertion des détenus TIS pose un défi considérable à l'administration et au service de l'application des peines compétent en matière de terrorisme (Sapat). Au-delà de l'évidence des enjeux de sécurité, les finalités de la peine sont non seulement de sanctionner les détenus susvisés mais aussi celles de les préparer à leur future réinsertion sociale. Les années passées en détention doivent servir à atteindre le but de désengagement de toute radicalisation violente. L'objectif primordial de l'administration pénitentiaire ne consiste pas à nier ou à transformer les croyances idéologiques et religieuses des individus mais à leur faire renoncer à toute envie de passage à la violence. Le risque étant qu'au

1. Article 421-5 du Code pénal.
2. Article 421-6 du Code pénal.

regard du traitement judiciaire et de la durée des peines prononcées et exécutées, certains détenus ne sortent pas repentis mais plutôt endurcis dans leurs convictions radicales. Le recul des expériences tirées de diverses nations à travers le monde permet d'affirmer que la réinsertion sociale et professionnelle représente l'un des meilleurs leviers de sécurisation des sociétés. Par ailleurs, si ces détenus sont souvent perçus comme un bloc homogène par l'opinion publique, la réalité s'éloigne de cette réification. L'implication et le niveau de dangerosité diffèrent très largement selon que l'on se réfère à un condamné pour apologie du terrorisme (consultation de sites djihadistes...) ou à un acteur effectivement passé à l'action violente. En outre, l'importance de la menace terroriste et les risques de prosélytisme en prison, ont conduit le législateur à créer un Bureau central de renseignement pénitentiaire (BCRP), inauguré le 21 avril 2017, qui intègre ce nouveau service dans le second cercle de la communauté du Renseignement. En dehors des expérimentations portant sur le regroupement des personnes détenues pour des faits de terrorisme et/ou radicalisées, des modules d'éducation civique et d'histoire des religions sont enseignés aux moins de 25 ans. Des modules sur la citoyenneté et la laïcité sont dispensés à tous les arrivants en détention.

La méthodologie d'intervention des QER s'appuie sur le travail d'équipes pluridisciplinaires ayant pour but de décrypter le plus finement possible la personnalité des détenus, de tenter d'objectiver leur niveau de radicalité, d'imprégnation religieuse et de comprendre les origines du processus de radicalisation. Cette cartographie générale sert notamment à mieux cerner les risques posés par l'individu en termes d'influence prosélyte et de contrainte sur les autres détenus. Leur degré d'adhésion aux dispositifs de prise en charge individuels et collectifs est un élément pris en compte par l'évaluation. Il va aider les équipes à définir et individualiser le futur parcours de détention de la personne (affectation, etc.). L'évaluation des QER peut avoir lieu durant le temps de détention provisoire d'une personne mise en examen pour des faits d'AMT et peut donc être versée à la procédure et prise en considération par le juge d'instruction.

Sur ce dernier point, nous pouvons questionner l'usage des propos d'une personne prévenue et donc sur la valeur d'une telle évaluation au stade de la détention provisoire. La personne mise en examen prendra-t-elle le risque d'assumer ses actes devant le personnel pénitentiaire sans pour autant risquer de voir ses propos retranscrits lors de son procès et se voir prononcer une peine plus lourde ? À l'inverse, comment sera interprété le comportement d'une personne refusant de coopérer à l'évaluation à ce stade de la procédure, au risque d'être perçue comme incompatible avec une prise en charge et affectée en quartier d'isolement. Il faut conserver à l'esprit que la thématique de la *taqiya* revient de manière très récurrente dans les audiences. Ainsi, le détenu n'est-il pas « perdant à tous les coups » s'il est évalué en qualité de prévenu : s'il avoue des actes répréhensibles, il serait condamné lourdement et s'il nie ces actes, il serait accusé de pratiquer la *taqiya*. Comme le souligne une professionnelle de la justice : « Certaines personnes détenues, prévenues ou condamnés, se sont prêtées à l'évaluation et se sont par la suite fermées à toute prise en charge car seuls certains éléments de la synthèse, négatifs pour la personne, ont été cités lors du jugement et donc retenus à charge[1]. » Ces questions d'ordre déontologique se sont révélées particulièrement saillantes auprès des psychologues qui ont pu interroger des « radicalisés » sans que ces derniers ne sachent réellement quel usage sera fait de leurs propos[2]. Cette configuration s'avère contre-productive pour le lien de confiance envers les institutions et certains en viennent à décliner toute rencontre avec les professionnels des équipes pluridisciplinaires. Par ailleurs, contrairement aux expertises judiciaires classiques, il n'est pas possible de solliciter une contre-évaluation. Pour les femmes, le dispositif des QER s'est déployé au début de l'année 2022 dans la prison de Fresnes. Bien que leur rôle actif dans les dynamiques de passage à la violence soit de plus en plus

1. Mélodie Grimbert, *Condamnés pour « Terrorisme islamiste ». Du parcours d'exécution de la peine au retour à la société civile*, mémoire, Paris, Cnam, 2020, p. 10-11.

2. Rapport du contrôleur général des lieux de privation, *Prise en charge pénitentiaire des personnes « radicalisées » et respect des droits fondamentaux*, janvier 2020, p. 29.

renseigné, ces dernières ont longtemps été diagnostiquées selon des modalités plus sommaires. Le travail des 7 QER en activité à ce jour permet à l'administration pénitentiaire de proposer au détenu une affectation adaptée et individualisée. Il en ressort que 75 % des personnes « TIS » évaluées ont fait l'objet d'une affectation en détention ordinaire, 15 % ont été orientés vers un QPR (quartier prévention de la radicalisation), 10 % ont été placées en quartier d'isolement, 5 % des personnes dont l'orientation préconisait une orientation en détention ordinaire ont finalement fait l'objet d'un placement en quartier d'isolement dans leur établissement d'accueil.

Il existe à l'échelle nationale quatre QPR : Lille-Annœullin, le pionnier, ouvert en 2016, Condé-sur-Sarthe, ouvert en septembre 2018, l'établissement Paris-la Santé ouvert en mai 2019 et Aix-Luynes ouvert en octobre 2019. Il s'agit le plus souvent de l'aile d'un établissement, totalement repensée en termes de sécurité et hermétique au reste de la population pénale. Le QPR est conçu comme une étape transitionnelle dans le parcours de détention de la personne. Il concentre les individus empreints de croyances salafo-djihadistes et potentiellement vecteurs de prosélytisme idéologique pour les détenus ordinaires. Il s'agit non seulement de les cantonner mais également de leur proposer au niveau individuel un contre-discours favorisant le désengagement idéologique. Le placement d'un détenu en QPR est d'une durée de 6 mois renouvelable. En moyenne, l'affectation s'étale sur 18 mois. La procédure de placement, la méthodologie de prise en charge et l'organisation de la détention sont définies dans la doctrine DAP d'octobre 2019 relative aux quartiers de prise en charge de la radicalisation[1]. Les QPR mobilisent des professionnels issus d'un large éventail de secteurs : imams, islamologues, anthropologues, psychologues, spécialistes de géopolitique. Des intervenants issus de milieux artistiques peuvent également être sollicités. La plupart ont une compétence spécifique sur le champ

1. Décret n° 2019-1579 du 31 décembre 2019 modifiant le code de procédure pénale (partie réglementaire – décrets en Conseil d'État) et relatif aux quartiers de prise en charge de la radicalisation.

politique ou religieux auquel se réfèrent les salafo-djihadistes. La philosophie de ces programmes ne consiste pas en une confrontation frontale de croyances ou en un hypothétique projet de déradicalisation mais plutôt en un dialogue incitant à la réflexivité et visant à la prise de distanciation de l'idéologie extrémiste. Il s'agit surtout d'introduire de la nuance et de déconstruire des visions souvent rigidifiées et dichotomiques du monde. L'invitation à la réflexivité et à l'ouverture d'esprit va de pair avec la restauration d'un lien de confiance souvent dégradé voire rompu avec les acteurs de la société civile. Les psychologues intervenant au sein de ces quartiers regrettent la difficile projection vers la sortie auxquels sont confrontées certaines personnes détenues. Car si le QPR est pensé comme une étape du parcours d'exécution de la peine, il est fréquent qu'après jugement et l'octroi de remises de peine, certains soient proches de leur date de sortie définitive. Or, les QPR n'ont pas vocation à préparer la réinsertion socioprofessionnelle des personnes. La distribution géographique des différents quartiers ne permet pas non plus, sauf dans de rares cas où le détenu résiderait dans un territoire voisin à l'établissement pénitentiaire, d'envisager des permissions de sortie. De fait, le lieu d'incarcération coïncide rarement avec le lieu de sortie de la personne. Le service pénitentiaire d'insertion et de probation (SPIP) en charge de faciliter le maintien des liens familiaux peine à réaliser cet objectif en raison de l'éloignement géographique, notamment si l'établissement n'est pas doté d'unité de vie familiale.

Le désengagement en milieu carcéral

Si les termes « désengagement » et « déradicalisation » ont pu cohabiter dans les débats publics sur la radicalisation, la notion de désengagement s'est progressivement imposée dans le vocable des politiques publiques. La différence entre les deux notions tient au fait que le désengagement n'implique pas nécessairement l'abandon total d'une idéologie, mais seulement le refus du passage à la violence. La déradicalisation prévoit en théorie l'abandon des idées radicales, or, il est difficile d'objectiver un tel phénomène. De plus, on peut se demander s'il est réellement possible ou même souhaitable de chercher en quelque sorte à « déprogrammer » le cerveau d'une personne dans un contexte de société démocratique. De manière générale, le concept de désengagement a plutôt été mobilisé pour désigner des processus de sortie collective de la violence ou de la radicalité.

Isabelle Sommier cite ainsi sept voies possibles de désengagement par des groupes violents qui sont la décapitation ou l'arrestation des leaders (Action directe, Sentier lumineux), l'échec des fondateurs à passer la main à une nouvelle génération (Fraction Armée rouge, Brigades rouges), la victoire (ANC Congrès national africain), la négociation pour un retour à la paix (Armée républicaine irlandaise IRA, OLP Organisation de libération de la Palestine), le déclin brutal du soutien populaire (Front de libération du Québec), la répression (groupes tchétchènes) et enfin la réorientation du groupe vers d'autres modes opératoires (FARC)[1]. Il convient de préciser que dans le contexte des djihadistes français, nous avons affaire à des processus de désengagement individualisés. La méthodologie d'intervention relative au désengagement des détenus radicalisés constitue à ce jour un *work in progress*. Le caractère inédit de la démarche et le manque de recul temporel ne permettent pas de dégager des principes d'action définitivement stabilisés. Néanmoins, les observations réalisées permettent de dégager quelques grandes lignes directrices. Cette mission sensible et complexe est le plus souvent assurée par des médiateurs religieux spécialement recrutés par le ministère de la Justice. Par leurs connaissances empiriques du monde carcéral, les aumôniers musulmans des prisons ont formé un vivier d'acteurs particulièrement adaptés pour l'occupation de ces postes. Rappelons qu'en tant qu'aumônier, leurs fonctions premières s'articulent autour de l'enseignement de la religion en groupe ou en individuel, la gestion du culte hebdomadaire, la

1. Isabelle Sommier, « Engagement radical, désengagement et déradicalisation. Continuum et lignes de fracture », *Lien social et politiques*, 68, automne 2012, p. 28.

célébration des fêtes religieuses, la fourniture d'objets facilitant la pratique cultuelle et, dans certains cas, la remontée d'information sur les problématiques rencontrées par les détenus. La première des conditions fondamentales pour la mise en place de tels dispositifs est l'adhésion des individus au programme. Aussi élémentaire soit-elle, cette première étape n'est pas aussi aisée qu'elle paraît car elle implique pour la personne concernée d'accepter de se défaire du puissant magnétisme qu'exerce l'idéologie djihadiste. De toutes les catégories du pentagone théorique de la djihadisation, la catégorie des religieux constitue celle qui cristallise le plus de résistances et qui démontre la plus grande insularité cognitive. En effet, les militants les plus convaincus se définissent comme une aristocratie de croyants, une élite dominante face à la masse des fidèles musulmans infériorisés ou méprisés en raison de leur fourvoiement supposé et de leur incapacité à appliquer l'islam véridique. Ils se réfèrent assez fréquemment au *hadith* dit des 73 sectes, référence selon laquelle l'Oumma se divisera en 73 factions dont une seule parmi elles (*jamâ'ah*) sera sauvée des flammes de l'enfer. L'adhésion à ces dispositifs de désengagement peut donc être assimilée à une forme d'abdication ou de défaite. Bien que peu formalisée, nous avons pu identifier quelques principes directeurs de la méthodologie utilisée dans le cadre des dispositifs de désengagement idéologique. Ils s'articulent autour de plusieurs étapes dont la première consiste à cerner le parcours biographique et la configuration cognitive dans laquelle se situe l'individu concerné.

Identifier les vecteurs de radicalisation

Le médiateur religieux doit tout d'abord avoir une connaissance des trajectoires sociales des individus auxquels il s'adresse. La connaissance de la nature des faits reprochés par la justice, les modalités d'interpellation auquel il a fait face (violente ou non) constituent des données qui vont lui permettre de se positionner et d'individualiser au mieux son intervention. Ensuite, il va chercher à repérer quels ont été les vecteurs physiques ou virtuels l'ayant conduit à adopter ces schémas cognitifs et son idéologie radicale. Ces derniers sont protéiformes et peuvent dans certains cas se conjuguer. On distingue principalement la Toile internet, les prisons, les voyages initiatiques (Égypte, Yémen…), l'influence des fratries ou encore la fréquentation de filières de recrutement ancrées dans des territoires spécifiques (Buttes-Chaumont, Artigat, Cannes-Torcy…). Ces vecteurs de diffusion de l'idéologie salafo-wahhabite vont très fréquemment promouvoir l'obligation de la *hijra*, la restauration du califat et édicter une série de normes comportementales impliquant la distanciation voire la rupture totale avec le mode de vie occidental.

Ces idées sont notamment propagées par une littérature religieuse portée par des maisons d'édition telles qu'Al-bayyinah et Nawa, ouvrages qui sont désormais strictement interdits dans certains établissements pénitentiaires. De même, un certain nombre d'auteurs tels que Qutb, Ibn Abdelwahhab, Ibn Taymyya, Moussab al-Souri sont aujourd'hui prohibés par la DAP[1]. Fort de ces données, l'intervenant va aborder quelques thèmes religieux basiques afin de jauger les connaissances de la personne tant sur le plan qualitatif que quantitatif. Il entre ainsi dans une forme de *disputatio*[2] moderne, c'est-à-dire dans une discussion théologique sur le bien-fondé et l'interprétation de certains concepts religieux. Ceux-ci peuvent avoir trait à des termes tels que le califat, la *fitna* ou encore les notions de *Dar el harb/Dar el Islam*. Ainsi, il est fréquemment rappelé que le califat, qui apparaît comme le mode de gouvernance idéal dans l'imaginaire djihadiste, a fait couler énormément de sang puisque quatre des cinq premiers califes historiques sont morts assassinés. De même, la *fitna* qui fait spontanément figure de repoussoir dans leur corpus doctrinal en ce qu'elle renvoie à l'idée de sédition ou de troubles au sein de la communauté des croyants constitue un terme beaucoup

1. Il est à noter que certains établissements pénitentiaires sont plus permissifs que d'autres. Certains livres considérés comme prêchant le rigorisme sont autorisés sur certains sites et interdits dans d'autres.

2. Méthode de recherche de l'université médiévale, la disputation est progressivement devenue une activité de débats religieux notamment entre chrétiens et juifs puis lors de la Réforme.

plus complexe et polysémique. Il peut même revêtir des significations positives selon le contexte lexical dans lequel il s'inscrit[1]. C'est à ce stade que doivent s'imposer les connaissances théologiques, herméneutiques et linguistiques du médiateur religieux. Son niveau de légitimité et son efficience sont étroitement corrélés à son degré de connaissance des sources scripturaires en langue arabe. Le succès de son entreprise dépendra pour partie à sa capacité pédagogique à rendre intelligibles ces notions et références controversées. Les médiateurs religieux notent assez régulièrement une surmobilisation des *hadiths* par les détenus radicalisés. Pour rappel, les *hadiths* désignent les recueils des paroles et des récits des actes du prophète compilés plusieurs décennies après la mort de ce dernier. La matrice de légitimation des djihadistes s'appuie fréquemment sur ces récits plus ou moins authentifiés. La référence à ces hadiths que les savants musulmans estiment à plusieurs dizaines de milliers permet de légitimer les comportements les plus contradictoires et parfois les plus extrêmes (meurtres, mise en esclavage...). L'une des pratiques ordinaires des référents est de rappeler la hiérarchie des normes et des sources scripturaires. Les références hadithiques doivent toujours aller dans le sens de la source première qui est la référence coranique. Ce lent travail de déconstruction de certitudes et de visions manichéennes du monde puissamment ancrées est censé conduire à un regard plus nuancé sur les interprétations des croyances religieuses et leur adaptabilité aux réalités sociales contemporaines. Il amène progressivement les individus à recontextualiser des pratiques religieuses qui se sont sédimentées il y a près de 14 siècles dans des réalités physiques et anthropologiques radicalement différentes (société tribale, environnement désertique, etc.).

1. Ainsi le foyer familial qui renvoie à un mode de vie positivement valorisé dans les sources islamiques peut aussi être qualifié par le terme *fitna* dans le sens où toute cellule familiale cristallise des tensions. Voir encadré p. 113.

Les freins au désengagement

La crainte du fichage

Le processus de désengagement idéologique peut être obstrué par de nombreux obstacles qui vont freiner voire neutraliser le processus. La première difficulté a trait au déficit de confiance qui peut surgir entre le médiateur religieux et le détenu. Nombre de TIS assimilent les médiateurs religieux et les aumôniers du culte musulman à des agents missionnés par l'administration pénitentiaire pour collecter du renseignement auprès des détenus. La récente recherche menée par Claire de Galembert sur la fabrique de l'aumônerie musulmane des prisons illustre toutes les suspicions qui entourent le fait musulman en contexte carcéral, méfiance que la vague d'attentats post 2015 n'a fait qu'amplifier[1]. Selon certains détenus, les programmes de désengagement ne seraient qu'un motif affiché pour remplir des missions de nature sécuritaire (fichage...). En réponse, beaucoup de prisonniers tendent ainsi à délaisser leur pratique religieuse de crainte d'être automatiquement qualifiés de rigoristes ou d'être catalogués comme radical. Ces phénomènes s'inscrivent par ailleurs dans un contexte de montée en puissance du renseignement pénitentiaire. Créé en 2017, le Bureau central du renseignement pénitentiaire est le dernier-né de la communauté du renseignement. Devenu le Service national du renseignement pénitentiaire (SNRP), ses missions principales consistent à collecter et à exploiter des renseignements afin de lutter contre le terrorisme, la criminalité organisée et participer à la sécurisation des prisons. Corroborant cette méfiance des détenus, le rapport du Contrôleur général des lieux de privation de liberté pointe l'omniprésence des acteurs du renseignement qui, par leurs objectifs de collecte d'informations, tendraient parfois à déstabiliser le travail ordinaire des surveillants. Leurs missions de repérage fondées sur le contrôle

1. Claire de Galembert, *Islam et Prison*, Paris, Amsterdam, 2020.

de toutes les sources de renseignement possibles contribueraient à créer un climat de paranoïa au sein des enceintes carcérales[1]. Les dispositifs de désengagement peuvent également se heurter à des résistances liées à des logiques d'autocontrôle que produit la vie en collectivité. La promiscuité qu'impose le milieu carcéral favorise spontanément les instincts grégaires et le travail de déconstruction des concepts religieux opérés par les médiateurs peut alors être annulé par ces effets de groupe. Cette coercition du collectif sur les individus a été illustrée dès la fin du XIXe siècle par des travaux qui démontraient que les masses humaines ont des logiques comportementales distinctes des éléments isolés qui la composent. Elles génèrent une unité mentale assimilable à une âme collective. Il en va de même lorsque des détenus radicalisés s'agrègent les uns aux autres. La remise en question des schémas cognitifs peut s'avérer efficiente à l'échelle individuelle et être totalement annihilée par l'influence ou la pression collective générée par les codétenus. Ce constat est d'autant plus vrai que le volume de temps que passent les détenus avec les médiateurs religieux est très minime comparativement à celui qu'ils passent entre eux.

L'effet surgénérateur de l'incarcération

L'ancrage idéologique peut également être conforté par les expériences d'enfermement de certains maîtres à penser du hanbalisme et du salafo-djihadisme. Le regard historique permet de saisir la profonde imbrication entre le développement d'une pensée intransigeante ou ultra-rigoriste et l'expérience de la réclusion. Ahmad Ibn Hanbal, le père du hanbalisme (780-855), fut emprisonné plus de trente mois à Bagdad. Au XIVe siècle, Ibn Taymiyya (1263-1328) a été incarcéré par les autorités mameloukes durant près de six années dans les villes de Damas, Le Caire et Alexandrie. Plus récemment, Qutb, considéré comme l'un des principaux théoriciens du djihad intégral, a passé plusieurs années dans les geôles égyptiennes avant d'être

1. Rapport du contrôleur général des lieux de privation, *Prise en charge pénitentiaire des personnes « radicalisées » et respect des droits fondamentaux*, *op. cit.*, p. 32.

pendu sous le régime de Nasser. Pour certains détenus, ces références théologiques fonctionnent comme de puissants supports d'identification et peuvent transformer la sanction carcérale en épreuve divine pourvoyeuse de rétribution symbolique voire en signe d'élection. Dans cette configuration mentale, abandonner ses croyances revient à se dégrader symboliquement et à glisser vers un statut nécessairement inférieur. *A contrario*, conserver ce système de pensée en dépit des difficultés de l'incarcération revient à se rapprocher de ces figures historiques.

À l'instar de ce qu'observent certains spécialistes des mouvements sociaux[1], on pourrait presque parler d'effet surgénérateur de l'incarcération dans le militantisme de cette catégorie d'individus. Cet effet d'intensification peut également être renforcé par les conditions de détention. Plus la sanction pénale est forte et les atteintes à la dignité prégnantes (surpopulation, vétusté des infrastructures, conditions d'hygiène...) et plus elles sont susceptibles d'alimenter le discours antiétatique et conforter in fine l'adhésion idéologique. C'est ce que traduisent les propos de Médéric : « Les surveillants m'ont mis seul en cellule car ils pensent que je vais influencer les autres ce qui n'est pas le cas. Et surtout ils fouillent ma cellule tous les jours, c'est du harcèlement. J'ai l'impression que c'est fait exprès pour nous pousser à bout. C'est sûr qu'après ça t'es encore plus énervé. C'est un manque de respect. Ils veulent me faire craquer mais je ne changerai pas mon état d'esprit[2]. »

Les troubles psychologiques/psychiatriques

Il faut également mentionner ici les troubles psychologiques ou psychiatriques dont sont victimes certains détenus et qui complexifient leur prise en charge par les professionnels. La problématique des troubles mentaux est un phénomène

1. Érik Neveu (dir.), *Sociologie des mouvements sociaux*, Paris, La Découverte, 2019, chap. VI : « Militantisme et construction identitaire ».

2. Condamné TIS pour financement du terrorisme, rencontré au centre pénitentiaire de Fresnes, décembre 2021.

important pour l'administration pénitentiaire. Les enquêtes épidémiologiques considèrent que plus de 20 % des personnes incarcérées seraient atteintes de troubles psychotiques, dont 7,3 % de schizophrénie et 7 % de paranoïa et autres psychoses hallucinatoires chroniques. Au total, 8 hommes détenus sur 10 et plus de 7 femmes sur 10 présenteraient au moins un trouble psychiatrique, la grande majorité en cumulant plusieurs (troubles anxieux, dépressions, troubles bipolaires, psychoses...). 35 % à 42 % des hommes étaient considérés comme manifestement malades, gravement malades ou parmi les patients les plus malades[1]. Partant de ce constat, certaines ONG établissent un lien direct entre la paupérisation de la médecine psychiatrique traditionnelle et la massification de la présence de détenus souffrant de ces troubles. Nombre d'études ont même pointé l'inanité des sanctions carcérales pour les détenus les plus fragiles du point de vue psychique. Perçue comme un espace pathogène, la prison tend à aggraver ce type de troubles. Il en va de même pour les TIS atteints de pathologies. Plusieurs recherches attestent de l'existence de troubles psychologiques voire psychiatriques parmi les personnes radicalisées[2]. La mission de désengagement ne peut se révéler efficace si elle ne s'accompagne pas d'une objectivation ainsi que d'une prise en charge de ces pathologies protéiformes.

Enfin, accepter de remettre en cause des schémas de pensée a un coût affectif et psychologique non négligeable. En effet, cela implique le plus souvent de s'éloigner d'un groupe au sein duquel les liens étaient en général forts du point de vue amical et affectif. Par ailleurs, la prise de conscience du fourvoiement dans des interprétations religieuses discutables et condamnables ayant parfois pu mener à des actions violentes équivaut pour certains à voir leur monde s'effondrer. Pour ces détenus, les années d'incarcération deviennent d'autant plus difficiles à supporter qu'elles ne trouvent

1. Source : Observatoire international des prisons, https://oip.org/decrypter/thematiques/sante-mentale/

2. Hélène Bazex, Jean-Yves Mensat, « Qui sont les djihadistes français ? Analyse de 12 cas pour contribuer à l'élaboration de profils et à l'évaluation du risque de passage à l'acte », *Annales médicopsychologiques*, 174/4, 2016.

plus de justifications militantes. Le sentiment d'avoir été naïf ou manipulé est mis en balance avec la durée de la peine.

Quelques indices de désengagement

Bien que le phénomène soit encore très récent, certains médiateurs religieux identifient plusieurs indices pouvant témoigner d'une évolution cognitive positive des personnes qu'ils suivent. Nous utilisons prudemment le terme « indice » plutôt que « indicateur » pour signifier encore une fois les nécessaires précautions qu'implique l'interprétation de ces signes. Nous avons affaire à une matière humaine qui est par définition réactive et qui peut aussi faire preuve de calcul stratégique dans ses attitudes et son comportement. Lorsque le travail porte ses fruits, ils observent assez fréquemment plusieurs indices. Le premier est la diversification des sociabilités. L'individu en question tend à s'éloigner de ses acolytes pour fréquenter de nouvelles personnes ne partageant pas strictement les mêmes idées. La rupture avec ses anciennes sociabilités affaiblit mécaniquement l'emprise collective et le martelage cognitif que peut potentiellement exercer le groupe sur sa psyché. Le changement de sociabilité peut également se traduire par un rapprochement avec une sphère familiale avec laquelle il s'est éloigné en raison justement de cette adhésion idéologique :

> J'avais un jeune d'origine africaine qui refusait de rencontrer sa mère au parloir car, s'étant éloignée de la religion, il la considérait comme indigne et même impure. Après des mois et des mois d'échanges avec lui sur des sujets religieux mais aussi des discussions sur l'importance des parents dans la culture musulmane, il a fini par changer et reprendre contact avec sa mère[1].

L'éloignement de son groupe d'origine se traduit parfois par des changements physiques et vestimentaires (rasage de la barbe, vêtements plus *mainstream*). Un autre indice concerne l'appétence pour de nouvelles lectures. Les jeunes les plus idéologisés

1. Entretien réalisé avec l'aumônier du culte musulman, prison de Saint-Maur.

se focalisent de manière quasi exclusive sur le Coran et des lectures théologiques. L'élargissement de ces dernières à des ouvrages de sciences sociales ou à des fictions témoigne le plus souvent d'une plus grande ouverture d'esprit. Prises individuellement, ces différentes évolutions ont une signification dont la portée est limitée. En revanche, lorsqu'elles se conjuguent, elles deviennent un faisceau d'indices plutôt encourageant pour les professionnels en charge de leur gestion.

La prise en charge sociojudiciaire des sortants

Des centaines de personnes actuellement détenues pour des faits de terrorisme seront libérées durant les prochaines années. Un pic de libérations devrait intervenir en 2022-2025. À l'instar de ce qui est proposé dans les QPR, une équipe pluridisciplinaire en « milieu ouvert » est mobilisée afin d'assurer une prise en charge individuelle des sortants de détention. Les enjeux s'inscrivent à plusieurs niveaux. Il s'agit d'appliquer une stratégie coercitive destinée à neutraliser des acteurs condamnés pour faits de terrorisme ou susceptibles de le devenir, de sécuriser la société civile et de faciliter la réintégration sociale des individus concernés. Ces missions sont en grande partie assurée par les Services pénitentiaires d'insertion et de probation. Ces professionnels accompagnent individuellement les sortants dans leurs projets de réinsertion sociale afin de prévenir la récidive. Ils facilitent la transition souvent difficile entre l'expérience carcérale et le retour à la vie civile. Les condamnés ne bénéficiant, à leur sortie de détention, d'aucune forme de suivi judiciaire peuvent être astreints, en post-sentenciel, à deux mesures de suivi : la surveillance judiciaire et le suivi post-libération. Elles consistent à imposer des mesures de surveillance, d'aide et de contrôle mais aussi de soumettre à des obligations et des interdictions identiques à celles susceptibles d'être prononcées dans le cadre d'un suivi sociojudiciaire. Cette dernière mesure a été étendue, par la loi du 3 juin 2016, aux individus reconnus coupables d'infractions de nature terroriste après son entrée en vigueur et peut donc depuis, être prononcée à titre de peine principale ou complémentaire à une peine d'emprisonnement. Pour limiter les sorties sèches, le tribunal de l'application des peines dispose donc des deux mesures de suivi susvisées pour lesquelles il devra motiver leur prononcé quant à la dangerosité de la personne et au risque de trouble à l'ordre public.

Or, les détenus se font majoritairement discrets concernant leurs croyances et pratiques religieuses, ce qui pousse à s'interroger sur la pratique éventuelle de la dissimulation. Il est donc rare de leur reprocher leur mauvais comportement ou leur non-participation aux activités proposées. En 2019, 18 jugements ont été rendus pour le prononcé de ces deux mesures. La durée de ces suivis après libération est plafonnée à la durée correspondant au cumul des crédits automatiques de réduction de peine et des réductions de peine supplémentaires accordées en détention. Prononcée par le tribunal de l'application des peines, la surveillance judiciaire est quant à elle corroborée par des experts psychiatres spécialement missionnés pour évaluer à travers un examen le degré de dangerosité et le risque de récidive que présente le condamné. Cette procédure, introduite en 1998 dans le droit français, était initialement conçue pour les auteurs d'agressions sexuelles sur mineurs. Les psychiatres sont désormais chargés d'apprécier la dangerosité, d'un point de vue criminologique, des condamnés terroristes, qui pour l'immense majorité, ne souffrent pas de pathologies mentales. Cette difficulté d'évaluation complexifie indubitablement le travail du magistrat chargé de prononcer des mesures de surveillance judiciaire. Quant à la mesure de suivi post-peine, la liste des obligations pouvant être prononcées est plus restreinte. Celle introduite par le législateur en 2016 permettant d'inclure l'obligation de « respecter les conditions d'une prise en charge sanitaire, sociale, éducative et psychologique, destinée à permettre la réinsertion du condamné et l'acquisition des valeurs de la citoyenneté ; cette prise en charge peut, le cas échéant, intervenir au sein d'un établissement d'accueil adapté dans lequel le condamné est tenu de résider[1] » en est notamment exclue.

1. Article 132-45 du Code pénal.

Le désengagement en milieu ouvert

Le programme Rive

Un des premiers dispositifs à avoir été expérimentés est le programme de prise en charge Rive (Recherches et interventions sur les violences extrémistes) lancé en décembre 2016 à la suite d'un appel d'offres remporté par l'Association de politique criminelle appliquée et de réinsertion sociale (Apcars), unique structure ayant candidaté. À la différence de l'expérience avortée du centre de Pontourny, le programme Rive ne se fonde pas sur le volontariat, les jeunes y suivent un programme sous la contrainte d'un magistrat. Le non-suivi de la prise en charge pouvant mener la personne placée sous main de justice à être réincarcérée. Ce dispositif visait à prendre en charge des individus mis en examen ou condamnés pour des faits de terrorisme ou pour des faits de droit commun mais identifiées comme radicalisées – et à assurer une prise en charge pluridisciplinaire (islamologues, psychologue, éducateurs spécialisés) et individualisée. Ces équipes pluridisciplinaires se rendaient disponibles six jours sur sept. Les professionnels se chargeaient d'aider les participants à mieux comprendre leurs parcours et à tisser des liens de confiance avec les institutions.

Entre 2016 et 2018 (durée du marché), 22 personnes placées sous-main de justice ont pu bénéficier de ce programme. Parmi elles, figuraient 12 hommes et 10 femmes, 13 en pré-sentenciel (dont 10 ayant effectué une période de détention provisoire) et 9 en post-sentenciel (dont 5 ayant été incarcérés). Près de 18 individus étaient poursuivis pour association de malfaiteurs en relation avec une entreprise terroriste, deux cas de préparation d'acte de terrorisme en relation avec une entreprise terroriste individuelle, un cas d'apologie du terrorisme, et un cas de « droit commun susceptible de radicalisation ». La moyenne d'âge se situait autour de 25 ans[1].

1. Données citées par Marc Hecker, « Djihadistes un jour, djihadistes toujours ? Un programme de déradicalisation vu de l'intérieur », *Études de l'Ifri. Focus stratégique*, 102, février 2021, p. 32.

Satisfaits des résultats, les pouvoirs publics ont étendu le dispositif à trois autres villes (Lyon, Marseille, Lille) dans le cadre du Plan national de prévention de la radicalisation de février 2018. Toutefois, le programme a été stoppé de manière assez brutale et l'appel d'offres n'a pas été reconduit. Un nouvel appel a été initié et remporté par le Groupe SOS[1] et l'association Artemis. La transition entre Apcars et le groupe SOS quant au suivi des dossiers des personnes sous main de justice semble avoir été difficile. Cette discontinuité de l'action publique sur un thème sécuritaire aussi sensible a soulevé de nombreuses interrogations parmi les professionnels missionnés pour prendre en charge ces publics.

Le dispositif Pairs

Rebaptisé Programme d'accompagnement individualisé et de réaffiliation sociale (Pairs), ce nouveau dispositif reprend pour partie le fonctionnement de Rive. Il vise à « aboutir au désengagement de la radicalisation violente et prévenir le risque de violence tout en favorisant la réinsertion sociale ». L'orientation vers ces centres se fait soit dans le cadre d'une obligation prononcée *ab initio*, soit d'une obligation prononcée dans le cadre d'un aménagement de peine. En dehors de ces deux possibilités, il n'existe donc, pour le juge de l'application des peines, aucune possibilité de soumettre un individu dans le cadre d'un suivi post-peine. En revanche, si la personne condamnée donne son accord, le magistrat peut autoriser d'entreprendre un accompagnement auprès du dispositif Pairs. Dans le cadre de cette mesure post-libératoire, la prise en charge ne peut donc reposer que sur la base du volontariat. Les personnes suivies dans le cadre du programme sont plutôt volontaires. L'accompagnement prévoit également un volet de soutien dans la recherche d'un emploi ou d'un logement ce qui constitue souvent une motivation supplémentaire. Les volontaires

1. Créé en 1984, le Groupe SOS est un groupe associatif leader de l'entrepreneuriat social en Europe. Il fédère 650 associations, entreprises sociales et établissements luttant en faveur des personnes en situation de vulnérabilité, des générations futures et des territoires.

peuvent stopper leur participation au programme à tout moment. Les professionnels du programme Pairs peuvent interagir et présenter les principes du dispositif aux individus alors que ceux-ci sont encore incarcérés. De manière générale, les bénéficiaires de Pairs ne sont pas du « haut du spectre », c'est-à-dire ceux identifiés par l'administration pénitentiaire comme présentant des risques importants de passage à l'acte. En revanche, ils peuvent accueillir des personnes très endoctrinées du point de vue idéologique. Les personnes intégrant le programme signent un contrat stipulant des obligations conjointes avec le professionnel. Ce dernier a par exemple l'obligation de faire lire au concerné les rapports trimestriels de son évaluation qui seront ensuite envoyés au conseiller pénitentiaire d'insertion et de probation et transmis au juge. Pour ne pas rompre la relation de confiance nécessaire à sa bonne prise en charge, il lui précise qu'il ne travaille pas en collaboration avec des services de renseignement. La personne suivie peut émettre un avis sur le rapport et en discuter avec les différents intervenants.

Les professionnels insistent sur les difficultés à objectiver scientifiquement un processus de désengagement. Certaines évolutions tels que l'accès à un emploi, à un logement ou la stabilisation familiale constituent des marqueurs positifs facilement objectivables. En revanche, le rapport à l'idéologie djihadiste demeure impossible à matérialiser avec certitude. Comme l'illustrent plusieurs cas étrangers, les individus peuvent réussir à dissimuler leurs croyances profondes malgré le suivi de ces dispositifs. Le 29 novembre 2019, Usman Khan, 28 ans, poignarde cinq personnes près du London Bridge, dont deux sont décédées par la suite. Arrêté en 2010 et condamné en 2012 pour des infractions en lien avec des activités terroristes, notamment un projet d'attentat à la bombe, il avait suivi plusieurs programmes de réhabilitation en prison, en particulier le dispositif « Healthy Identity Intervention ». Un an plus tard, deux autres attentats terroristes ont été commis par des individus qui avaient participé à des programmes dits de prévention et de lutte contre l'extrémisme violent ou de déradicalisation destinés à atténuer le risque de violence. Le 4 octobre 2020, Abdullah Al-H., 20 ans, réfugié syrien, aurait agressé un touriste lors d'une attaque au couteau à Dresde, en Allemagne. Le mois précédent, il avait été libéré de la prison où il était détenu pour des crimes extrémistes passés et avait déjà participé à un programme non gouvernemental de déradicalisation. Après sa libération, il a continué de rencontrer ses conseillers avant et après l'attaque jusqu'à ce que l'enquête de police conduise à son arrestation. Un mois plus tard, le 2 novembre 2020, Kujtim Fejzulai, 20 ans, né en Autriche, a fait quatre victimes lors d'une fusillade à Vienne, avant d'être abattu par des policiers. Il avait été libéré de prison en décembre 2019 et s'était vu ordonner de suivre un programme de déradicalisation dans le cadre des conditions de sa libération conditionnelle. Ces trois incidents concernaient des délinquants terroristes qui, après leur sortie de prison, étaient revenus à des actions violentes malgré la surveillance exercée par les autorités et les conseils prodigués par les professionnels en charge de leur déradicalisation. Ces exemples prouvent qu'il est impossible d'effectuer un diagnostic avec certitude. Le jugement des professionnels repose en partie sur des éléments subjectifs et relationnels.

Selon les intervenants de Pairs, la volonté (compréhensible) des décideurs publics d'objectiver et de rationaliser au maximum ces processus de désistance à travers l'élaboration de grilles (détection, évaluation...) tend à reléguer toute la dimension humaine et le ressenti des agents en contact direct avec ces publics. Les rares analyses ayant dressé un bilan du programme Pairs tendent à démontrer une relative efficacité même s'il faut préciser que nous ne disposons pas de groupes témoins permettant de savoir avec certitude quels auraient été les résultats sans le suivi de ces dispositifs. Parmi les 63 personnes ayant suivi le programme Pairs à Paris depuis octobre 2018, deux ont été réincarcérées. Sur le site de Marseille, parmi les 32 bénéficiaires, 6 ont été réincarcérés. À l'exception d'une personne, tous ont été réincarcérés pour des affaires de délinquance sans lien avec des faits de terrorisme[1].

1. Marc Hecker, « Djihadistes un jour, djihadistes toujours ? », art. cité, p. 76.

Observations au sein du programme Pairs

Notre participation à des séances de discussions du programme Pairs nous a permis d'observer *in vivo* les divers types d'interactions qui se jouaient au fil de ces rencontres. Les séances parisiennes ont lieu dans une pièce d'un appartement aménagé d'un immeuble haussmannien du XIIe arrondissement de la ville dont l'adresse est tenue confidentielle. La taille et la composition des groupes sont très variables d'une semaine à l'autre (les séances étant hebdomadaires au moment de notre observation). Le confinement imposé par la gestion du Covid-19 a également modifié le format pédagogique imposant le déploiement de certaines séances par visioconférences. L'attitude des participants est remarquablement ambivalente. Certains se montrent d'emblée très intéressés en intervenant activement aux discussions et débats tandis que d'autres sont davantage dans la réserve voire, assez rarement, franchement réticents au dialogue. Les réactions de défiance à l'égard du référent religieux et les questions inquisitoires ne sont pas rares en début de programme : « Selon quel savant vous vous référez pour affirmer cela ? » Lors de l'une de ces séances, l'un des jeunes présents n'a rien exprimé durant les quatre heures de discussion et, comme s'il s'agissait d'un être maléfique, a soigneusement contourné l'enseignant à sa sortie du cours. Pour bien comprendre cette réaction, il faut savoir que le médiateur religieux en question a été qualifié d'apostat dans l'une des revues officielles de l'État islamique (*Dar el-islam*) et qu'il jouit de ce fait d'une réputation très négative dans les cercles djihadistes. Il semblerait aussi que certaines consignes de l'EI indiquaient explicitement à leurs militants de ne pas entrer en interaction avec ces spécialistes du fait religieux. Cette incitation à éviter tout risque de dissonance cognitive est l'une des marques de fabrique des emprises sectaires. Mais l'on observe au fil des séances une nette amélioration des interactions. La méfiance laisse progressivement place à une relation de respect et de confiance. La méthodologie du référent religieux se fonde sur un enseignement appelé « cours sur le discours » qui consiste à prendre un terme issu de la terminologie salafo-djihadiste et à le discuter collectivement.

Articulée autour de trois niveaux, sa méthodologie s'inscrit à l'instar des travaux de la linguiste Jacqueline Chabbi dans une compréhension anthropologique des concepts islamiques. Le premier niveau consiste à saisir l'étymologie des termes et de les remettre dans leur contexte sociohistorique originel c'est-à-dire une société arabe tribalisée évoluant dans un environnement désertique. Il décrypte ainsi la plupart des concepts mobilisés par la galaxie salafo-djihadiste (*dar el harb/dar el islam, djihad, hijra*, califat, etc.). À partir de cette généalogie historique, il dégage le sens et la signification de ces concepts (deuxième niveau) en essayant de démontrer comment l'esprit peut être appliqué au XXIe siècle dans une société française multiculturelle majoritairement non musulmane (3e niveau). Il n'est pas rare de voir les discussions glisser vers des sujets sociétaux ou politiques. Ainsi, au cours de l'une des réunions, l'un des jeunes d'origine malienne pointa l'absence de diversité ethnique au sein des élites françaises et plus précisément l'absence d'ambassadeur français noir. Le référent religieux ne peut que corroborer ce constat tout en lui donnant un exemple d'ambassadeur issu de minorités visibles. L'une des intervenantes présentes dans le programme Pairs est issue de l'immigration et a occupé de multiples fonctions, notamment au ministère des Affaires étrangères. Il se trouve qu'elle maîtrise le bambara, l'un des principaux dialectes maliens. Lorsqu'elle entame avec lui des échanges dans cette langue, le jeune semble quelque peu décontenancé. Il demeure difficile de jauger l'effet à long terme de ces interactions mais elles semblent affecter les individus au niveau de leurs représentations et de leurs certitudes. Cet impact se matérialise parfois au niveau vestimentaire puisque certaines jeunes filles très fermées au départ ont progressivement abandonné le port du niqab[1] au cours de ces séances. De même, l'éventail des sujets abordés tend à s'élargir au fil du temps. Le médiateur religieux a ainsi pu consacrer une séance sur la question de « la nudité en islam », chose impensable au début du programme. Il est également frappant de voir la fascination intellectuelle qu'exerce le maître détenteur du savoir religieux sur ses élèves. Le médiateur nous

1. Le niqab est un voile intégral couvrant le visage à l'exception des yeux.

confirme ce constat en nous précisant que plusieurs des jeunes qu'il suit lui ont exprimé leur souhait de maintenir le contact après la fin du programme voire de le prendre comme une sorte de guide afin d'approfondir leurs connaissances théologiques.

Surveiller ou punir les sortants ?

La loi renforçant la sécurité intérieure et l'action contre le terrorisme (SILT) a été promulguée par le président Macron le lundi 30 octobre 2017. Ses mesures visent à prévenir les actes terroristes tout en sortant du régime d'État d'urgence sous lequel la France vivait depuis novembre 2015. Elle introduit dans le droit commun quatre mesures directement inspirées de la loi du 3 avril 1955[1], mais dont le champ d'application a été limité à la prévention des actes de terrorisme. Le préfet a compétence pour instaurer des périmètres de protection sur le modèle des « zones de protection ou de sécurité » de l'état d'urgence. Il peut également procéder à la fermeture administrative, pour une durée ne pouvant excéder six mois, des lieux de culte au motif d'apologie ou provocation au terrorisme. La loi renforce également les dispositifs de surveillance. Le ministre de l'Intérieur peut ainsi décider de mesures de contrôles spécifiques à l'encontre de toute personne à l'égard de laquelle il existe des raisons sérieuses de penser que son attitude représente une menace d'une particulière gravité pour la sécurité et l'ordre publics. Ces mesures individuelles de contrôle administratif et de surveillance (Micas) peuvent imposer aux personnes de ne pas se déplacer à l'extérieur d'un périmètre géographique déterminé, qui ne peut être inférieur à la commune, sans pouvoir, à la différence de la mesure d'assignation à résidence de l'état d'urgence, l'astreindre à demeurer dans un lieu déterminé pendant une partie de la journée. La mesure peut être assortie de l'obligation de se présenter au maximum une fois par jour aux services de police ou

1. Loi n° 55-385 relative à l'état d'urgence.

aux unités de gendarmerie (obligation qui peut être levée en cas de port d'un bracelet électronique). Enfin, ces mesures relevant de l'autorité administrative autorisent des visites domiciliaires c'est-à-dire des perquisitions.

S'agissant des Micas, le conseil constitutionnel a limité leur durée d'application à une période d'un an – en continu ou en discontinu – et elles ne peuvent, en pratique, être appliquées qu'aux personnes condamnées pour des faits postérieurs à 2016. Le prononcé de cette mesure a connu une forte augmentation au cours de la deuxième année d'application de la loi : 134 personnes ont en effet été soumises à une Micas en 2019, contre 71 en 2018. Les sortants de détention à la suite de faits en lien avec le terrorisme représentaient 31 % la première année, 57 % la seconde. Entre le 1er novembre 2017 et le 31 décembre 2019, 229 Micas ont été prononcées à l'encontre de 205 personnes présentant des signes de radicalisation. La doctrine actuelle du ministère de l'Intérieur est en effet de prononcer de manière quasi-systématique cette mesure à compter de la libération des condamnés TIS. Cette juxtaposition de mesures administratives et de mesure judiciaires n'est pas sans créer des difficultés. Elle limite les possibilités de réinsertion pour la personne et réduit, pour le ministère de l'intérieur, les capacités de surveillance sur le long terme. Dans le cadre du suivi judiciaire, le condamné sera soumis à des obligations en vue de sa réinsertion, notamment professionnelle. Dans ces conditions, il s'avère compliqué pour la personne de conserver, voire de trouver un emploi dès lors qu'elle est astreinte, dans le cadre d'une Micas, à « pointer » tous les jours au commissariat ou à la gendarmerie. La réalisation d'entretiens professionnels ou l'occupation de jobs nécessitent quasi systématiquement des déplacements géographiques. L'impossibilité de les effectuer grève mécaniquement le processus de réinsertion socioprofessionnelle.

Ici se pose toute la question de la cohérence des mesures et du juste l'équilibre à trouver entre impératifs sécuritaires et objectifs de réinsertion socioprofessionnelle. Cumuler des mesures de contrôle à l'encontre d'une personne sortante de détention et pour laquelle les chances de réinsertion sont déjà amoindries constitue une stratégie contestable. De surcroît, pour nombre de professionnels de la justice cet empilement tend à limiter le bon déroulement des mesures judiciaires et l'établissement d'un lien de confiance entre la personne suivie, les autorités et son conseiller d'insertion :

> J'ai l'exemple d'un jeune très motivé qui avait trouvé un job de chauffeur-livreur qu'il n'a pas pu accepter en raison des Micas. Un autre a vu son compte bancaire gelé et n'a pu prendre l'appartement qu'il envisageait de louer. Il y a un équilibre à chercher. Si on fait que du sécuritaire, on diminue les chances de réinsertion sociale et on risque de retomber dans des discours d'hostilité à l'égard de l'État[1].

Le poids du regard social

La réinsertion sociale des condamnés pour faits de terrorisme se heurte aussi à une opinion publique souvent hostile. Qualifiés indistinctement de terroristes, les détenus « radicalisés » doivent composer avec les représentations stigmatisantes d'une communauté nationale profondément marquée par la vague d'attentats survenus entre 2015 et 2020. Condamné à plusieurs années de prison pour avoir voulu rejoindre des groupes djihadistes en Afghanistan, Abel est sorti, a validé une formation universitaire en ligne et s'est réinséré. Néanmoins il continue de nourrir des craintes :

> Je me suis parfaitement réinséré professionnellement et j'ai beaucoup de projets. Mais y a toujours cette peur de voir quelqu'un te faire une remarque ou révéler ton passé au reste de l'entreprise parce qu'il reste toujours des traces sur Internet, des liens qui mentionnent ton nom, etc. Avec toute la bonne volonté du monde, il faut se dire qu'il y a des paramètres que l'on ne maîtrise pas.

Cette hostilité sociale se mesure dans les sondages relatifs au retour des femmes et enfants bloqués dans les camps

1. Entretien avec une responsable du SPIP 78, avril 2022.

syro-irakiens. Une enquête réalisée par France Info en 2019, indiquait que deux tiers des Français souhaitaient que les enfants de djihadistes français restent en Irak et en Syrie. Bien que ces derniers n'aient aucune responsabilité dans leurs présences sur ces zones de guerre, la majeure partie de la population semble persuader qu'ils constitueraient désormais une menace pour la sécurité nationale. De même, bien que les justices irakiennes et syriennes n'offrent pas des conditions de procès équitables, l'opinion publique estime dans sa majorité que les jugements doivent être assurés par les autorités locales. Cette méfiance à l'égard de ces publics révèle en filigrane le sentiment que l'abandon de la violence ou d'idées ayant justifié l'usage de la violence n'est finalement jamais totalement possible. Pourtant un regard historique sur les dernières décennies montre que le désengagement voire la déradicalisation sont possibles. Certains membres de groupes extrémistes ont même abandonné leurs idées pour s'investir dans des missions de cohésion sociale. Ainsi, Sergio Segio, fondateur du groupe d'extrême gauche violent Prima Linea, est désormais engagé dans des causes sociales et humanitaires (lutte contre la toxicomanie, droits de l'homme...). Après avoir effectué deux années de prison, l'ex-néonazi allemand Ingo Hasselbach participe à des dispositifs de sensibilisation et de lutte contre les mouvances d'extrême droite. En France, Mourad Benchellali, l'un des deux djihadistes français à avoir été détenus dans le camp américain de Guantanamo, intervient très régulièrement auprès de publics de jeunes afin de témoigner de son expérience et les dissuader d'emprunter le chemin du djihad. Ces quelques exemples puisés parmi de nombreux autres démontrent qu'il n'y a pas de fatalité et que la désistance de mouvements prônant l'usage de la violence comme moyen d'action demeure possible.

Pour aller plus loin

Amghar Samir, Khadiyatoulah Fall, « Quitter la violence islamique. Retour sur le phénomène de désaffiliation djihadiste », *Revue du MAUSS*, 49/1, 2017.

Ashour Omar, *The De-Radicalization of Jihadists Transforming Armed Islamist Movements*, Londres, Routledge, 2009.

Brocard Véronique, *Les Sortants. Comment la France prépare la sortie des détenus radicalisés*, Paris, Arènes, 2020.

Chantraine Gilles, Scheer David, « “Risques” et “radicalisation”. Critiques savantes et professionnelles d’un outil d’évaluation criminologique », *Sociologies pratiques*, 40/1, 2020, p. 73-83.

Galembert Claire de, *Islam et Prison*, Paris, Amsterdam, 2020.

Hecker Marc, « Djihadistes un jour, djihadistes toujours ? Un programme de déradicalisation vu de l’intérieur », *Études de l’Ifri. Focus stratégique*, 102, février 2021.

Seze Romain, *Prévenir la violence djihadiste. Les paradoxes d’un modèle sécuritaire*, Paris, Seuil, 2019.

Sommier Isabelle, « Engagement radical, désengagement et déradicalisation. Continuum et lignes de fracture », *Lien social et politiques*, 68, 2012, p. 15-35.

Conclusion

Le djihadisme de cette dernière décennie a connu de profondes mutations qui tiennent autant aux orientations stratégiques de l'État islamique qu'aux mutations sociétales qui caractérisent nombre de sociétés occidentales. À la différence de la plupart des mouvances djihadistes contemporaines, l'EI s'est lancé dans un projet de territorialisation du califat qui impliquait non seulement l'adhésion de combattants mais également de toute ressource humaine susceptible de contribuer à l'édification d'une « véritable » société musulmane. Pour y parvenir, les promoteurs de l'entité califale ont bénéficié d'un concours de circonstances exceptionnellement favorables. Ces dernières mêlent notamment une grave crise de gouvernance politique qui a rendu les populations irakiennes sunnites perméables (ou en tout cas non hostiles) au projet de l'EI, l'acquisition de ressources économiques stratégiques et une guerre civile syrienne qui a ouvert la voie aux prémices d'une expansion internationale. Même si de nombreux territoires à travers le monde présentent des problématiques de gouvernance, la duplication d'une stratégie d'implantation territoriale telle qu'opérée dans les contrées syro-irakiennes a peu de chances d'aboutir tant la plupart des forces de sécurité sont sur le qui-vive.

La montée en puissance de l'idéologie politico-religieuse a été portée par une stratégie de communication médiatique dont le degré de sophistication est sans commune mesure avec les expériences antérieures. La mise en place d'un véritable écosystème digital (réseaux sociaux, vidéos, applications, etc.) puisant simultanément ses codes dans l'imaginaire eschatologique musulman[1] et la pop culture hollywoodienne a rendu la propagande de l'EI particulièrement efficiente.

L'élément sociologique le plus frappant des dynamiques de djihadisation est la massification et la diversification sociologique des acteurs engagés. *De facto*, il est strictement impossible d'appliquer un cadre théorique mono-causal à ces processus d'engagement. Aux « traditionnels » militants politico-religieux désireux de lutter contre les ennemis de l'Islam comme ce fut le cas sur les théâtres du djihad afghan, bosniaque ou encore tchétchène, se sont additionnés des profils aux parcours beaucoup plus atypiques voire improbables. Ces derniers agrègent non seulement des acteurs attirés par un désir d'escapisme, la quête d'adrénaline, le romantisme ou encore une fascination pour la violence et la mort mais également des personnes en souffrance psychologique/psychiatrique, des homosexuels refoulés ou encore des perdants radicaux. La grande force des recruteurs et des propagandistes de l'EI est d'avoir réussi à capitaliser sur tous les types de malaises y compris sur des pathologies médicales avérées (bipolaires, schizophrènes...).

Si après 2015 les pouvoirs publics avaient adopté une grille analytique des phénomènes djihadistes principalement fondée sur l'emprise mentale (manipulation), l'approche actuellement privilégiée est davantage théologico-centrée (dévotion). Or, bien que pertinents, ces deux paradigmes demeurent insuffisants pour rendre compte de la diversité des processus de radicalisation observables sur le terrain (politisation, émotion, pulsion). La stratégie actuelle des pouvoirs publics visant à contrer le phénomène en focalisant essentiellement son action contre les courants de l'islam les plus rigoristes (*tabligh*, Frères musulmans, salafisme) procède d'une vision partielle du phénomène. Si le repli identitaire d'une partie de la composante française de confession musulmane suscite des inquiétudes légitimes auprès des acteurs politiques soucieux de cohésion sociale, ces tendances religieuses intransigeantes ne sauraient constituer

1. Jean-Pierre Filiu, *L'Apocalypse dans l'Islam*, Paris, Fayard, 2008.

l'unique ou même la principale antichambre sociologique de l'engagement djihadiste.

Pour toutes ces raisons, l'élargissement inédit du vivier sociologique constitue aussi un formidable révélateur des failles individuelles et des dysfonctionnements de nos propres sociétés. Les cinq vecteurs du pentagone théorique de la djihadisation (dévotion, émotion, politisation, manipulation et pulsion) n'auraient sans doute pu atteindre un tel niveau d'efficacité sans l'importance des malaises identitaires et des frustrations qui affectent des pans entiers de notre jeunesse. La quête de sens, de repères ou la volonté de réparation/valorisation narcissique transparaissent dans la majorité des parcours de jeunes que nous avons été amenés à rencontrer au cours de nos diverses interventions (milieu carcéral, milieu ouvert...). L'analyse des interactions entre les processus d'intégration militaire classiques et les mouvances djihadistes est à cet égard très instructif.

Ces situations familiales marquées par un déficit d'enracinement les placent dans une configuration cognitive qui les rend particulièrement réceptifs à un discours djihadiste qui leur promet simultanément la possibilité de se venger de leur mal-être existentiel et d'accéder à un statut héroïque. Au travers de sa propagande, l'EI réussit à convertir la haine de soi en haine de l'autre. Par une opération quasi magique, les *losers* et sans-grade des zones urbaines sensibles accèdent subitement à l'aristocratie des soldats de Dieu. La rage enkystée depuis parfois des années trouve enfin un espace d'exultation.

Cette opération de revalorisation narcissique tranche avec une vie jugée morne, voire insignifiante, et qui se nourrit des petites humiliations du quotidien (discriminations, relégation...). La prégnance des carences affectives et identitaires s'inscrit aussi dans le prolongement des bouleversements qui ont transformé le modèle anthropologique familial traditionnel (éclatement de la famille...) et interroge en filigrane les difficultés des sociétés modernes à fabriquer du « nous ». L'effondrement des instances d'intégration traditionnelles (famille, service national, classe ouvrière, syndicats...), conjuguée au dépérissement des grands projets collectifs[1], a incontestablement accentué la sensation d'anomie ressentie par les jeunes générations.

Pour toutes ces raisons, il serait naïf de penser que la neutralisation militaire de l'EI va mécaniquement assécher la demande d'identité et de radicalité exprimée par cette jeunesse. Si l'offre idéologique actuellement disponible n'est plus aussi séduisante qu'il y a quelques années, les conditions sociales qui ont contribué à fabriquer le « terreau des terros » demeurent résilientes et pour l'essentiel quasi intactes. Ce constat doit nous inviter à repenser les modes de gestion et de fonctionnement de certains espaces djihadogènes (prisons, quartiers sensibles...) et, de manière plus générale, à réfléchir sur les frontières sociales et symboliques protéiformes (urbaines, religieuses, ethniques...) qui fracturent nos propres sociétés.

1. Gilles Lipovetsky, *L'Ère du vide. Essai sur l'individualisme contemporain*, Paris, Gallimard, 1983.

Glossaire : islam et djihadisme

Anashid : les *anashid* (ou *nashid*) désignent des récitations ou des chants religieux. Ils sont qualifiés de religieux car exclusivement connectés à des thématiques en lien avec Dieu (le prophète, le Coran…) et respectueux des normes canoniques associées à l'interdiction de l'usage de certains instruments de musique. Outre la glorification du divin, les *anashid* servent également à renforcer la foi du musulman et à le galvaniser sur les théâtres de conflit.

***Baqya* :** expression que l'on peut traduire par « il restera » et qui est le slogan de l'État islamique. Prononcée par les djihadistes de l'EI, elle signifie que le projet califal demeurera vivace quoi qu'il advienne.

***Bay'a* :** à l'époque du monde arabe médiéval, la *bay'a* fait référence à l'allégeance au maître du moment. Pour les partisans du califat de l'EI, les musulmans sunnites du monde entier sont appelés à prêter allégeance au calife autoproclamé. Les attentats commis par les djihadistes ont souvent été précédés par la rédaction d'une bay'a c'est-à-dire une lettre mentionnant l'allégeance du soldat au calife.

***Bid'a* :** la notion de *bid'a*, que l'on pourrait traduire par « innovation », renvoie à toute logique d'action ou croyance qui n'a pas de précédent ni de continuité avec la source coranique ou les traditions prophétiques. Pour cette raison, les innovations sont perçues de manière très négative car assimilées à une forme de dispersion et d'égarement.

Califat : (ou *khilafa* en arabe). Dans le corpus coranique, le califat fait référence à la vice-régence de l'homme sur terre. Le calife est le guide et le chef des croyants. À la mort du prophète, la communauté des musulmans (l'Oumma) n'a plus de guide et aucune consigne n'a été laissée.

***Chahada* :** profession de foi ou témoignage. Elle est essentielle de l'islam, dont elle constitue le premier des cinq piliers qui définissent les bases de la croyance musulmane. Elle doit être prononcée devant témoins avec sincérité et sans contrainte par toute personne qui souhaite se convertir. Elle se résume en une formule courte : « *Ach-hadou an lâ ilâha illa-lLâh, wa Ach-hadou ana Muhammadun rasûlu-llâh* », ce qui se traduit par : « Je témoigne qu'il n'y a pas d'autre Dieu que Dieu, je témoigne que Muhammad est le messager de Dieu. »

***Charia* :** littéralement, la charia signifie « le chemin qui mène à la source spirituelle, Dieu ». Elle n'est pas un corpus de règles bien définies ni un manuel pour mettre en place une société islamique. La *Charia* ou loi islamique est l'ensemble des normes de droit privé et de droit public qui constituent l'ordre moral et social de la communauté musulmane. Ces principes normatifs se fondent sur la source coranique ainsi que sur la sunna (traditions prophétiques). Il s'agit aussi d'un code juridique qui fait intervenir de multiples interprétations et l'influence des traditions locales. Cela explique l'extrême diversité des approches et des modes d'application de la *Charia.*

Chiites : les chiites désignent l'autre grand courant de l'Islam. Lors de la mort du prophète aucune directive n'est donnée par ce dernier ou par le Coran quant à la direction de la communauté des musulmans. Très rapidement deux camps se font face. Ceux qui d'une part considèrent que le successeur du prophète doit avoir un lien de sang avec ce dernier (partisans d'Ali cousin et gendre du prophète) et ceux qui d'autre part vont se rallier à Abu Bakr, compagnon du prophète. Ces tensions étalées sur plusieurs décennies vont finalement voir la victoire des partisans d'Abu Bakr et donner naissance au schisme sunnites/chiites. Pour les djihadistes de l'EI, les chiites ont perverti le message de l'Islam et méritent la mort.

Dabiq : Dabiq est une petite localité du nord-ouest de la Syrie située près d'Alep. Elle tient une place particulièrement importante dans l'imaginaire politico-religieux de l'EI en raison de son évocation dans la littérature eschatologique musulmane. En effet, c'est sur ce territoire que seront censées s'affronter lors de la bataille finale les forces du bien et celles du mal. Les cadres de l'EI ont largement investi dans cet imaginaire en donnant le nom de *Dabiq* à leur principale revue de propagande.

***Dhimmi* :** habituellement traduit en français par « protégés », les *dhimmis* désignent les individus non musulmans vivant sous la gouvernance d'un État musulman. Il s'agit plus spécifiquement des Gens du Livre dont le Coran précise qu'ils doivent bénéficier d'une protection. Sont considérés comme « gens du livre » les juifs, les chrétiens, les Sabéens et parfois les zoroastriens. Le pacte institutionnalise juridiquement un état de coexistence pacifique entre musulmans et non-musulmans. En échange de cette relative protection du souverain, les *dhimmis* devaient s'acquitter d'un impôt de capitation (*jizya*) et d'un impôt foncier (*kharaj*) auxquels échappaient les musulmans. Ils pouvaient également subir d'autres règles discriminatoires (occupation de métiers dévalorisés, codes vestimentaires spécifiques, etc.). Leur sort était néanmoins très différent de celui des païens vaincus qui le plus souvent n'avaient d'autres solutions que la mort ou la conversion à l'Islam.

Djihad : signifie littéralement « effort vers une visée noble ». Il s'agit simultanément d'une lutte intérieure (djihad majeur) ou d'une lutte tournée vers l'extérieur. La lutte intérieure est destinée à renforcer la foi du croyant face à ses passions, ses faiblesses ou ses vices. La lutte extérieure (djihad mineur) est orientée contre des ennemis de l'Islam et vise à lutter contre l'oppression, la tyrannie ou pour la défense d'un territoire. Le djihad mineur implique en théorie l'aval d'autorités religieuses compétentes et légitimes. Le terme est souvent traduit par l'expression impropre « guerre sainte ».

***Fatwa* :** une *fatwa* désigne un avis religieux ou un éclaircissement sur une situation inédite. Contrairement à certaines représentations, cet avis juridique n'engage que le savant jurisconsulte qui le prononce. En ce sens elle ne constitue pas une condamnation. Les personnes habilitées à prononcer des *fatwas* sont les *muftis.*

Hadith **:** les *hadiths* correspondent à l'ensemble des traditions relatives aux actes et paroles du prophète Muhammad et de ses compagnons. Estimés à plusieurs milliers, la plupart de ces hadiths ont été mis à l'écrit près de deux siècles après la révélation coranique. La science des hadiths est la discipline qui étudie la validité et la cohérence des chaînes de transmission c'est-à-dire des rapporteurs de ces traditions. Certains *hadiths* sont qualifiés de forts en raison de leur degré élevé d'authenticité tandis que d'autres sont jugés faibles. Leur nombre extrêmement élevé permet de justifier des comportements et des pratiques parfois contradictoires. Il est à noter que l'État islamique a largement puisé dans ces hadiths pour parvenir à élaborer une doctrine adaptée à ses objectifs stratégiques.

Ḥajj **:** cinquième pilier de l'Islam, le *ḥajj* désigne l'acte de pèlerinage des musulmans dans la ville de La Mecque. Il est obligatoire si le musulman a les moyens physiques et financiers de l'accomplir. Le mot provient du verbe *ḥagga* qui signifie en arabe « se rendre quelque part ». Le terme aurait une autre racine sémitique plus ancienne, qui correspondrait à l'action de « tourner en cercle », sens qui se rapproche du rituel de circumambulation des pèlerins autour de la *ka'aba.*

Hijra **:** la *hijra* renvoie à l'idée d'émigration vers une terre de protection qui n'est pas forcément islamique. Le terme a été ainsi utilisé pour désigner la recherche de protection des premiers musulmans dans le royaume non musulman d'Abyssinie. Il fait également référence à l'exil du prophète Muhammad de la ville de La Mecque à Médine lorsque ce dernier était persécuté. La date de *hijra* du prophète est également prise comme année de départ du calendrier islamique.

Imam : le mot « imam » est issu du verbe *amma* qui signifie « diriger » ou « être devant ». Un imam est une personne dont les compétences religieuses et la connaissance des textes sacrées autorisent à guider la prière. C'est de préférence une personne connue pour sa piété et sa connaissance profonde des textes sacrés. Il est essentiellement utilisé dans le cadre du sunnisme.

Inghimasi **:** l'*inghimasi* est un soldat qui se jette en première ligne, muni d'un gilet d'explosifs. Il l'actionne lorsqu'il n'a plus de munitions. Contrairement au kamikaze, l'*inghimasi* peut revenir vivant de son combat.

Jahiliyya **:** la *jahiliyya* fait référence à la période antéislamique, c'est-à-dire aux temps d'avant l'avènement de l'Islam. Cette ère précoranique d'ignorance de la révélation divine est considérée négativement comme une période de barbarie, voire de sauvagerie. Elle a été notamment mobilisée dans la production intellectuelle de Sayd Qotb, l'un des théoriciens du djihad intégral, pour décrire l'état de décadence dans lequel se trouvaient ses coreligionnaires.

Jizya **:** la *jizya* désigne l'impôt de capitation auquel étaient soumis les *dhimmis*, c'est-à-dire les Gens du livre vivant sous le régime de l'État islamique. Certaines catégories de la population en étaient exemptées notamment les femmes, les enfants, les esclaves, les infirmes et les déments. La pratique n'a plus cours aujourd'hui dans l'espace musulman. Néanmoins l'État islamique a réactivé l'application de la *jizya* pour les minorités religieuses notamment chrétiennes de l'entité califale.

Kafir **:** le terme *kafir* a plusieurs significations. Il peut se traduire par « ingrat » dans le sens de celui qui ne montre pas de gratitude à l'égard de la révélation divine ou « incroyant », « infidèle » ou « mécréant », qualifiant celui qui ne croit pas à la religion musulmane. On distingue les kafir qui sont en dehors de l'islam (les non-musulmans) et les musulmans qui l'ont quitté ou ceux qui par leurs actes ne méritent pas l'appellation de musulman. Ces derniers sont aussi qualifiés de *mounafikoun* ou d'apostats (*murtad*) et sont passibles de la peine de mort pour les djihadistes les plus rigoristes.

Khawarij **:** la plupart des courants musulmans qualifient les djihadistes de l'EI de *khawarij*. Les *khawarij* sont une secte dissidente apparue aux premiers siècles de l'islam qui se caractérise par une très grande violence. Ces derniers étaient opposés aux sunnites comme aux chiites.

Mounafikoun **:** les *mounafikoun* désignent dans le Coran ceux qui ne sont musulmans que dans les apparences. Le terme est souvent utilisé par les djihadistes pour décrédibiliser les musulmans ne s'inscrivant pas dans leur manière de penser.

Oulémas : les oulémas désignent les savants en sciences religieuses.

Oumma : terme pouvant se traduire par « communauté » ou « nation » et qui désigne la communauté de croyants musulmans à travers le monde.

Salât **:** la *salât* est la prière chez les musulmans et constitue le le second pilier de l'Islam. Elle consiste en cinq prières quotidiennes orientées en direction de La Mecque et réparties à des horaires précis : Fajr (matin), Dohr (début d'après-midi), Asr (fin d'après-midi), Maghreb (début de soirée) et Ichaa (fin de soirée). Par extension, la *salât* désigne l'adoration pour Dieu.

Shirk **:** le terme *shirk* fait principalement référence à un comportement d'idolâtrie ou de polythéisme en contradiction avec le principe sacré du *Tawhid* (unicité de Dieu) qui constitue un dogme central de l'Islam. Le *shirk* est considéré comme un péché majeur.

Sunna **:** la Sunna désigne la « tradition », la *sunna nabawi* est la tradition prophétique. Elle comprend l'ensemble des faits, gestes, propos, approbations et désapprobations (orale ou silencieuse) du prophète Muhammad. Après le Coran, la Sunna est le deuxième corpus juridique écrit et base de référence dans l'Islam. Le Coran enjoint de suivre le modèle prophétique qui est, pour chaque musulman, l'exemple à suivre par excellence.

Takfir **:** le *takfir* qui signifie « anathème » ou « excommunication » est l'acte de rendre *kafir* et d'excommunier un musulman. L'EI a développé une propagande takfiriste consistant à considérer tout musulman qui ne s'inscrit pas dans son orthodoxie et sa définition de l'islam pur comme un ennemi.

Taqiya **:** le mot *taqiya* signifie « prudence » et « crainte ». Le terme renvoie à l'autorisation accordée aux croyants de dissimuler leur foi en cas de circonstances exceptionnelles (persécutions, menaces de mort, discrimination...). La pratique fut largement utilisée par les musulmans chiites vivant en contexte majoritairement sunnite. Avec la multiplication des attentats, le terme est aujourd'hui essentiellement associé à la stratégie de dissimulation religieuse des terroristes avant leur passage à la violence.

Tawhid **:** le *tawhid* désigne le monothéisme pur, c'est-à-dire l'affirmation fondamentale de l'unicité de Dieu. Il renvoie au créateur intemporel qui n'a point été engendré et qui n'engendre pas.

Zakat **:** la *zakat*, qui peut se traduire par le terme « purification », est le troisième pilier de l'Islam. La *zakat* est l'obligation faite à chaque musulman de verser une partie de ses biens en charité. On distingue la *zakat al-Maal*, c'est-à-dire l'impôt social « purificateur », évaluée à 2,5 % de la richesse amassée au bout d'une année, de la *zakat el fitr* qui est donnée avant la prière de l'Aïd marquant la fin du mois de jeûne du ramadan.

Annexes

Les données de cette enquête ont été amassée entre 2017 et 2022 lors de notre participation à différents ateliers auprès de détenus TIS (Terroristes Islamistes) c'est-à-dire condamnés pour des faits en lien avec le terrorisme et des prisonniers catégorisés comme DCSR (Détenus de droits Commun Susceptibles de Radicalisation). En mars 2019, l'administration pénitentiaire comptait 517 détenus TIS et environ 1 000 détenus DCSR. Avec la massification des attaques terroristes après les attentats de 2015 et le retour de centaines de combattants des zones irako-syriennes, l'administration pénitentiaire a lancé des dispositifs appelés PPRV (Programme de Prévention de la Radicalisation menant à la Violence) à destination de ces publics. Déployés dans 79 établissements, leur objectif vise « à la prévention la récidive, la prévention d'éventuels passages à l'acte violents fondés sur un motif extrémiste religieux, le désengagement de la violence (réhabiliter l'individu et le réintégrer dans la société, dans une logique inclusive, la dissuasion d'avoir recours à la violence politique) ; la favorisation de l'ouverture cognitive (proposer une autre vision du monde, susciter l'interrogation sur ses croyances et favoriser l'esprit critique) ; la favorisation de l'introspection et la réflexion chez les participants ; la distanciation par rapport à des opinions radicales et de permettre de construire un projet de vie et un projet professionnel ». Ces différentes interventions nous ont conduit plus précisément dans neuf établissements accueillant ces profils (Fresnes, Poitiers-Vivonnes, La Santé, Nanterre, Saint-Maur, Le Craquelin, Osny, Bois d'Arcy, Tarascon). Le centre de détention de Fresnes constitue notre principal terrain d'enquête en raison du déploiement d'un programme « atelier citoyen » articulé autour de 12 séances auprès d'un petit groupe de 6 détenus (TIS et DCSR). Notre collaboration à la réalisation d'une enquête sociologique sur « la fabrique de l'aumônerie musulmane » des prisons nous a également permis de rencontrer et d'échanger longuement avec des détenus de culture musulmane aux passés délictueux très variables (délits de droit commun, terrorisme...). Elles sont complétées par des séances auprès d'acteurs sous main de justice en milieu ouvert. Il s'agit de programmes prenant diverses formes (conférences, ateliers...) destinés à des personnes condamnées par la justice pour des motifs directement ou indirectement liés à la radicalisation (apologie de la haine, soutien indirect à des réseaux...). Nous avons également été autorisé à titre exceptionnel à observer des séances du programme PAIRS (Programme d'accueil individualisé et de réaffiliation sociale). Ce corpus de données acquis en milieu ouvert est enrichi par des entretiens menés avec plusieurs parents dont les enfants sont décédés dans des zones de combat.

Attentats et attaques terroristes en France entre 2012 et 2022

Date	Événement	Auteurs	Âge	Nationalité
11 mars 2012	L'affaire Merah	Mohamed Merah	24	Français/ Algérien
19 septembre 2012	La « cellule Cannes-Torcy »	Jeremie Louis Sidney	33	Français
		Jérémie Bailly	25	
25 mai 2013	Un militaire poignardé à La Défense	Alexandre Dhaussy	22	Français
15 novembre 2013	« Tireur fou » de *Libération* et BFM TV	Abdelhakim Dekhar		Franco-Algérien
20 décembre 2014	Attaque au couteau au commissariat de Joué-les-Tours	Bertrand Nzohabonayo	20	Franco-Burundais

janvier 2015	Les attentats de *Charlie Hebdo*, de Montrouge et de l'Hyper Cacher	Chérif Kouachi	32	Français
		Saïd Kouachi	34	
		Amedy Coulibaly	32	
février 2015	Des militaires agressés au couteau à Nice	Moussa Coulibaly	31	Français
9 avril 2015	Sid Ahmed Ghlam et l'attentat « raté » de Villejuif	Sid Ahmed Ghlam	24	Algérien
6 juin 2015	Un patron décapité à Saint-Quentin-Fallavier	Yassin Salhi	35	Français
1 août 2015	L'attentat du Thalys	Ayoub El-Khazzani	26	Marocain
3 novembre 2015	Les attentats du 13 Novembre	Brahim Abdeslam	31	Français
		Abdelhamid Abaaoud	28	Belgo-Marocain
		Ismaël Omar Mostefaï	30	Français
		Samy Amimour	28	Français
		Foued Mohamed-Aggad	23	Français
		Bilal Hadfi	20	Français
		Ammar Al-Sabaawi	22	Irakien
		Salah Abdeslam	26	Français
		Chakib Akrouh	25	Belgo-Marocain
1 janvier 2016	Un adolescent poignarde un homme juif à Marseille	Yusuf K.	15	Turc
3 juin 2016	L'assassinat d'un couple de policiers à Magnanville	Larossi Abballa	25	Français
4 juillet 2016	L'attentat de Nice, un camion dans la foule	Mohamed Lahouaiej-Bouhlel	31	Tunisien
6 juillet 2016	L'assassinat du père Hamel à Saint-Étienne-du-Rouvray	Adel Kermiche	19	Français
		Abdel Malik Petitjean		
septembre 2016	Attaque à l'arme blanche à la prison d'Osny	Bilal Taghi	24	Franco-Marocain

4 septembre 2016	Attentat échoué à Notre-de-Dame de Paris	Inès Madani	19	Français
		Sarah Hervouët	22	
		Amel Sakaou	39	
3 février 2017	Des militaires attaqués au Carrousel du Louvre	Abdallah El-Hamahmy	30	Égyptien
20 avril 2017	L'attentat contre un fourgon de police sur les Champs-Élysées	Karim Cheurfi	40	Français
6 juin 2017	Une attaque au marteau devant Notre-Dame	Farid Ikken	40	Algérien
9 août 2017	Une voiture bélier contre des militaires, à Levallois-Perret	Hamou Benlatrèche	37	Algérien
1er octobre 2017	L'attaque au couteau de la gare Saint-Charles, à Marseille	Ahmed Hanachi	29	Tunisien
23 mars 2018	Prise d'otages meurtrière au Super U de Trèbes	Radouane Lakdim	25	Franco-Marocain
12 mai 2018	L'attaque au couteau dans le quartier de l'Opéra	Khamzat Azimov	20	Français
11 décembre 2018	L'attentat au marché de Noël de Strasbourg	Chérif Chekatt	29	Français
5 mars 2019	Un détenu poignarde deux surveillants à la prison de Condé-sur-Sarthe	Michaël Chiolo	27	Français
		Hanane Aboulhana	34	
24 mai 2019	Un colis piégé dans une rue de Lyon	Mohamed Hichem Medjoub	24	Algérien
20 juin 2019	Un détenu condamné pour terrorisme agresse deux surveillants au Havre	Mohammed Taha El-Hannouni	25	Français
3 octobre 2019	Attaque au couteau à la préfecture de police de Paris	Mickaël Harpon	48	Français
3 janvier 2020	Attaque au couteau dans un parc de Villejuif	Nathan C.	22	Français

avril 2020	Attaque au couteau à Romans-sur-Isère	Abdallah Ahmed-Osman	33	Soudanais
7 avril 2020	Des policiers fauchés à Colombes	Youssef T.	29	Français
5 septembre 020	Attaque devant les anciens locaux de « Charlie »	Zaheer Hassan Mahmoud	26	Pakistanais
6 octobre 2020	Un professeur décapité à Conflans	Abdoullakh Abouyezidovitch Anzorov	18	Russo-Tchétchène
9 octobre 2020	Attaque au couteau à la basilique de Nice	Brahim Aouissaou	21	Tunisien
3 avril 2021	Une policière tuée au couteau à Rambouillet	Jamel G.	36	Tunisien
mars 20222	Meurtre d'Yan Colonna	Franck Elong Abé	36	Camerounais

L'Institut des hautes études du ministère de l'Intérieur (IHEMI) propose des formations à des hauts responsables des secteurs public et privé et mène des travaux de recherche scientifique. Ces formations et ces recherches portent sur la connaissance des milieux de la sécurité et de la justice, la protection des entreprises et l'intelligence économique, la gestion de crise, l'anticipation des risques et la communication de crise. L'IHEMI organise également des conférences ouvertes au public et publie deux revues. L'Institut s'appuie sur un réseau de partenaires scientifiques qui participent aux formations, contribuent aux publications et animent les conférences.

Table des matières

Composition et mise en pages
Nord Compo à Villeneuve-d'Ascq

PEFC
10-31-3532
Certifié PEFC
Ce produit est issu de forêts gérées durablement et de sources contrôlées
www.pefc-france.org

Imprimé en France sur papiers
issus de forêts gérées durablement

Sepec Numérique

1, rue de Prony - ZA des Bruyères
01960 Peronnas

IMPRIM'VERT®

Achevé d'imprimer en septembre 2022
Numéro d'impression : N17932220843